A
B

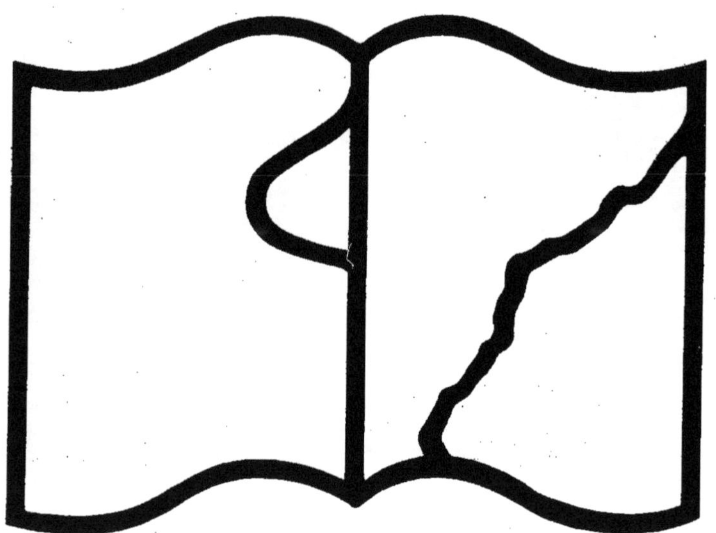

Texte détérioré — reliure défectueuse

NF Z 43-120-11

OBSERVATIONS
DES
TRIBUNAUX D'APPEL
SUR
LE PROJET DE CODE CIVIL.

IVe PARTIE.

METZ *(Liv. II et III).*	RIOM *(Liv. I.er).*
MONTPELLIER *(Supp.).*	ROUEN *(Supplément).*
PARIS *(Liv. II et III).*	TOULOUSE *(Liv. II et III.)*

A PARIS,
DE L'IMPRIMERIE DE LA RÉPUBLIQUE.
Brumaire an X.

LIVRE II.

TITRE I.er — CHAP. I.er

Art. 8. Cet article déclare immeubles les récoltes pendantes par racines, et les fruits des arbres non encore recueillis.

Cette disposition tient à la nature des choses. Les récoltes encore inhérentes au fonds, doivent être, pour le propriétaire, de même nature que le fonds lui-même.

Mais en sera-t-il ainsi pour le fermier non propriétaire du fonds, et à qui la récolte seule appartient, moyennant la redevance qu'il s'est obligé d'acquitter annuellement ? Il paraît que, par rapport à lui, la récolte même non encore recueillie doit être réputée meuble.

Cette observation est importante : le plus grand nombre des cultivateurs ne laissent souvent, pour toute succession, que les récoltes pendantes par racines.

Nous avons des coutumes qui déterminaient que, dans ce cas, les récoltes étaient meubles après le 24 juin ; mais il est difficile de trouver le motif d'une pareille distinction : il semble que, relativement aux fermiers ou colons, la récolte doit, dans tous les temps, être réputée mobiliaire; elle est le fruit de son industrie, qu'il ne peut hypothéquer.

CHAPITRE III.

Art. 26. Il porte que les biens vacans et sans maître, et ceux des personnes qui décèdent sans héritiers ou dont les successions sont abandonnées, appartiennent à la nation.

Ce qui concerne les successions abandonnées peut seul présenter quelques inconvéniens.

Une succession est abandonnée, lorsque tous ceux qui y étaient appelés comme héritiers, y ont renoncé ; et presque jamais ils ne s'y portent qu'à raison des dettes considérables qui grèvent la succession.

Les créanciers, dans ce cas, seront-ils obligés de s'adresser aux agens du domaine pour obtenir le montant de ce qui leur est dû ? sera-ce contre eux qu'ils procéderont pour parvenir à la vente des objets dépendans de la succession et qui forment leur gage! On conçoit aisément quels inconvéniens résulteraient d'un pareil système; et il semble beaucoup plus juste d'adopter ce qui se pratiquait autrefois, et qui consistait à faire nommer un curateur à la succession abandonnée, contre lequel les créanciers procédaient, sauf à la nation à se faire remettre le reliquat, s'il en existait un, après la discussion.

Art. 29. Il définit les biens communaux, ceux à la propriété ou produit desquels les habitans d'une ou de plusieurs communes concourent.

Il existe des communes qui se composent de différentes habitations éparses qui formaient autrefois de petits fiefs, et qui ont leurs biens communaux séparés.

Il serait sans doute à desirer que tous ces biens communaux se confondissent, afin d'amener plus d'unité dans l'administration municipale, et d'éviter les contestations qui s'élèvent assez fréquemment entre plusieurs sections de la même commune.

Mais jusqu'à ce que cette communion soit légalement établie, il y aura des biens communaux qui appartiendront à des sections de commune, et qui doivent être compris dans l'article.

TITRE II.

Art. 2. Cet article rappelle l'ancien principe, que nul ne peut être contraint de céder sa propriété, si ce n'est pour cause d'utilité publique, et moyennant une juste indemnité.

Il n'est pas assez étendu pour prévenir les abus d'autorité. Dans tous les temps, ce principe a existé, et dans tous les temps aussi on en a abusé pour dépouiller le légitime propriétaire. Il faut que la cause d'utilité publique soit légalement constatée; il faut encore que l'indemnité précède l'expropriation : ce n'est qu'à ces deux titres que l'on reconnaîtra la justice du principe.

TITRE III. — CHAP. I.er — SECT. I.re

Art. 8. Cet article range au nombre des fruits civils les loyers et prix des baux à ferme; et l'article qui le précède, appelle *fruits naturels* ceux que le fonds donne par la culture.

La portion de fruits que se réserve le propriétaire, qu'il lève au champ, et dont la quotité dépend d'une récolte plus ou moins abondante, sera-t-elle considérée comme fruits naturels ou civils ? LIVRE II.

Elle est, si on le veut, le prix d'un bail à ferme; mais elle peut aussi être considérée comme une partie des fruits naturels que le fonds donne par la culture.

Il est essentiel de faire disparaître ce doute.

Art. 18. Suivant cet article, les arbres fruitiers qui meurent, appartiennent à l'usufruitier, à charge de remplacement; mais il n'est pas tenu de remplacer ceux qui sont arrachés ou brisés par accident.

En disant seulement qu'il n'est pas tenu de remplacer, l'article semble lui donner l'arbre mort; ce qui autoriserait des manœuvres secrètes et faciles pour préparer de prétendus accidens. Il faudrait ajouter à l'article ces mots, « *qui, dans ce cas, ne lui appartiendront* » *pas, et il sera obligé de prévenir le propriétaire.* »

SECTION II.

Art. 36. L'usufruitier à titre universel doit, suivant cet article, contribuer avec le propriétaire au paiement des dettes; mais il a le choix ou d'avancer le capital mis à sa charge et qui lui est restitué à la fin de l'usufruit, ou d'obliger le propriétaire de le payer, en lui en servant l'intérêt pendant la durée de l'usufruit.

Mais si ce propriétaire n'a point de ressources pour faire l'avance de ce capital, si même il ne peut pas payer la portion des dettes qui le concerne, dans ce cas quels seront les droits du créancier, du propriétaire ou de l'usufruitier ?

Le créancier ne peut souffrir de la circonstance que le propriétaire n'a point de fonds; il faut que son titre s'exécute : mais sera-t-il obligé de procéder par voie de saisie ou d'expropriation forcée ?

L'usufruitier poursuivi n'aura-t-il d'autre ressource, pour éviter une discussion judiciaire, que son action en recours contre le propriétaire ?

Enfin le propriétaire, par l'effet de la disposition de l'article qu'on examine, sera-t-il contraint de se laisser discuter dans ses autres biens, pour conserver à l'usufruitier l'intégralité de son usufruit, sauf à recevoir de lui l'intérêt du capital!

Telles sont les questions que fait naître l'article dont il s'agit. Il paraît qu'elles trouvent leur solution dans un principe de droit généralement adopté, *Non est hæreditas, nisi soluto ære alieno.* D'après cet adage, il est certain qu'il n'y a ni usufruit ni propriété des biens dépendans d'une succession, qu'autant qu'il en reste après les dettes acquittées, et qu'il serait par conséquent plus juste et plus naturel d'autoriser la vente d'objets dépendans de la succession, jusqu'à concurrence du montant des dettes, en donnant cependant la préférence aux choses qui périssent par l'usufruit, telles que les meubles; et par rapport aux immeubles, en laissant à l'usufruitier d'indiquer ceux qu'il desire être vendus pour la parfaite libération.

SECTION III.

Art. 39, 5.e *alinéa.* Il porte que l'usufruit cesse lorsque l'usufruitier laisse dépérir à défaut d'entretien.

De tout temps cette règle a été observée; mais aussi, lorsque l'usufruitier poursuivi en déchéance offrait de réparer à l'instant, il conservait ses droits en réalisant ses offres. Cette faculté existera-t-elle à l'avenir! ou la déchéance sera-t-elle indéfiniment acquise par le défaut d'entretien une fois constaté!

Peut-être serait-il à desirer que la loi adoptât ce dernier parti, afin de rappeler continuellement, et pour son propre intérêt, l'usufruitier à l'obligation d'entretenir.

En second lieu, si l'usufruit comprend différens objets, et que la négligence d'entretien ne porte que sur un, la déchéance sera-t-elle encourue pour tous! Il serait encore à desirer que la loi prononçât sur cette question; et toujours on pencherait contre l'usufruitier, parce que, sans cela, il pourrait rendre sa condition meilleure en se débarrassant, par le défaut d'entretien, des immeubles dont la jouissance serait la moins avantageuse, et qu'ainsi il profiterait de sa propre faute.

TITRE IV. — CHAP. III. — SECT. II.

Cette section a pour objet de déterminer comment s'établissent les servitudes.

S'il est essentiel d'avoir sur cet objet une unité de jurisprudence, il est juste aussi de ne pas porter atteinte aux droits légitimement acquis jusqu'à présent : tel serait cependant l'effet de la section dont il s'agit, si la loi ne contenait une clause salvatoire. Par exemple, il y avait beaucoup de coutumes où, pour les servitudes discontinues, la possession immémoriale avait la force du titre : l'effet de l'art. 42 sera-t-il maintenant d'éteindre la servitude discontinue non établie par titres, quoique la possession immémoriale soit acquise au moment de la publication de la loi?

Sous l'empire de plusieurs coutumes, la servitude continue s'acquérait par la seule possession de vingt ans : celui qui aurait atteint ce terme de jouissance à l'instant de la promulgation du Code civil, perdra-t-il les avantages qui lui étaient assurés par la loi sous le régime de laquelle l'immeuble était situé! Il est évident que ce serait donner un effet rétroactif au nouveau Code, et dépouiller un légitime propriétaire.

LIVRE III.

DISPOSITIONS GÉNÉRALES.

Art. 1.er Cet article met la puissance paternelle au nombre des moyens par lesquels la propriété s'acquiert; il est ajouté qu'il en a été traité au titre *des Tutelles.*

On ne rencontre ni au titre *des Tutelles*, ni au titre *de la Puissance paternelle*, aucune disposition relative au moyen d'acquérir la propriété.

Sans doute on ne confondra pas avec le droit de propriété, celui que la loi donne aux pères et mères de jouir des biens de leurs enfans mineurs, sans être obligés de compter des fruits.

Le premier attribut de la propriété est la liberté de disposer par les moyens que la loi établit; et la première condition attachée à la jouissance dévolue par l'effet de la puissance paternelle, est de ne pouvoir disposer de rien.

LIVRE III.

Art. 2. Il place au rang des propriétés nationales, les biens qui sont vacans comme abandonnés par leurs propriétaires.

Mais quand un bien sera-t-il censé abandonné par le propriétaire?

Pendant combien de temps faudra-t-il qu'il n'y ait eu aucun acte de propriété, pour que l'abandon soit constant!

On a déjà observé, au titre *des Absens*, que des biens pouvaient rester abandonnés pendant cinq années, puisque ce n'est qu'après ce temps qu'on peut demander l'envoi en possession provisoire, même quand l'absent n'a pas laissé de procuration.

Il est donc certain que cinq années d'abandon, de la part du propriétaire, ne peuvent donner ouverture à l'exercice des droits de la nation.

Si la loi dit que la demande pour être envoyé en possession provisoire peut être formée après cinq années d'absence, elle ne déclare pas privés de tous droits ceux qui n'auraient pas usé de cette faculté; elle ne leur ôte pas celui de demander l'envoi en possession après trente années révolues.

Les biens de l'absent peuvent donc être abandonnés pendant trente années, sans que pour cela ils soient censés abandonnés.

On pourrait donc déterminer qu'un bien sera présumé tel, lorsque, pendant l'espace de trente années, celui qui en était propriétaire, ou ceux qui le représentaient, n'auront exercé aucun acte de propriété.

Mais ce serait trop prolonger le temps pendant lequel des immeubles pourraient n'être pas fertilisés; et il y en a qui, d'après leur nature, seraient totalement ruinés après ce long espace de temps; il y aurait même du danger à laisser ainsi sans entretien les maisons, sur-tout dans les villes.

Pour parer à ces inconvéniens, on pourrait ouvrir, au profit de la nation, un droit provisoire après cinq années de cessation totale d'exercice de la propriété, en réservant, pendant trente années, au propriétaire, ou à celui qui a droit de le représenter, la faculté de réclamer, sans qu'il puisse cependant exiger aucune restitution de fruits.

Cette disposition parerait à tous les inconvéniens; elle éviterait toute équivoque; elle exciterait la surveillance de ceux qui ont des droits à la propriété; elle aurait encore l'avantage d'assurer la perception des impositions.

TITRE I.er — CHAP. II.

Art. 23. L'article 22 déclare indigne de succéder, l'héritier majeur qui n'a pas dénoncé à la justice le meurtre du défunt.

L'article 23 détermine que l'obligation de dénoncer n'est imposée ni aux descendans contre les ascendans, ni aux ascendans contre les descendans.

N'existe-t-il pas des motifs aussi puissans pour ne pas faire porter cette obligation sur le mari à l'égard de la femme, ou sur la femme à l'égard du mari?

L'attachement réciproque qui a formé l'union conjugale, n'est pas, il est vrai, de même nature que celui qui naît des rapports de la paternité; mais en est-il moins impérieux? et ne serait-il pas cruel autant qu'immoral, de froisser une épouse tendre et vertueuse entre la misère et *la nécessité* de dénoncer son *mari*, pour conserver sa subsistance et celle de ses enfans.

CHAP. III. — SECT. II.

Art. 36 et 37. Le premier de ces articles porte qu'en collatérale, la représentation n'est admise que dans le cas où le défunt laisse des frères ou sœurs, et des neveux ou nièces enfans du premier degré de frère ou de sœur.

Le second porte que dans les cas où la représentation est admise, soit en ligne directe descendante, soit en collatérale, les représentans succèdent par souche.

Il ajoute que si une souche a produit plusieurs branches, la subdivision se fait aussi par souche dans chaque branche, et qu'alors les individus de la même branche partagent entre eux par tête.

La dernière partie de l'article 37, lorsqu'elle n'est appliquée qu'à la ligne directe descendante, concorde parfaitement avec les dispositions antérieures; mais on pourrait faire naître des doutes de ces expressions générales, *dans tous les cas où la représentation est admise*, et en conclure que la totalité de l'article 37 est applicable à la ligne collatérale: alors il ne concorderait pas avec l'article 36.

LIVRE III. Ce dernier n'appelle à la représentation que les enfans du premier degré de frère ou de sœur, d'où il suit que les arrière-neveux ne viendraient pas représenter leur aïeul.

Cependant ils y viendraient dans le cas du second alinéa de l'article 37, puisqu'il admet d'abord un partage par souche entre ceux qui représentent et les héritiers d'un degré supérieur; ce qui ne peut s'entendre qu'entre les oncles et les neveux enfans du premier degré de frère ou de sœur;

Ensuite un second partage, aussi par souche, entre les héritiers de plusieurs branches; ce qui ne pourrait s'entendre que des neveux avec les arrière-neveux, qui alors se partageraient par tête.

Voilà donc les arrière-neveux qui, dans ce cas, viendraient à la succession de leur grand-oncle pour leur part afférente dans la souche dont ils font une branche ; ce qui serait une contradiction avec l'art. 36.

Ou il faut, dans tous les cas, admettre les enfans au deuxième degré de frère ou de sœur, venant à la succession de leur grand-oncle, ou il faut que le second alinéa de l'article 37 commence ainsi: *En ligne directe, si une même souche a produit &c.*

Dans cette alternative, le parti qui semble le plus naturel, est de reporter le changement sur l'article 36, et d'admettre les arrière-neveux à la succession de leur grand-oncle, soit qu'ils concourent avec des frères et avec des neveux du défunt, ou avec des frères ou des neveux seulement.

CHAP. IV — SECT. I.re

Art. 60 et 61. L'article 60 oblige l'héritier légitime de présenter à l'enfant naturel un état estimatif de la succession à laquelle il a des droits, et de lui offrir, soit en argent, soit en fonds, la portion qui peut lui revenir.

L'article 61 porte qu'en cas de contestation, il est procédé en justice à la liquidation de la masse;

Que les frais sont avancés par l'enfant naturel, et sont en définitif à la charge de celui qui succombe;

Que si c'est l'enfant naturel, ils sont retenus sur sa portion par l'héritier légitime;

Qu'enfin

Qu'enfin le tribunal peut accorder une provision.

Le pouvoir donné au tribunal d'accorder une provision, suppose des besoins pressans; et cependant c'est à celui qui les éprouve qu'on impose l'obligation d'avancer les frais nécessaires pour parvenir à la liquidation.

N'est-ce pas l'exposer à l'impossibilité de faire valoir ses droits contre l'héritier légitime, qui est nanti de tout!

Pourquoi, si l'enfant naturel est obligé d'avancer les frais, autoriser l'héritier légitime à les retenir! Il n'y a rien à retenir par celui-ci, s'ils sont avancés par l'autre.

La disposition ne serait juste qu'autant qu'en cas de contestation sur l'état estimatif fourni par l'héritier légitime, il serait toujours tenu de délivrer ce qu'il a reconnu devoir offrir : alors l'enfant naturel devrait en effet tout avancer; mais alors aussi il n'y aurait plus de provision à accorder, *ni de frais de liquidation* à retenir.

Ces observations persuadent que c'est par erreur qu'on lit « que les » frais de la liquidation doivent être avancés par l'enfant naturel » ; qu'il faut lui substituer l'héritier légitime: et alors celui-ci aura droit de retenir en cas de succès; et alors le tribunal pourra consulter les circonstances pour accorder et fixer une provision alimentaire.

SECTION II.

Art. 66. Il porte que le juge ne peut, en réglant les alimens de l'enfant adultérin ou incestueux, atteindre au-delà du sixième du revenu net des biens qui composent la succession, ni les fixer au-dessous du douzième.

Il n'y a ici aucune différence entre la concurrence avec des enfans légitimes et celle qui s'établit avec des collatéraux; cependant on ne peut se dissimuler que les considérations morales et politiques sont essentiellement différentes dans ces deux cas.

Il est vrai qu'on laisse au juge une grande latitude relativement aux circonstances particulières, lorsqu'il peut varier du sixième au douzième; mais il est impossible, en s'assujettissant à cette proportion, que l'enfant incestueux jouisse de revenus plus considérables que les enfans légitimes: ce qui arrivera toutes les fois que ceux-ci égaleront ou surpasseront le nombre de douze; puisque, s'ils l'égalent, et en supposant qu'il n'y ait qu'un enfant naturel, les légitimes n'auraient que onze douzièmes entre douze, et l'enfant naturel un douzième sans partage.

Il est vrai qu'il ne jouirait qu'en usufruit; mais l'excédant de son usufruit se compenserait avec la propriété, ce qui établirait une sorte d'*égalité* qui n'est certes pas dans l'intention de la loi.

Cette observation acquiert plus de force encore, lorsque l'on considère qu'il peut y avoir plusieurs enfans naturels qui, dans le sens littéral de la loi, auraient au moins chacun un douzième en usufruit.

Il serait à desirer que les alimens de l'enfant incestueux concourant avec des enfans légitimes, fussent fixés à l'usufruit d'une portion déterminée de la part d'enfant, du tiers ou de moitié. Il paraîtrait tout-à-la-fois et plus simple et plus juste de le borner à l'usufruit de ce que l'enfant naturel a droit de recueillir.

Cette disposition aurait l'avantage de prévenir des contestations toujours scandaleuses, et qui seraient inévitables, si l'arbitrage du juge devait être la règle des parties.

Art. 67. Il est conçu en ces termes :

« L'enfant adultérin ou incestueux ne peut demander un sup-
» plément dans la succession de son père ou de sa mère, toutes
» les fois que *celui-ci* lui en a assuré de son vivant, quand même
» la quotité en serait inférieure au taux fixé par l'article pré-
» cédent, et lorsque le père ou la mère lui a fait apprendre
» un art mécanique. »

Cet article est juste; mais sa rédaction prête à des équivoques. D'abord, à quel substantif se rapporte le pronom *celui-ci!* Dans la règle générale, ce serait à la mère, qui se trouve être le dernier substantif; mais alors il faudrait dire *celle-ci.* En substituant le féminin du pronom au masculin, il s'ensuivrait que l'enfant adultérin ou incestueux ne serait dans l'interdit de demander des alimens, qu'autant que ce serait sa mère qui lui en aurait assuré de son vivant; cependant le même motif subsiste par rapport au père.

D'après ces observations, il paraît qu'il faut substituer ces mots dans l'article : *Toutes les fois que l'un ou l'autre lui* &c.

Une seconde observation résulte de ce que le mot *alimens* n'étant pas rappelé dans le premier membre de la phrase, on ne peut dire que la particule *en* s'y rapporte; on la reportera donc au substantif *supplément*, ce qui donne à la phrase un sens oiseux. Il faut donc dire : *Ne peut demander un supplément d'alimens*, ou bien, *toutes les fois que l'un ou l'autre lui a assuré des alimens de son vivant.*

CHAP. V. — SECT. I.re

Art. 77. Cet article détermine les formalités que l'époux survivant est tenu de remplir, pour être envoyé en possession de la succession du prédécédé, à défaut de parens connus.

Ces formalités remplies, il est obligé de donner caution, et l'article porte qu'après trois années la caution est déchargée, s'il ne s'est point présenté d'héritier.

Mais, après ces trois années, l'époux survivant est-il déclaré héritier, comme la République, après les publications et affiches, ainsi qu'il est dit dans l'article suivant !

Il faut convenir que la décharge du cautionnement n'emporte pas avec elle la dispense de remettre la succession aux parens qui se présenteraient après les trois années révolues.

Ces questions, ainsi que toutes celles relatives aux absens, sont devenues bien importantes dans la législation des peuples de l'Europe, depuis la découverte de l'Amérique et la connaissance de la route aux Indes orientales, en doublant le Cap.

Combien d'Européens, morts dans les deux Indes, y ont laissé et y laissent encore tous les jours des enfans qui ont droit à des successions ouvertes en Europe, où leur existence est même ignorée ! et combien de temps ne faut-il pas souvent pour qu'ils puissent connaître leurs droits et se présenter !

SECTION II.

Art. 78. Suivant cet article, la République est déclarée héritière après trois affiches et publications faites de quinzaine en quinzaine sans qu'il se soit présenté d'héritiers.

Dès qu'elle est déclarée héritière, il faut en conclure qu'elle ne peut plus être, dans aucun cas, tenue de remettre la succession; et alors on ne voit pas le motif sur lequel peut être fondée cette prérogative donnée au fisc après un délai si court.

LIVRE III.

Qu'alors il soit envoyé en possession, qu'il n'y ait point de caution à donner ni de restitution de fruits, cela peut paraître infiniment juste ; mais qu'après un si court espace de temps, les héritiers légitimes absens n'aient plus aucune réclamation à faire, cela paraît infiniment dur et injuste.

On observera en général, sur les sections I.re et II de ce chap. V, qu'elles ne prévoient pas le cas où un héritier plus proche, et dont on ignorait l'existence, se représenterait après que des parens plus éloignés auraient appréhendé la succession, ni celui où des parens d'une ligne se seraient emparés de tout, comme si l'autre ligne était défaillante, tandis cependant qu'elle était représentée par des parens qui viennent réclamer à la suite.

Cependant ces questions se présentent fréquemment; et dans cet instant, le tribunal d'appel de Metz se trouve saisi d'une contestation de ce genre extrêmement importante.

On observera, en second lieu, qu'il n'est pas parlé, dans ce chapitre, de la restitution des fruits aux heritiers qui viendraient à se présenter; et il est encore essentiel de prévenir les contestations qui pourraient naître à ce sujet.

CHAP. VI. — SECT. II.

Art. 92. La loi met en principe qu'on ne vient pas par représentation de l'héritier renonçant.

Il est ajouté que, si le renonçant est seul héritier dans sa ligne, ou si tous les cohéritiers égaux en degrés renoncent, leurs enfans viennent, de leur chef, remplacer ceux dont la renonciation fait vaquer le degré.

La première partie de cet article est une suite nécessaire de la disposition par laquelle il est dit qu'on ne peut représenter les personnes vivantes.

Avant d'exposer les observations auxquelles la seconde partie paraît prêter, il est nécessaire de dire le sens que l'on croit qu'il présente.

Il est dit d'abord que, si l'héritier renonçant est seul dans sa ligne, ses enfans viennent le remplacer : cette partie n'est susceptible d'aucune équivoque, d'aucune incertitude.

Il est dit ensuite que si tous les cohéritiers égaux en degrés renoncent, leurs enfans viennent, de leur chef, remplacer ceux dont la renonciation fait vaquer le degré.

S'ils viennent les remplacer, c'est sans doute alors pour partager par tête. Ceci est une conséquence nécessaire des dispositions antérieures, puisque la succession est dévolue ou à des frères et sœurs venant à la succession d'un frère, ou à des parens collatéraux plus éloignés.

Dans le premier cas, si tous les frères et sœurs renoncent, leurs enfans viennent les remplacer de leur chef, et partagent entre eux par tête, puisqu'il n'y a point de représentation, et que ce serait en introduire une que de les faire partager par souche.

Dans le second cas, à bien plus forte raison, le partage se fera aussi par tête.

Mais supposons maintenant qu'un frère qui a six enfans soit appelé à la succession de son frère avec un neveu.

S'il ne renonce pas, il n'aura que moitié; mais s'il renonce, et qu'alors ses six enfans viennent de leur chef, le partage, suivant l'article qu'on examine, se fera par tête, puisqu'il est dit ailleurs qu'on ne peut représenter une personne vivante.

De là, et dans l'hypothèse qu'on vient de poser, il s'ensuivrait des renonciations frauduleuses qu'il faut chercher le moyen de prévenir.

On proposera, pour y parvenir, un article additionnel, dans lequel il serait dit qu'en cas de concurrence entre un frère et des neveux du prédécédé, et celui-ci venant à renoncer, ses enfans qui viendraient alors de leur chef, ne pourraient cependant prendre entre eux plus forte partie de la succession que celle que leur père avait droit de recueillir.

Ainsi la maxime de la non-représentation d'un homme vivant serait respectée, et cependant la fraude ne pourrait se commettre.

Il faudrait étendre cette disposition des neveux aux arrière-neveux, si, comme on l'a proposé, la représentation était admise jusque-là.

Art. 94. Il statue que la faculté d'accepter ou de répudier une succession, ne se prescrit que par le laps de temps requis pour la prescription la plus longue des droits immobiliers.

La conséquence nécessaire de cette disposition, est que celui qui a laissé écouler ce temps sans accepter, ne peut plus exercer aucune action en qualité d'héritier.

Il existe dans le pays de Luxembourg une manière d'aliéner extrêmement usitée, autorisée par la coutume, sous le nom d'*engagère* : c'est une espèce de faculté de réméré, que la coutume déclare imprescriptible.

Il est aussi de droit certain, dans ce pays, que pour retirer le bien laissé en engagère, il suffit de justifier du droit à l'hérédité de celui qui a consenti l'aliénation à ce titre, sans qu'on soit obligé de prouver qu'on ait accepté sa succession.

Cependant le réméré est une action qui suppose la qualité d'héritier; mais s'il est constant qu'on ne peut plus la prendre après le temps de la prescription, il deviendra certain que la faculté de retirer une engagère ne sera plus imprescriptible, ou que, si elle demeure imprescriptible, la faculté d'accepter une succession le sera également.

La très-grande multiplicité des engagères, sous l'empire de la coutume de Luxembourg, semblerait demander que la loi prévît en général quel sera l'effet du présent article par rapport aux droits imprescriptibles, ou qu'on ajoutât une disposition transitoire qui porterait que, quant aux droits qui, suivant les coutumes observées jusqu'à présent, étaient imprescriptibles, la prescription ne commencera à courir que du jour de la publication du Code civil.

SECTION III.

Art. 107. Il porte que l'acceptation d'une succession échue au mineur ne peut se faire par son tuteur, ni par le mineur émancipé assisté de son curateur, que sous bénéfice d'inventaire.

Il paraîtrait, d'après la rédaction de cet article, que le mineur est tenu, comme le majeur, de faire sa déclaration en acceptant; d'où il pourraît naître des difficultés dans le cas où il ne la ferait pas.

Il paraîtrait beaucoup plus simple, pour les prévenir, de dire que l'acceptation d'une succession par le tuteur, ou par le mineur émancipé assisté de son curateur, n'aura jamais d'autre effet que celui de l'acceptation sous bénéfice d'inventaire.

Art. 120. Suivant cette disposition, le bénéfice d'inventaire ne peut être opposé à la République par l'héritier d'un comptable ; il faut qu'il accepte ou qu'il renonce purement et simplement.

L'intérêt de la République a dicté cet article; mais on pense qu'il est diamétralement opposé à ce même intérêt.

1.° Il tend à déterminer les comptables à mobiliser toute leur fortune, afin de pouvoir plus facilement la transmettre à leurs héritiers au préjudice de l'hypothèque que la République acquerrait si les fonds eussent été employés en acquisitions d'immeubles.

2.° L'incertitude des héritiers sur l'événement d'une comptabilité à laquelle ils ne sont point initiés, les portera plutôt à répudier une succession, qu'à courir les risques d'une acceptation dangereuse : et dès-lors, voilà la succession entre les mains d'agens plus occupés souvent de leur intérêt que de celui de la République ; voilà une discussion ouverte avec les autres créanciers ; et voilà dès-lors la possibilité de tout consumer en frais.

Tandis que des héritiers, animés du double desir et de payer et de rendre la succession utile pour eux, auraient le plus grand soin de saisir les moyens les plus économiques de tout liquider, et qu'ainsi leur propre intérêt servirait celui de la République.

On ajoutera que la République trouve une telle sûreté, et dans le privilége qui lui appartient, et dans le cautionnement qu'elle exige, que cette disposition paraît superflue.

SECTION IV.

Art. 124. Il donne au curateur à la succession vacante, la faculté d'en exercer ou poursuivre tous les droits, de répondre aux demandes formées contre elle, de les contester ou approuver s'il y a lieu ; et cela sans recourir au conseil de famille.

Il paraît que c'est investir ce curateur d'une autorité beaucoup trop étendue et infiniment dangereuse. Le sort des créanciers de la succession va en effet dépendre de son ignorance, ou peut-être de sa mauvaise foi.

Qu'il ne soit pas dans le cas de recourir à un conseil de famille, cela paraît juste, puisque la famille abandonne la succession et n'y prend dès-lors aucun intérêt.

Mais lorsque le curateur est nommé sur la demande des créanciers, pourquoi n'y aurait-il pas un conseil choisi parmi eux, auquel le curateur recourrait lorsqu'il s'agirait de défendre à une action intentée contre la succession, ou de poursuivre ses droits en justice.

CHAP. VII. — SECT. I.re

Art. 149. L'article précédent porte que, lors du partage d'une succession, on fait entrer, autant qu'on le peut, dans chaque lot, la même quantité de meubles et d'immeubles.

L'art. 149 détermine que l'inégalité des lots en nature est compensée par un retour, soit en rentes, soit en argent.

Il serait utile de fixer jusqu'où pourra se porter le retour, soit en rentes, soit en argent, en proportion de la valeur totale de chaque lot.

Il y aura, dans une succession, autant de corps d'immeubles que d'héritiers : chacun de ces immeubles sera indivisible sans détérioration, et la différence de valeur sera très-considérable.

Dans ce cas, si l'on partage à charge de retour, une partie des héritiers pourra ne pas être à même d'acquitter ce retour, et elle demandera la vente ; une autre partie y résistera, parce qu'elle aura plus de moyens : qu'y aura-t-il à décider ?

On sent bien que la difficulté n'existe que lorsque la succession ne fournit ni rentes ni argent pour établir la balance.

Alors on pense qu'il ne serait pas toujours juste que l'un pût forcer de vendre, ou l'autre de partager ; mais il faudrait que, pour forcer au partage, le retour mis à la charge d'un lot n'excédât pas le quart ou le sixième de la valeur de l'immeuble compris dans ce lot.

Cette disposition pourrait faire l'objet d'un article additionnel qui serait conçu à-peu-près en ces termes :

« S'il n'y a dans la succession ni rentes ni argent pour opérer la » compensation, le partage en nature ne pourra avoir lieu contre le » gré d'un héritier, qu'autant que le retour n'excéderait pas le sixième » de la valeur de l'immeuble compris dans le lot qui en serait chargé. »

Art. 150. « Les lots, dit cet article, sont faits par l'un des » cohéritiers, et choisis successivement par les autres.

» Le

» Le sort désigne celui qui doit former les lots, et l'ordre dans » lequel ils doivent être choisis.

» Le lot non choisi demeure à celui qui les a faits. »

Cette disposition paraît infiniment juste au premier aperçu : 1.° celui qui divise les lots connaît la valeur des biens, puisque leur estimation est antérieure; il ne peut donc établir d'inégalité ; 2.° puisque le sort décide de la distribution des lots, il ne peut être accusé d'avoir voulu blesser les convenances ; 3.° enfin, si le sort ne favorise pas les convenances, les cohéritiers ont entre eux la faculté d'échanger, si heureusement employée dans la fable de *la Fontaine*, pour donner à chacun ce que ses inclinations particulières lui faisaient desirer.

Mais pourquoi donc, lorsque nos coutumes avaient de semblables dispositions, sont-elles tombées en désuétude depuis bien long-temps? C'est que l'on s'est aperçu que celui qui formait les lots, suivait toujours son inclination, comme si le sort eût dû le favoriser ; c'est que du moins il en était accusé par ceux dont les desirs se trouvaient contrariés, et qu'ainsi un mode de partage aussi juste en apparence produisait cependant des haines et des divisions entre des frères.

Si, dans l'apologue de *la Fontaine*, tous les cohéritiers sont satisfaits après les échanges, c'est que le partage avait été fait par le père de famille, et qu'ainsi les frères n'avaient entre eux aucun sujet d'animosité personnelle.

D'après ces observations, on penserait qu'il vaudrait mieux que les cohéritiers cherchassent à s'accorder sur la composition des lots, sauf, s'ils ne le pouvaient pas, à recourir à un arbitre étranger, et que, dans tous les cas, ce fût aussi un étranger qui tirât les lots, en faisant mettre d'un côté le numéro de chaque lot, et de l'autre les noms des copartageans.

SECT. II. — DIST. 1.re

Art. 166. Il pose en principe qu'il n'y a pas lieu au rapport par une branche, au profit de l'autre branche.

Ensuite il donne un exemple de l'application de ce principe; et alors il fait dépendre de la stipulation la dispense de rapporter, puisqu'il faut que le défunt ait donné avec dispense de rapport aux descendans de l'un des deux frères, ou à l'un desdits descendans.

S'il faut, pour que le rapport ne se fasse pas d'une branche au profit de l'autre branche, que la dispense de rapporter soit écrite dans l'acte de donation, l'article est absolument inutile. Il se trouve renfermé dans l'article I.er de cette section, où il est dit que l'héritier n'est pas tenu de rapporter si le don ou legs lui a été fait par préciput et hors part, ou avec dispense du rapport ; ce qui doit s'entendre de toute espèce de rapports, soit entre cohéritiers de la même branche, soit entre plusieurs branches.

On ajoutera que, dans l'exemple proposé, la dispense de rapporter d'une branche à l'autre semble entraîner l'obligation du rapport dans la même branche ; ce qui serait en contradiction avec l'art. I.er, puisque celui-ci reconnaît la validité de la clause insérée dans l'acte de donation qui dispense du rapport.

Reste maintenant à examiner s'il est bon de maintenir la règle générale qui veut que le rapport n'ait pas lieu d'une branche au profit de l'autre ; ce qui peut s'entendre sans qu'il soit besoin d'une stipulation.

Et l'on pense que non, parce qu'alors il y aurait inégalité entre les branches, et conséquemment entre les cohéritiers.

DISTINCTION 5.

Art. 180. Il prescrit le rapport en nature, lorsqu'il n'y a pas dans la succession, des immeubles de même nature, valeur et bonté, dont on puisse former des lots à-peu-près égaux pour les autres cohéritiers.

L'obligation de rapporter en nature dans un cas déterminé, réduit le donataire à la position d'un simple usufruitier qui n'a plus le même intérêt à l'entretien de l'immeuble que s'il était propriétaire incommutable. Cette seule réflexion devrait faire rejeter dans tous les cas le rapport en nature.

D'ailleurs, à combien de difficultés ce rapport ne peut-il pas donner lieu !

1.° Par rapport aux améliorations ;

2.° Qui déterminera si les autres immeubles sont de même nature, valeur ou bonté!

3°. Qu'entendra-t-on par même nature! Ne pourra-t-on comparer que des maisons à des maisons, des terres à des terres, des vignes à des vignes, &c.! ou bien suffira-t-il que ce soient des biens de campagne qui puissent être comparés à d'autres biens de campagne!

4.° Dans ce cas et dans tous autres, qu'entendra-t-on par le mot *bonté!*

On conçoit aisément combien de doutes la saine interprétation de cet article peut faire naître, et combien il sera difficile d'obtenir, sur ce point infiniment difficultueux, une jurisprudence fixe et invariable.

Il est aisé de sentir que le système d'une égalité parfaite a dicté cette disposition. Mais en quoi donc l'égalité est-elle blessée, lorsque le rapport se fait en moins prenant!

Il faut observer que ce prétendu niveau échappe, si l'immeuble a été vendu; c'est le prescrit de l'article suivant: dès-lors, *s'il* y avait inégalité en ne rapportant pas en nature, il dépendrait donc du donataire de l'établir.

On observera, en dernière analyse, que l'article qu'on examine est en contradiction avec l'article 25, au titre *des Donations et Testamens.* Celui-ci porte que, si la donation est dans le cas d'être réduite, le donataire successible peut retenir, sur les biens donnés, la valeur de la portion qui lui appartiendrait comme héritier.

Le voilà donc, et dans tous les cas, dispensé du rapport en nature, puisque, pour retenir sur les biens donnés sa portion héréditaire, il n'est pas exigé qu'il y ait dans la succession, d'autres biens de même nature, valeur et bonté.

On ne dira rien sur l'article 187 de ce titre, sinon qu'il devient inutile si le rapport ne doit se faire qu'en moins prenant.

Art. 186. Il détermine que le rapport en nature se fait franc de toutes charges et hypothèques créées par le donataire.

Mais il réserve au créancier de ce dernier la liberté d'intervenir au partage, pour s'opposer à ce que le rapport se fasse en nature, en fraude de ses droits.

Cet article mérite la plus grande attention, à raison de son influence sur le système des rapports.

Quel sera l'effet de l'intervention du créancier? Sera-t-il d'empêcher que le rapport se fasse en nature, même dans les cas où la loi le prescrit? alors voilà le donataire maître de conserver l'immeuble, et de ne rapporter qu'en moins prenant; il lui suffira de l'hypothéquer et de faire intervenir son créancier.

Cette intervention, au contraire, ne produira-t-elle d'autre effet que d'éviter le rapport en nature lorsque la loi ne le prescrit pas, lorsqu'il serait fait en fraude du créancier? alors celui-ci est le plus souvent exposé à perdre son hypothèque et le montant de sa créance; on a trompé sa foi; il a cru son débiteur propriétaire incommutable; et il se trouve *dépouillé de son droit*, pour n'avoir pas su qu'il n'était que donataire de la propriété.

Enfin, et quel que soit l'effet de cette intervention, elle aura toujours l'inconvénient majeur d'introduire un étranger dans le sein de la famille, d'apporter obstacle à des arrangemens qui devaient maintenir la concorde entre des frères, et de faire naître des contestations ruineuses.

On n'ignore pas que le système du rapport en nature est autorisé par les dispositions de la coutume de Paris; mais si cette coutume présente des inconvéniens, pourquoi ne pas les reconnaître et y apporter un remède convenable?

Ce remède consisterait à laisser, dans tous les cas, le donataire maître de rapporter en nature ou en moins prenant: alors on ferait naître en lui l'esprit de propriété, qui assure le bon entretien et qui devient garant de toutes les améliorations dont l'héritage peut être susceptible.

Alors on assure les droits des créanciers qui auraient acquis une hypothèque sur l'objet de la donation; et les cohéritiers, maîtres d'immobiliser leur portion héréditaire, n'y perdraient rien.

On sent bien que cette opinion influerait beaucoup sur les communautés entre époux; mais on s'occupera de cet objet, sous ce rapport, lorsqu'on y sera parvenu.

On observera encore que le projet ne résout pas la question de savoir si, lors du rapport en moins prenant, l'immeuble est, pour son estimation, considéré dans sa valeur au temps de la donation ou au temps du partage; c'est-à-dire, si les accroissemens qu'il a reçus par sa nature, par sa situation, sont au bénéfice de la succession. La jurisprudence est à-peu-près constante en faveur des cohéritiers; il serait utile que la loi la fixât.

Enfin il n'est parlé, ni dans la distinction 4, ni dans la distinction 5 de cette section, du rapport des donations faites à titre onéreux ou sous condition. Dans ce cas, le donataire rapporte-t-il seulement ce dont l'objet de la donation excéderait la charge, ou bien rapporte-t-il le tout avec ou sans indemnité! Ce point est encore essentiel à résoudre.

Il en est un dernier non moins important. Il est dit, au titre *des Successions*, que si tous les héritiers d'un degré supérieur renoncent, ceux du degré inférieur viennent de leur chef.

On a prévu le cas d'une renonciation frauduleuse de la part d'un père, pour faire passer à ses enfans une portion héréditaire plus forte que celle qu'il aurait recueillie, et on a proposé le remède dans un article additionnel.

Mais, dans ce cas, et en général, toute renonciation d'un père dont l'effet est de faire passer ses droits à ses enfans, est une véritable donation. Sera-t-elle sujette à rapport s'il survient d'autres enfans!

On pense que le rapport doit avoir lieu; et les motifs de cette opinion sont puisés dans le système d'égalité entre cohéritiers : mais il serait encore utile que la loi ne laissât pas cette question en problème.

SECTION III.

Art. 193. Les héritiers sont, suivant cet article, tenus des dettes pour leur portion virile, et hypothécairement pour le tout, sauf leur recours entre eux et contre le légataire universel.

Cette disposition est parfaitement juste quant aux dettes qui ne sont pas reconnues par les héritiers avant de procéder au partage.

Mais par rapport à celles qui sont reconnues, qui sont justifiées par les titres mêmes de la succession, qui sont portées sans réclamation en l'inventaire, pourquoi les héritiers ne seraient-ils pas obligés de les acquitter sur la masse avant partage, et chacun d'eux tenu du tout, sauf son recours s'ils avaient enfreint cette règle!

Cette observation frappe sur-tout sur l'intérêt du commerce, où les successions toutes mobiliaires sont très-communes, et où, par cela seul, un héritier de mauvaise foi peut aisément soustraire sa portion virile à la poursuite des créanciers de la succession. Les exemples en sont fréquens.

Art. 8. Il est dit, au second alinéa de cet article, que l'erreur, lorsqu'elle ne tombe que sur la personne, n'annulle pas la convention, à moins que la considération de cette personne ne soit la cause principale de la convention.

Cette dernière restriction paraît sauver tous les inconvéniens qui pourraient résulter de l'erreur dans la personne; mais s'il est une classe générale de conventions où la considération de la personne doive toujours être regardée comme une des causes principales de la convention, pourquoi le Code civil ne l'exprimerait-il pas dans un article particulier?

On peut, en général, considérer sous cet aperçu toutes les conventions qui dans leur exécution entretiennent une relation continuelle entre les parties contractantes: tels sont les baux, de quelque nature qu'ils soient.

En présentant cette observation, on est particulièrement animé du desir de tarir une source immense de contestations.

L'erreur sur les personnes vicierait certainement un traité de société: eh bien! le contrat de louage, à raison des engagemens multipliés et réciproques du laisseur et du preneur, n'est-il pas aussi une espèce d'association, lors de laquelle le caractère, la probité, les talens du preneur déterminent presque toujours le propriétaire! Et si, dans ce cas, on le trompe sur la personne, pourra-t-on dire qu'il y a liberté dans le consentement!

On pourrait reporter cette observation sur tous les contrats qui ne sont pas, comme la vente, consommés au moment de leur formation, et qui, dans leur durée, exigent des rapports continuels entre les contractans.

Art. 19. « Néanmoins, est-il dit, on peut se porter fort » pour un tiers, en promettant le fait de celui-ci. »

Quel est, par rapport au tiers, l'effet de cet engagement? nul, s'il ne ratifie pas, sauf l'indemnité à recouvrer contre celui qui s'est porté fort.

Il serait à desirer que l'article portât cette modification, qui est de toute justice.

SECTION IV.

Art. 30. Il est dit, dans la première partie de cet article, que la cause illicite annulle la convention.

Il est dit, dans la seconde, que la convention n'en est pas moins valable, quoique la cause n'en soit pas exprimée.

Lorsqu'un article d'une loi est divisé en deux parties, il faut que la seconde soit ou le développement, ou la restriction, ou le corollaire de la première; autrement, il faut en faire une disposition séparée.

On ne voit aucune analogie entre la cause illicite qui annulle, et la cause non exprimée qui n'annulle pas; ce sont deux choses absolument distinctes : il faudrait donc distinguer la disposition, en faisant deux articles.

CHAP. II. — SECT. I.re

Art. 38. Cet article prononce l'expropriation dès l'instant qu'on s'est obligé de donner un immeuble. Dès ce moment il ne peut plus être saisi sur le vendeur ou le donateur par ses créanciers; il ne peut plus le vendre ni le traduire : la tradition en serait nulle, sauf le recours du second acquéreur contre le vendeur.

On ne parlera pas, sur cet article, des droits des créanciers; ils sont maintenus par l'établissement du bureau des hypothèques.

Mais quant au second acquéreur, pourquoi deviendrait-il tout-à-la-fois victime et de la négligence peut-être coupable du premier, et de l'espèce de stellionat du vendeur!

Pour prévenir ces inconvéniens, plusieurs coutumes, entre autres celle des Pays-bas autrichiens, observée dans le Luxembourg français, exigeaient la *réalisation* en justice de tous actes translatifs de propriété. Cette disposition est infiniment sage; elle intéresse la foi publique : on ne verrait nul inconvénient à la généraliser.

CHAP. III. — SECT. III.

Art. 88. Si l'une des choses promises par le débiteur vient à périr par sa faute, l'obligation devient pure et simple; il

LIVRE III. doit délivrer celle qui subsiste, et ne peut offrir la valeur de celle qui est périe.

Il est ajouté ensuite que si toutes deux sont péries successivement, le débiteur doit payer le prix de celle qui a péri la dernière.

Faut-il, pour que la partie finale de cet article s'exécute, que les deux choses soient péries par la faute du débiteur? Il semble qu'il n'y a parité de raison que dans la première partie; mais alors il faudrait l'exprimer, pour écarter les doutes.

SECTION IV.

Art. 91. « La remise faite par l'un des créanciers solidaires » libère le débiteur envers l'autre. »

Cette disposition donnerait lieu à bien des fraudes, si on ne réservait les droits de l'autre créancier contre celui qui a opéré la remise.

SECTION VI.

Art. 124. Cet article donne au juge le pouvoir de proroger, suivant les circonstances, le terme dans lequel l'obligation primitive doit être accomplie, pourvu qu'elle ne soit pas de telle nature qu'elle n'ait pu être utilement remplie pour le créancier que dans un certain temps.

C'est donner au juge un pouvoir trop étendu. Quand sera-t-il assuré de connaître la position du débiteur, et de ne pas favoriser sa mauvaise foi!

Quand saura-t-il qu'il ne nuit pas au créancier et à ceux qui ont des droits à exercer sur lui!

Quel serait maintenant le débiteur qui, pour se soustraire à l'exécution de son engagement, ne tenterait de captiver l'esprit du magistrat par de vaines considérations! Il n'y aurait pas de poursuites exercées par un créancier, qui ne fussent suivies d'opposition dont le but serait d'obtenir un délai.

On a fait récemment l'épreuve de ces vérités : lors de la conversion en numéraire des dettes contractées en assignats, la loi permit aux tribunaux

tribunaux d'accorder une année de délai, mais à compter de sa promulgation.

Cette dérogation au titre se justifiait par les circonstances : mais une erreur se répandit; on crut que le pouvoir d'étendre les termes était pour tous les temps ; et les tribunaux ne furent plus interrompus que de demandes en surséance, jusqu'à ce que leur rigueur à maintenir les conventions eut dissipé l'erreur.

Enfin on observera que le pouvoir donné au juge par l'article qu'on examine, est en opposition évidente avec l'ordonnance de 1667, qui répute sommaire toute demande fondée sur un titre, et qui autorise l'exécution provisionnelle du jugement sujet à l'appel.

CHAP. IV. — SECT. I.re

Art. 140. Le paiement doit être fait au lieu désigné par la convention ;

S'il n'y en a point de désigné, là où était, au temps de la convention, la chose qui en fait l'objet.

Hors ces deux cas, le paiement doit être fait au domicile du débiteur.

On ne dira rien sur la première partie ; c'est l'exécution de la convention.

Pour s'expliquer clairement sur la seconde et la troisième, il faut définir d'abord ce qu'on entend par *paiement.*

Ce mot, dans son acception la plus universellement reçue, ne s'applique qu'à la libération d'une somme due et payable en monnaie.

Il prend, dans le titre qu'on examine, un sens plus étendu : il signifie la délivrance de tout ce qu'on peut s'être obligé de donner dans un certain délai.

Lorsqu'on lui donne cette étendue, il paraît qu'il faut distinguer pour le lieu du paiement, lorsque la convention ne le règle pas.

S'il s'agit de marchandises ou autres objets sujets à dépérissement par le transport, il est certain que les risques doivent être à la charge de celui à qui la chose est due, qu'il a tacitement contracté l'obligation de recevoir son paiement là où la chose existait lors de la convention.

Mais on ne peut pas dire de même d'une somme de deniers, parce

LIVRE III. que ce ne sont pas ceux qui ont été prêtés qui doivent être rendus, mais seulement pareille quantité ; et on ne peut savoir où existe cette quantité à l'instant où l'obligation se contracte.

Celle de payer une somme en deniers ne peut donc jamais, par rapport au lieu du paiement, se trouver dans le premier ou le troisième cas de l'article qu'on examine.

Maintenant on dira qu'il est injuste de contraindre le créancier d'aller chercher son paiement au domicile de son débiteur, qui a pu, en le changeant, mettre une longue distance entre ce domicile et celui de son créancier.

Le débiteur est suffisamment averti de l'instant auquel il doit se libérer, pour qu'on ne lui impute pas de ne pas se présenter à l'échéance.

Enfin cette observation concorde parfaitement avec ce qui est dit plus loin des offres réelles qui, pour opérer la libération, doivent être faites au domicile du créancier.

Il résulte de ces observations,

1.° Que pour éviter toute équivoque, il faut distinguer les paiemens en deniers, de ceux qui consistent dans la délivrance d'une chose mobiliaire qui est sujette à dépérissement lors du transport ; que pour ces derniers objets, le paiement doit être fait au domicile du débiteur, et pour les autres à celui du créancier ;

2.° Que pour les paiemens qui ne consistent pas en monnaie, il faut encore dire que le domicile du débiteur sera celui qu'il avait au moment de la convention.

Art. 142 et 143. Le premier dit que le paiement fait par l'un des coobligés libère tous les autres, à moins que celui qui paye n'ait eu droit d'obtenir et n'ait obtenu la cession des droits et actions du créancier.

Le second porte que ceux qui sont tenus d'une dette pour d'autres ou avec d'autres par lesquels ils doivent être acquittés en tout ou en partie, sont subrogés de plein droit sans stipulation.

Il semble que ceux dont parle le premier de ces deux articles, sont les mêmes que ceux dont s'occupe le second ; car quel est le débiteur coobligé qui a droit d'obtenir la cession ! c'est celui qui doit être acquitté en tout ou en partie par les codébiteurs; et réciproquement, celui qui doit être acquitté a droit à la subrogation. LIVRE III.

Pourquoi donc, suivant l'article 1.er, faut-il que le coobligé qui paye, qui a droit à la cession, l'ait obtenue, tandis que, suivant le second, la subrogation est de droit en faveur de celui qui doit être indemnisé en tout ou en partie!

Il paraît qu'il y a contradiction entre ces deux articles, à moins qu'ils n'aient un sens qu'on ne pénètre pas.

SECTION V.

Art. 179. Cet article porte que le débiteur qui a accepté la cession faite par son créancier à un tiers, ne peut plus opposer au cessionnaire la compensation que celui-ci devait au cédant avant la date de la cession.

Il semble qu'il y ait ici erreur de rédaction. On ne conçoit pas à quel titre, quand même la loi ne le défendrait pas, le débiteur pourrait opposer au cessionnaire la compensation que ce même cessionnaire devait au cédant avant la date de la cession.

Mais on conçoit très-bien comment un débiteur pourrait tenter d'opposer au cessionnaire la compensation que, sans la cession, lui débiteur aurait pu opposer au cédant; et il est juste de lui interdire cette faculté, à raison de ce qu'en acceptant la cession, il a dissimulé son droit à la compensation, et qu'il aurait trompé le cessionnaire, s'il pouvait le lui opposer à la suite.

SECTION VII.

Art. 185. Cet article détermine d'abord que la perte de la chose qui fait la matière de l'obligation, éteint la convention, pourvu qu'il n'y ait pas de faute de la part du débiteur.

Il est dit ensuite que c'est au débiteur à prouver le cas fortuit.

Enfin il est exprimé que, quelle que soit la cause de la perte de la chose *volée*, elle ne dispense pas de la restitution du prix.

Cette dernière disposition semble restreindre l'obligation de restituer le prix, au seul cas du vol; ce qui serait injuste, puisque, dans tous les cas, on ne peut conserver le prix d'une chose qu'on ne délivre pas au terme convenu, et puisque, jusqu'à ce terme, la perte de la chose doit toujours être à la charge de celui qui la doit.

Art. 186. Il porte que lorsque la dette est de deux choses alternatives, la perte de l'une n'éteint point l'obligation qui devient déterminée à la chose qui subsiste.

Cet article est surabondant d'après les dispositions des articles 87 et 88 du titre II, section III, chapitre III.

SECTION IX.

Art. 196. La simple lésion donne lieu à la restitution en faveur du mineur non émancipé, contre toutes sortes de conventions.

S'il faut qu'il y ait lésion pour que le mineur obtienne sa restitution, il pourra bientôt consommer sa ruine, puisqu'il pourra contracter toute espèce d'engagemens, pourvu qu'il ne soit pas lésé.

Il semble que sa qualité de mineur non émancipé suffit pour le faire relever de toutes ses obligations, à moins qu'il ne soit justifié qu'elles ont tourné à son profit.

Telle a été, jusqu'à présent, la conséquence de l'incapacité du mineur.

Quant à la vente de ses immeubles, on connaît la maxime, *Minor etiam alienando læditur,* d'après laquelle toute vente sans observation des formalités requises, est nulle, et le mineur dispensé de la restitution du prix, à moins qu'il ne soit prouvé qu'il en a utilement profité.

Mais si, outre cela, il faut encore qu'il y ait lésion, il pourra mobiliser toute sa fortune, pourvu que les ventes soient faites à juste prix; ce qui serait d'une fâcheuse conséquence.

Il semble donc qu'il vaudrait mieux frapper de nullité tous les contrats faits par le mineur non émancipé, sans avoir obtenu l'autorisation requise.

CHAP. V. — SECT. I.re — DIST. 2.

Art. 214. Dans le cas où la partie désavoue son écriture ou sa signature, ainsi que dans le cas où ses héritiers ou ayant-cause déclarent ne les point connaître, la vérification en est ordonnée en justice.

C'est une question controversée, que celle de savoir si la vérification d'écriture peut se faire seulement par experts atramentaires, ou si on peut recourir à la déposition de témoins qui disent avoir vu écrire ou signer.

Admettre ces dépositions, c'est en quelque sorte abroger les dispositions de nos ordonnances relatives à la preuve testimoniale.

Les rejeter, c'est remettre le sort des parties à l'art très-conjectural des experts atramentaires; et il semble qu'une déposition faite par des témoins dignes de foi, qui assurent avoir vu, doit obtenir autant d'empire que les conjectures des experts. Ce dernier raisonnement a été adopté par *Furgole* dans son *Traité de la Vérification d'écriture*, où il s'appuie de l'opinion de *d'Aguesseau*.

Cette question s'est présentée au tribunal d'appel de Metz d'une manière extrêmement singulière. Sur une dénégation d'écriture, le tribunal de Luxembourg avait ordonné la vérification tant par experts que par témoins. Les experts énonçaient dans leur procès-verbal, que les signatures étaient fausses; les témoins en affirmaient la sincérité, pour les avoir vu former.

Question était de savoir laquelle des deux preuves obtiendrait la préférence. Des circonstances particulières, qui, isolées, n'eussent fait naître que des doutes, jointes à la déposition des témoins, prouvèrent, d'une manière irrésistible, l'erreur des experts; et il fut jugé en faveur de la signature.

Cet exemple frappant, joint à l'opinion des jurisconsultes, et à l'incertitude reconnue de l'art des experts, ferait desirer qu'on ajoutât à ces expressions de l'article qu'on examine, *la vérification en est ordonnée en justice*, celles-ci, *tant par vérification d'écriture que par témoins qui auraient vu écrire ou signer l'acte produit.*

Art. 216. Il exige que l'acte sous seing privé par lequel une seule partie s'engage à payer une somme d'argent ou une chose appréciable, soit écrit de la main de celui qui l'a souscrit, ou du moins qu'outre sa signature, il ait écrit un bon, en toutes lettres, de la somme ou de la quantité.

Il excepte les actes qui émanent des marchands, artisans, laboureurs et gens de campagne.

L'article a pour objet de prévenir la fraude; et l'exception porte sur ceux dont l'ignorance promet le plus de succès à la supercherie.

Otez les artisans dans les villes, les laboureurs et gens de campagne, que reste-t-il de la masse entière des citoyens! ceux qui, par état, sont les plus instruits, ou les simples manœuvres pour qui toute convention est étrangère, sinon celle, presque toujours verbale, qui fixe le prix de leurs journées.

Mais les gens instruits ne placeront jamais leur signature au bas d'une obligation sans en connaître le contexte, et jamais on ne pourra les tromper ou par une lecture déguisée ou par une substitution artificieuse; dès-lors leur signature est aux yeux de la loi une preuve suffisante de la vérité de l'obligation.

A la différence des gens illettrés, tels que les artisans et gens de campagne, que l'on peut tromper beaucoup plus facilement, et pour qui il faut un garant de plus qu'ils ont connu l'engagement qu'on leur a fait souscrire.

L'exception dont on s'occupe était aussi dans la déclaration de 1733, d'où l'article 216 est puisé; et il pouvait se justifier par l'ignorance presque générale de l'écriture chez les artisans et gens de campagne : mais depuis ce temps les choses ont bien changé; il n'en est presque plus qui ne sachent assez écrire pour satisfaire au prescrit de la loi; et peut-être est-il bon de leur rendre l'étude de cet art encore plus nécessaire, en multipliant les circonstances où il leur devient indispensable.

On ne parle pas des négocians, parce que les actes relatifs au commerce sont assujettis à des règles particulières.

Art. 223. Il dit que l'écriture mise au dos ou en marge d'un titre qui est toujours resté entre les mains du créancier, fait preuve lorsqu'elle tend à la libération.

Il ajoute qu'il en est de même de l'écriture mise à la suite, au dos ou en marge du double d'un titre ou d'une quittance qui est entre les mains du débiteur.

On pourrait entendre, dans le second membre de l'article, que c'est le double du titre ou de la quittance que le débiteur tient, dont il est question; ce qui ne peut pas être, puisqu'il pourrait, d'un mot, opérer sa libération.

Il faut faire disparaître cette équivoque.

DISTINCTION 4.

Art. 226 et 227. Le premier de ces deux articles règle à quel titre les copies font la même foi que l'original; il exige qu'elles aient été tirées par l'autorité du magistrat, parties présentes ou dûment appelées, ou en présence des parties et de leur consentement réciproque.

Le second regarde les donations; il rejette la preuve résultant du registre qui concerne ces actes, à moins qu'il n'existe preuve de la perte de la minute, qu'elle ne soit rappelée dans un répertoire, et que les témoins instrumentaires ne puissent être entendus.

On a toujours pensé qu'une expédition délivrée par un officier public qui avait caractère pour recevoir la minute, ou par son successeur dépositaire du protocole, et qui atteste que la minute y existe, faisait foi en justice lorsqu'il était justifié que la minute avait péri par un cas fortuit indépendant et de l'officier public et des parties contractantes : et cette jurisprudence paraît fondée en raison, sur-tout depuis l'établissement du contrôle.

1.° Le caractère d'officier public imprime sur l'expédition une preuve de sa vérité, de laquelle il est difficile de se défendre.

2.° Le contrôle atteste que la minute a existé, et l'on ne peut plus soupçonner que de la différence entre elle et l'expédition. S'arrêter à ce soupçon, ce serait présumer le crime dans un officier que la loi investit de toute sa confiance.

3.° Rejeter ces expéditions, ce serait éteindre tout-à-coup tous les engagemens contractés devant un notaire dont le protocole viendrait à être incendié. Quelle conséquence fâcheuse résulterait de cette opinion dans des parties de la République ou ravagées par l'ennemi, ou en proie à une guerre civile!

Ces réflexions frappent également sur les donations, pour lesquelles le registre des insinuations offre une garantie de plus, et principalement encore la tradition, lorsqu'elle a été réalisée.

TITRE V. — CHAP. II. — SECT. I.re

Art. 9 et 11. Le premier veut que la caution qui requiert la discussion indique au créancier les biens du débiteur, et qu'il avance les deniers suffisans pour faire la discussion.

Le second porte que le créancier qui a négligé de discuter les biens indiqués, peut toujours poursuivre la caution, qui pouvait prévenir l'insolvabilité du débiteur, ainsi qu'il sera dit ci-après.

On lit en effet dans l'article 18, section II de ce titre, que la caution peut poursuivre le débiteur, même avant d'avoir payé, *si elle est poursuivie en justice.*

La caution qui a requis le bénéfice de discussion, a ou n'a pas satisfait à l'article 9, en avançant les deniers suffisans pour faire la discussion.

Si elle ne les a pas avancés, elle a sans doute à s'imputer de n'avoir pas surveillé la solvabilité du débiteur, en usant de la liberté que lui en donne l'article 18, section II.

Mais si elle a avancé les deniers, si le créancier les a reçus, il semble que dès-lors il s'est volontairement chargé de la discussion, et a dispensé la caution de la surveillance que l'article 11 lui reproche de n'avoir pas exercée.

Autrement la caution serait donc obligée de faire deux fois les frais de la discussion, et le débiteur se verrait exposé à deux discussions différentes pour le même objet.

Il paraît donc, d'après cette observation, que l'article 11 est susceptible d'une modification, et que le défaut de discussion de la part du créancier doit lui être imputé, s'il a exigé et reçu l'avance des frais de discussion.

Ce n'est qu'une application de l'article 22, chapitre III, qui porte que la caution est déchargée, lorsque, par le fait du créancier, la subrogation de droit à ses droits, hypothèques et priviléges, ne peut plus s'opérer en faveur de la caution.

CHAPITRE IV.

Art. 25. Il veut que, lorsqu'une personne est obligée par la loi ou ou par une condamnation à fournir une caution, la caution offerte soit solvable, et domiciliée dans le lieu où elle doit être donnée.

Le lieu où doit être donnée la caution peut être fort éloigné du domicile du débiteur, et ses facultés y être absolument ignorées. Ce serait donc souvent le réduire à l'impossibilité d'en présenter une, malgré sa très-grande solvabilité.

Il paraîtrait juste de lui donner plus de latitude, en exigeant que la caution fût domiciliée dans l'arrondissement du débiteur.

Le Tribunal d'appel, après avoir entendu sa commission dans son rapport sur les Observations ci-dessus, les a approuvées, et a arrêté qu'il en serait fait envoi au Ministre de la justice.

A Metz, en la chambre du conseil, le 22 fructidor, an 9 de la République.

Signé PECHEUR, *président;* THIÉBAULT, *greffier.*

SUPPLÉMENT

Aux OBSERVATIONS fournies par la Commission du Tribunal d'appel de Montpellier sur le Projet de Code civil.

Ce supplément contiendra deux parties : l'une concernant un mode ou réglement uniforme à établir dans la matière *des Dots ;* et l'autre relative à certaines dispositions pour compléter le *Code rural.*

SUR LES DOTS.

Le mode uniforme des constitutions dotales, dont on présente ici le plan, n'étant qu'un supplément aux observations du Tribunal d'appel de Montpellier sur le projet de Code civil, on sent que le même esprit et les mêmes principes auront dicté l'un et l'autre ouvrage.

Les conventions matrimoniales roulent principalement sur deux objets ; la communauté de biens entre époux dans le pays de coutume, et la constitution de dot dans le pays de droit écrit. C'était par la convention que l'administration des biens de la femme sortait de ses mains pour passer dans celles du mari, ou par le contrat de communauté des biens, ou par celui de la constitution de dot.

Le projet de Code civil attribue à la loi, dans le silence des époux, la force de la convention pour établir entre eux une communauté légale de biens ; en sorte que, pour que les biens restent libres entre les mains de la femme, elle doit se le réserver par contrat.

On trouve, au contraire, dans les observations du Tribunal d'appel de Montpellier, le vœu fortement exprimé du maintien de l'administration des biens dans les mains de la femme, lorsque les époux n'ont rien réglé à cet égard.

Mais, quelque parti que le législateur prenne sur ce point important, il restera toujours aux époux la faculté de se constituer des dots. Il leur resterait pareillement la liberté d'établir entre eux la communauté de biens, lors même qu'elle ne résulterait pas de leur silence.

Dans tous les cas, le projet de Code civil offrirait néanmoins l'avantage d'un mode uniforme de communauté de biens entre époux, qui effacerait les différences que les diverses coutumes ont multipliées à l'infini sur ce point. Mais il devrait pareillement offrir le même avantage relativement à un mode général et uniforme de constitutions dotales, auquel pourraient s'en rapporter les époux qui se fixeraient à ce genre de contrat : alors la loi pourvoirait aux besoins et aux desirs des deux pays de droit écrit et de coutume.

Le Code ne laisserait rien à desirer en matière de conventions matrimoniales : il réglerait les deux contrats les plus importans des familles, et qui sont d'un si grand usage dans la société ; il laisserait tout faire à la convention sur les autres pactes moins essentiels dans lesquels les époux doivent trouver la plus grande facilité de se favoriser entre eux.

Dans le plan qu'on présentera ici d'un mode uniforme de constitution dotale, on saisira l'occasion de tracer quelques règles concernant l'administration des biens de la femme, qui, n'entrant pas dans la communauté ni dans la constitution dotale, sont appelés *extra-dotaux.* Il serait fâcheux qu'un cas si ordinaire dans le midi de la France, restât, pour ainsi dire, sans règle, abandonné à l'arbitraire du juge. On présentera donc quelques dispositions à cet égard, dont le but tend à prévenir les contestations entre mari et femme ou leurs héritiers, et à favoriser le support des charges du mariage, sans porter atteinte aux droits de l'épouse.

En matière de conventions dotales, si usitées en pays de droit écrit, on distingue principalement la constitution, l'administration et la restitution de la dot. On entrera dans quelque explication sur certaines dispositions systématiques relatives à chacun de ces trois points, et qui sont tracées dans le projet de loi ci-après.

Dans la constitution de la dot, la disposition du projet qui doit fixer le plus l'attention, est l'obligation de doter, qui est imposée non-seulement aux pères et ascendans paternels, mais même subsidiairement à la mère, aux ascendans maternels, ainsi qu'au frère riche de la sœur pauvre.

Nourrir, entretenir et élever les enfans selon leurs facultés, est la seule tâche que le projet de Code impose aux époux ; mais l'établissement par mariage ou autrement, n'entre pas dans cette obligation. Dans les observations du Tribunal de Montpellier, on a réclamé contre cette limitation du devoir paternel. On a cru ici devoir rétablir en ce point les droits de la nature. La faveur du mariage en fait une nécessité à la loi politique, et l'intérêt des mœurs le commande au législateur.

La condition des pères n'est pas aggravée par la dot congrue qu'ils seraient tenus de fournir à leurs filles : c'est exiger de leur tendresse le simple tribut de leurs facultés ; c'est exiger d'eux le capital des alimens et entretiens qu'ils cessent de fournir à la fille qu'ils marient. Si, chez les premiers peuples policés, le frère riche a fourni les alimens au frère pauvre, pourra-t-il refuser à sa sœur indigente une dot représentant ces mêmes alimens, qui met fin à cette obligation, et qui peut faire le bonheur de celle qui lui tient de si près !

Par ces devoirs et par ces droits réciproques, le lien des familles avait la plus grande force chez les Romains, et le nerf de l'État n'en avait que plus de vigueur.

Dans quel isolement et dans quel abandon mutuel le projet de Code ne laisserait-il pas les pères, les enfans et les frères, lorsque ceux-ci seraient parvenus à un certain âge ! Tous les rapports de famille finiraient entre eux, pour ainsi dire, à la majorité. Les garçons resteraient sans état, et les filles sans se marier. Quel désordre ! . . . .

La non-révocation de la dot par survenance d'enfans, est aussi une autre disposition du projet présenté dans ce supplément, qui pourrait donner lieu à quelque explication ; mais comme elle se trouve conforme aux principes adoptés par le projet de Code civil, il serait inutile de justifier les motifs qui l'ont déterminée, et qui ne peuvent être que ceux des auteurs de cet ouvrage.

Quant à la régie des biens dotaux, en se rapportant aux observations précitées, on s'est fixé ici aux cas de séparation de corps et de biens, ou des biens simplement, pour ôter cette régie aux maris dans ce cas-là, et pour mettre la dot en sûreté, ou pour la confier à la femme.

La conservation de la dot a déterminé encore ici une autre précaution, celle d'accorder à la femme un privilége efficace contre les poursuites des créanciers moins privilégiés ou postérieurs à elle, qui procéderaient par saisies sur les biens du mari. Quoique ce privilége soit exorbitant, en ce qu'il tend à faire accorder à la femme la main-levée de ces saisies et l'adjudication des biens qui en sont l'objet, il ne contient néanmoins rien d'injuste; il ne fait qu'assurer l'effet des droits antérieurs ou plus privilégiés de la femme, en dégageant sa cause des formalités et des longueurs des ventes forcées et des distributions de prix, et en lui procurant pour sa dot le gage des biens qu'elle opte et dont elle se charge à l'estimation. Ce qu'elle obtient d'abord contre le créancier poursuivant, elle l'obtiendrait également en fin de cause et avec plus de préjudice pour lui, lors de la distribution du prix, après la vente forcée des biens de son mari. Jamais l'efficacité d'un pareil privilége ne fut plus nécessaire aux femmes pour la conservation de leurs dots, que dans le système des nouvelles lois projetées, ainsi qu'il est établi dans les observations du Tribunal, dont il a été parlé, et auxquelles on se réfère.

Parmi les dispositions relatives à la restitution de la dot *après la mort du mari*, celle du projet ci-après, qui fixe à une année le terme de cette restitution, lorsque la dot est en argent ou en effets mobiliers, paraît être de toute convenance, si elle n'était pas d'ailleurs recommandée par l'équité. Les héritiers proches parens du mari ne sont pas devenus entièrement étrangers à sa veuve, pour qu'elle ne doive user à leur égard de quelque ménagement. D'un autre côté, ce délai n'est-il pas nécessaire pour pouvoir effectuer, sans grave inconvénient, la restitution à-la-fois d'une somme considérable reçue pour l'ordinaire en différens paiemens ! Enfin, si la veuve est nourrie et entretenue sur les biens du mari pendant l'année du deuil, il n'y a pas de nécessité pour elle, d'être, pendant cet intervalle, remboursée de sa dot ; et les biens du mari auraient trop à souffrir, s'ils devaient suffire à-la-fois à cette double obligation.

La nécessité d'une restitution de dot sans délai, aurait autant d'inconvénient que la prompte expulsion de la veuve de la maison de son mari blesserait toutes les convenances. La mort du mari serait une trop cruelle catastrophe, si elle changeait ainsi tout-à-coup les rapports et les habitudes domestiques de sa famille en relations hostiles. C'est dans la propre maison du mari que sa veuve doit le pleurer et y puiser des consolations ; c'est là qu'elle doit être nourrie et entretenue pendant ce temps de douleur. La loi civile présume encore pendant ce temps la durée du mariage ; elle prohibe le convol en secondes noces ; et nos mœurs doivent s'applaudir de la décence et de l'humanité qui éclatent dans de pareilles dispositions.

Mais la jouissance entière des biens du mari, qui, par le présent projet, serait accordée à la veuve après l'année du deuil jusqu'à son parfait remboursement de la dot, peut-elle se concilier avec les principes de justice et avec les droits des héritiers du mari? Quoique ce privilége paraisse extraordinaire et exorbitant, il n'en est pas moins utilement en vigueur, sous différentes dénominations, dans la plupart des départemens méridionaux, où la loi politique a eu principalement en vue l'intérêt des dots. Entraînée par cette puissante considération et par la faveur des mariages qui en est la base, la loi pourrait ne pas s'être arrrêtée aux convenances particulières ni à la rigueur d'une exacte justice, pour se livrer à ces vues d'ordre et d'intérêt général auxquelles sont attachées si puissamment la conservation des dots et la faveur des mariages. Mais non;.... l'équité même et l'exacte justice sanctionnent pareillement cette disposition.

Ici la veuve est une créancière privilégiée sur les biens de son mari, dont elle jouissait en quelque façon pendant l'union conjugale. Quoi de plus naturel qu'à l'exemple du créancier ordinaire, elle continue, pour ainsi dire, la jouissance de ces biens jusqu'à son remboursement! Son débiteur est constitué en demeure depuis un an. C'est sa faute si l'inexécution de ses engagemens le prive de la jouissance de ses biens. Il l'obtient, cette jouissance, au moment qu'il veut remplir son obligation. Il ne dépendrait pas ainsi de la veuve de parvenir au remboursement de sa dot, si, dénuée d'un pareil nantissement, elle devait l'attendre de la volonté des héritiers du mari, ou du ministère lent, dispendieux et quelquefois inefficace de la justice.

D'ailleurs, la jouissance provisoire de la veuve devient le plus souvent un bienfait pour ses propres enfans, pour les héritiers du mari et pour le reste de la famille. Son obligation de pourvoir à leurs besoins, et l'habitude de vivre ensemble, leur laissent moins sentir la perte de leur chef; et une prompte restitution de la dot ne nécessite pas leur séparation ni le démembrement du patrimoine qui les fait vivre tous.

C'est ainsi qu'on croit pourvoir aux intérêts de la veuve qui est dotée. Celle qui ne l'est pas ou presque pas, ou qui est devenue indotée sans sa faute, tandis que son mari riche a laissé une fortune considérable, sera-t-elle abandonnée par la loi à son malheureux sort! On reproduit dans le projet de loi ci-après tracé, la bienfaisante disposition de la loi romaine, qui, en pareil cas, accorde à la veuve la quarte ou une portion virile en usufruit on en propriété, selon le cas, sur les biens de son mari. Cette quarte de commisération, qui est réciproquement accordée aux deux époux, est un monument de la bienfaisance et de l'humanité des anciens législateurs : pourrions-nous être moins humains ou moins bienfaisans dans ce siècle, où ces vertus sont si préconisées ! Mais une autre vue politique justifie mieux encore la sagesse des Romains, qui a su si bien faire tourner en faveur des mariages le secours accordé au malheur. Le projet de Code n'offre rien, dans la disposition de la loi, qui puisse favoriser l'union conjugale. Les libéralités des époux dépendent uniquement de leur volonté changeante et incertaine ; et la mort peut anéantir jusqu'aux plus petites traces de leurs anciens rapports.

Enfin, on s'est approprié, dans le même projet, une autre disposition bienfaisante que la législation romaine peut fournir au Code français. C'est ce qu'on appelle le bénéfice de compétence accordé au mari pauvre qui ne peut faire la restitution de la dot de sa défunte épouse sans rester exposé aux cruelles atteintes de l'indigence ; faveur également accordée à tous ceux à qui les engagemens de la dot deviennent onéreux à ce point. Ces ménagemens dérivent aussi de la même source d'humanité et de bienfaisance, de morale et de politique, qui sont les élémens d'une législation dont la haute sagesse honore l'esprit humain. Autant les lois romaines montraient de rigueur contre les débiteurs ordinaires, autant elles usaient d'indulgence à l'égard des maris et des donateurs exposés à la misère et à la pauvreté par suite de l'exécution de leurs engagemens : elles ne voulaient pas que les uns fussent réduits à l'indigence par les héritiers d'une épouse qu'ils avaient choisie pour leur bonheur, et que les autres restassent victimes de leur bienfaisance, sans ressentir aucun effet d'un juste retour.

Telles sont les dispositions auxquelles on a cru devoir donner quelques développemens. Comme elles tiennent à la partie systématique du Code, les motifs qui doivent les faire adopter ou rejeter prêtent sans doute davantage à la discussion : quant aux autres dispositions moins importantes qui les accompagnent dans le projet tracé ci-après, on pense que l'équité, la convenance ou la justice s'y montrent trop évidemment, pour qu'il soit nécessaire de les y faire apercevoir à l'aide du commentaire.

Il reste à prévenir le reproche qu'on pourrait faire sur les détails auxquels on s'est livré dans le plan des dispositions concernant la matière des dots. Dans cette vue, on observera que, ce reproche serait-il fondé, il en coûte toujours moins de retrancher que d'ajouter. Quelle que soit l'affinité des matières dans l'administration de la dot et dans l'usufruit, les règles ne sont pas exactement les mêmes, et l'on ne peut guère, en parlant des biens dotaux, s'en rapporter aux dispositions relatives aux biens soumis à usufruit : d'ailleurs un code de lois est moins un exposé de principes qu'un recueil de faits ; son but est plutôt de prévenir que de décider les contestations. L'abstraction des principes n'engendre que le doute et l'incertitude ; le seul détail des cas peut les dissiper ou les prévenir : aussi, dans le projet de loi ci-après, on a cru devoir tracer la règle à côté de l'exception, et présenter les cas parmi les circonstances plus ou moins essentielles qui les accompagnent. L'expérience n'a que trop appris combien le défaut d'explication dans les lois est une source intarissable de procès. Le ministère du juge qui les applique, n'est pas l'art de deviner.

PROJET DE LOI SUR LA DOT.

De la Constitution de la Dot.

ART. 1.er Si, par une convention expresse, il est promis ou donné quelque chose au futur époux ou au mari pour en jouir pendant le mariage, afin d'en supporter les charges, ces biens constituent une dot, dont le mari a la jouissance et la femme la propriété : cette dot est constituée, administrée et restituée ainsi et de la manière que les parties contractantes en conviennent, ou, à défaut, d'après les règles qui seront tracées ci-après.

2. Il y a des cas néanmoins où la dot est censée avoir été tacitement constituée ; et elle est acquise au mari sans nulle convention, comme lorsqu'il a été legué quelque chose à la femme pour lui servir de dot, ou qui est payable lors de son mariage, et lorsqu'elle a convolé à de secondes noces sans rien convenir ; cas auquel elle est censée apporter à son second mari la même dot qu'elle avait constituée à son premier époux, à moins qu'il n'y ait convention contraire.

3. Le mariage peut être contracté sans dot ; et il est libre à la fille qui se marie, de ne point se constituer en dot ses biens, quelque

considérables qu'ils soient, et en quoi qu'ils consistent: elle peut aussi s'en constituer une partie et garder les autres; les constituer tous à son mari et ne rien réserver pour elle. Les biens non constitués en dot ou *extra-dotaux*, demeurent à la femme en propriété et en jouissance, et le mari n'en a l'administration qu'autant qu'elle veut le lui permettre.

4. Toute personne qui a la libre disposition de son bien, peut valablement constituer une dot à la fille ou femme qui se marie; la fille elle-même si elle a du bien, ses père, mère, frères, oncles, tantes, neveux, et toutes autres personnes, même étrangères, ont une pleine liberté de doter.

5. La fille mineure a besoin d'un curateur pour apporter ses biens immeubles en dot à son mari, ainsi que le mineur qui voudra la doter; et celui-ci doit en outre y être autorisé en justice, avec connaissance de cause, et d'après une raison légitime.

6. La dot légitimement constituée, même par un mineur, n'est point révoquée par la survenance des enfans du donateur; sauf le retranchement pour satisfaire leur légitime en cas d'insuffisance des restans biens de leur père, à l'époque de la mort de celui-ci, ou pour la constitution des dots à l'époque de cet établissement des enfans.

7. Si la dot constituée aux filles par leurs père et mère est inofficieuse par rapport à la légitime des autres enfans, elle est pareillement sujette à retranchement du vivant même du mari, quoiqu'elle consiste en argent consommé à la bonne-foi, ou en biens-fonds dont le mari aurait joui pendant trente années, quoique la fille ait renoncé, en vue de cette dot, aux successions de ses père et mère, et quoiqu'enfin la dot ne fût pas inofficieuse dès le commencement, et qu'elle le fût devenue après par l'événement; ce qui sera également observé dans le cas mentionné en l'article précédent.

8. C'est une obligation pour le père de marier ses filles dès qu'elles trouvent un parti convenable, ainsi que de leur constituer une dot selon la portée de ses biens et le nombre de ses enfans, laquelle ne puisse pas être moindre que le montant de leurs droits légitimaires, réduits néanmoins à un taux moindre que celui des droits successifs actuels, et dont le paiement en différens termes soit moins onéreux pour le débiteur de la dot. Cette obligation du père a lieu, lors même que la fille serait riche, qu'elle aurait des biens maternels ou autres en

en son propre, ou qu'elle serait dotée par un parent ou un étranger, à moins que la dot ne soit donnée à la décharge du père.

9. Au défaut des biens du père, l'aïeul, et successivement les autres ascendans paternels, sont tenus de constituer la dot à leurs petites-filles, soit que le père vive encore ou qu'il soit mort.

10. Le père ne peut pas se dispenser de doter sa fille qui se marie contre son gré, pourvu qu'étant majeure, elle ait réquis, avant de se marier, son consentement par trois sommations respectueuses. La fille peut impunément se marier à qui bon lui semble et demander sa dot, si le père ne répond rien à ces sommations; si, au contraire, le père déclare ne point consentir à ce mariage à cause de l'indignité du mari, le tribunal devra régler les parties et sur le mariage et sur la dot.

11. Si la fille est mineure, le père peut refuser absolument son consentement, sans donner les raisons de son refus, et il n'est point tenu de lui restituer la dot.

12. Néanmoins, lorsque la fille mineure trouve un parti sortable, approuvé par ses parens les plus proches, et que le seul père improuve par pur caprice ou par un sordide intérêt, on peut suppléer au refus injuste du père ou de la mère par l'autorité de la justice, en assemblant les plus proches parens de la fille devant le juge de paix (ou tout autre) pour délibérer sur le parti qui se présente; et s'il est approuvé par le plus grand nombre des parens, le père est tenu de donner les raisons qu'il a pour ne pas y consentir : le tribunal les examine; et s'il ne les trouve pas fondées, il autorise la fille à contracter son mariage, du consentement de ses parens, malgré le refus injuste du père ou de la mère; et, dans ce cas, ces derniers ne sont pas moins tenus, chacun en ce qui le concerne, de fournir une dot convenable.

13. Lorsque le père et les ascendans paternels n'ont pas de quoi fournir la dot, et que la fille n'a aucun bien en propre dont elle puisse se doter, la mère est tenue subsidiairement de doter la fille; et à défaut des biens de la mère, les autres ascendans maternels en sont tenus aussi subsidiairement. Si l'aïeul concourt avec l'aïeule, la dot sera prise plutôt sur les biens de l'aïeul tant paternel que maternel; mais dans le concours de la mère et de l'aïeule paternelle, l'obligation de celle-ci passe avant celle de l'autre.

14. Le frère riche est tenu aussi de doter de ses propres biens sa

sœur germaine et consanguine qui est pauvre, et qui n'a pas été dotée des biens des ascendans paternels ou maternels, sans que cette obligation puisse passer aux autres collatéraux, quelque riches qu'ils soient.

15. Le père, les ascendans paternels et leurs héritiers, sont en outre tenus de constituer une seconde dot à la fille, si la première a dépéri par cas fortuit, par l'éviction des biens du mari, et sur-tout par leur faute et leur négligence *à pourvoir à la sûreté* de leur première dot.

16. La mère et le frère riches, qui sont tenus de fournir les alimens à la fille pauvre qui a perdu sa dot, ou à la sœur utérine qui n'a pas de quoi se doter ni de quoi vivre, sont tenus pareillement; savoir: la mère, de constituer une seconde dot à la fille; et le frère utérin, une première dot à sa sœur, eu égard au capital des alimens qui pourraient leur être taxés, pourvu que l'établissement de la fille ou de la sœur soit jugé avantageux, et que la mère ou le frère utérin n'en soient pas notablement incommodés, d'après l'avis des proches parens.

17. Si le père, en constituant la dot à sa fille, a expressément marqué ce qu'il donnait du sien, ou ce qu'il donnait des biens de sa femme ou de sa fille, qui étant présentes n'en réclament pas, il faut s'en tenir à la lettre de cette disposition; mais si la dot de la fille, à prendre sur les biens du père, n'est pas congrue ou convenable, elle pourra agir en supplément.

18. Lorsque le père, après le décès de la mère, dote sa fille de ses biens propres et des biens tant paternels que maternels sans rien individuer, il est censé avoir doté d'abord sur les biens de la fille, ensuite sur les biens de la mère, s'ils sont certains, et enfin sur ses biens propres, lesquels, dans tous les cas, doivent fournir une dot congrue. Si la mère est en vie, ou si ses biens sont incertains, le père n'est censé avoir doté alors que sur les biens de sa fille, et ensuite sur ses seuls biens.

19. Si c'est la mère qui, possédant des biens de la fille et de son mari, a doté la fille de ses biens propres, et des biens tant paternels que maternels sans rien individuer, la dot se prend aussi d'abord sur les biens de la fille, et le surplus doit être pris par moitié sur chacun des biens du père et de la mère. Il en est de même à l'égard du frère et de l'étranger qui constituent ainsi la dot à une fille; et si c'est la mère, les frères ou un étranger, qui dotent tous ensemble, la dot doit être prise par égales portions sur les biens de chacun des constituans.

20. Si la dot constituée aux filles n'égale pas le montant de leurs

droits légitimaires paternels, elles pourront agir en supplément, du vivant même de leur père, nonobstant toute renonciation aux biens paternels qu'elles pourront faire : si l'insuffisance de leur dot provient de l'augmentation des biens paternels après leur mariage, leur demande en supplément de légitime ne pourra avoir lieu qu'après la mort du père.

21. La renonciation aux droits ou biens paternels ou maternels, faite par les filles en acceptant leurs dots, ne sera d'aucun effet, si elle donne lieu à une lésion du tiers au quart, et si elle se rapporte à des droits ou à des successions à échoir dont les filles n'auront aucune connaissance.

22. On peut faire sur la dot toutes sortes de conventions, pourvu qu'elles ne donnent aucune atteinte à ses priviléges et à la sûreté en détériorant sa condition, et pourvu que d'ailleurs ces conventions ne blessent ni les lois, ni les mœurs naturelles ou civiles.

23. Si c'est un étranger qui constitue la dot, il lui est permis d'y mettre tous les pactes qu'il trouvera convenables, pourvu qu'ils ne soient pas contraires à l'essence du contrat, quoique d'ailleurs ils tendent à détériorer la condition de la dot.

24. En matière de dots, les parties sont toujours censées avoir contracté sous l'hypothèque générale de leurs biens; sans néanmoins que cette hypothèque puisse avoir la préférence sur les autres hypothèques antérieures et expresses, tant pour le paiement que pour la restitution de la dot.

25. Toute constitution de dot emporte avec elle la condition que le mariage ait son effet ; en sorte que la dot ne peut être exigée qu'après le mariage, et qu'elle doit être restituée lorsque le mariage est dissous, annullé ou résilié pendant la vie des conjoints : s'il n'a pas été convenu du terme du paiement de la dot, le mari peut d'abord agir après le mariage; et de même quoiqu'il n'ait été rien dit sur la restitution de la dot, le mari ne doit pas moins la restituer dans tous les cas auxquels cette restitution peut avoir lieu.

26. Quant au douaire préfix ou coutumier, la libéralité que fait le mari à la femme pour prix de sa vertu, l'augment dotal fait en faveur de la même, le gain de survie qui est stipulé sur les biens du prémourant en faveur du survivant des deux époux; tous dons mutuels, même d'une somme ou d'une valeur inégale, et autres libéralités qu'ils sont dans l'usage de se faire dans un contrat de mariage, seront réglés

ainsi et de la manière que les parties en conviendront, sans qu'aucun usage ou coutume puisse exercer désormais son empire à cet égard.

27. Après que la dot a été constituée et que tous les pactes de mariage ont été faits et rédigés en acte public, il n'est pas permis d'y déroger par des contre-lettres, ni de quelque manière que ce soit; tout changement ou dérogation étant de nul effet.

28. Ceux qui constituent une dot, soit en deniers ou en biens-fonds, ou d'autre nature, ne peuvent plus disposer de ce qu'ils ont donné ou promis; et dès que le fonds dotal est évincé, la garantie est due au mari dans tous les cas et contre toutes personnes qui ont constitué la dot. Il en est de même à l'égard des dettes cédées et autres choses constituées en dot.

29. Dans le cas d'éviction du fonds dotal, le mari peut exiger qu'il lui en soit donné un autre, d'une égale valeur et qualité, s'il est au pouvoir de la personne qui doit lui fournir l'éviction: autrement, il lui sera payé le prix actuel du fonds évincé, avec les dommages qu'il souffre par cette perte.

30. Si le fonds évincé avait été, lorsqu'il fut constitué en dot, simplement estimé sans devenir l'objet d'une vente, et s'il a ensuite augmenté de valeur autrement que par l'industrie du mari, le surplus ou l'augmentation du prix tournera au profit de la femme.

De l'Administration de la Dot.

31. Le mari a l'administration et la jouissance du bien dotal: il peut agir en justice au nom du mari, pour recouvrer la dot, contre tous débiteurs ou détenteurs. Néanmoins la femme peut aussi exercer les droits et actions qui en dépendent, non-seulement quand elle est séparée, pourvu qu'en ce dernier cas le mari y consente et qu'il l'autorise, ou qu'à son refus elle soit autorisée en justice.

32. Si la dot n'est pas payée après le mariage ou au terme convenu, les intérêts courent en faveur du mari avant d'en faire la demande, et dès le jour qu'il a pu l'exiger. Il peut aussi stipuler de plus gros intérêts et accepter des biens-fonds en antichrèse, dont les fruits excèdent les intérêts ordinaires du capital de la dot, sans que l'excédant puisse être imputé sur ce même capital tant que dure le mariage.

33. Lorsque la dot consiste en argent comptant, dès que le mari

la reçoit, il peut en faire ce que bon lui semble, et il n'est tenu qu'à la restituer en son cas.

34. Si la dot consiste en quelques biens-fonds dont l'estimation ou la cession en fasse une vente en faveur du mari, celui-ci n'est tenu, envers la femme, qu'à la seule restitution du prix auquel les biens-fonds ont été estimés ou cédés : il peut disposer de ces fonds en vrai maître, à ses risques et à ses avantages.

35. Si les fonds ont été donnés inestimés, ou si l'estimation ou la cession qui en a été faite ne caractérise pas la vente en faveur du mari, celui-ci n'en est pas le propriétaire, mais seulement l'administrateur ou l'usufruitier. Il doit en avoir le soin d'un bon père de famille, en percevoir les fruits sans en rendre compte, et il n'est responsable que des détériorations ou dépérissemens qui régardent le fonds ou la substance de la chose, sans être tenu des cas fortuits. Il doit en outre supporter en propre toutes les dépenses et charges ordinaires qui concernent l'entretien des fonds et la perception des *fruits*.

36. L'estimation des biens dotaux ne sera censée former une vente et transférer au mari la propriété, que lorsqu'il sera stipulé que le mari ne sera tenu qu'à la restitution du prix ou de la valeur de la chose estimée : dans les autres cas, l'estimation ne sera censée faite que pour connaître le montant de la dot.

37. Le fonds que le mari acquiert des deniers de la dot n'est pas dotal, mais il est propre au mari ; à moins qu'il n'en ait fait l'acquisition pour la femme et du consentement de celle-ci.

38. Lorsque la femme apporte en dot des droits universels ou de corps héréditaires, le mari doit être chargé en détail par nombre, poids et mesure, de l'argent monnayé et des denrées, pour être tenu, lors de la restitution de la dot, d'en restituer la valeur suivant le prix qu'elles ont lorsqu'il les reçoit, ou d'en restituer tout autant de la même qualité, et pour en supporter la perte si elle survient.

39. A l'égard de l'argent ouvré, des joyaux, des habits, linge, ameublemens, ustensiles, et des cabaux ou bestiaux, si ces choses sont données en dot au mari, estimées à une certaine valeur, leur détérioration ou leur perte comme leur profit regarderont ce dernier, qui sera tenu de rendre le prix de celles même de ces choses que la femme aura consommées pour son propre usage, ou qui auront dépéri sans sa faute : mais s'il les a reçues sans estimation, le mari ne doit

en répondre qu'autant qu'il les aurait vendues, et il doit seulement en restituer ce qui n'aurait pas été consommé par l'usage, dans le même état où le tout se trouve après en avoir usé comme un usufruitier.

40. Quant aux bestiaux qui composent un troupeau non estimé, le mari doit les entretenir, et substituer du croît à la place des bêtes mortes, pour les rendre et restituer, en son cas et lieu, au même état qu'il les a trouvés. Si cependant le troupeau périssait par cas fortuit et sans sa faute, il ne serait pas tenu de le remplacer.

41. Par la constitution dotale, toutes les actions actives et passives passent au mari de plein droit; en sorte que c'est à lui à veiller à la conservation de tous les droits dépendans de la dot et à la rentrée des dettes actives : il est responsable de ce qu'il laisse perdre et prescrire, ainsi que de l'insolvabilité des débiteurs survenue pendant le mariage, s'il y a de la négligence de sa part de n'avoir pas exigé d'eux ce qu'ils devaient.

42. La prescription d'un fonds ou d'un droit dépendant de la dot, déjà commencée, et qui s'accomplit pendant le mariage, peut être valablement opposée contre la femme; sauf son indemnité contre les biens de son mari, si la prescription s'est accomplie après avoir laissé au mari un temps suffisant pour prendre connaissance des droits de sa femme pour agir.

43. La prescription du fonds dotal ne peut pas avoir lieu, si elle n'a commencé qu'après que le mariage a été contracté, le mari n'ayant pu aliéner ni par conséquent laisser prescrire ce fonds.

44. La prescription des dettes étant fondée sur la présomption du paiement, elle peut être opposée aussi directement à la femme qui a apporté des dettes actives en dot, et que son mari a laissé prescrire; sauf son recours contre le mari, s'il y a de sa faute ou de sa négligence.

45. Le mari peut aussi prescrire, à son tour, un bien-fonds d'autrui qui lui a été apporté en dot, ou quelque dette passive qu'on a négligé de lui demander : mais cette prescription tourne au profit de la femme, excepté la prescription des dettes que le mari doit payer sans répétition, laquelle tourne à son propre avantage.

46. Le fonds dotal devant être restitué en nature par le mari, celui-ci ne peut le vendre, l'aliéner ni l'hypothéquer, même avec le consentement de la femme, à moins qu'il n'y soit autorisé en justice et avec connaissance de cause, dans les cas seulement du paiement des propres

dettes de la femme, des réparations nécessaires aux restans biens de celle-ci, pour subvenir aux pressans besoins de la famille, et pour son propre rachat de captivité ou des prisons où il serait détenu pour crime ou même pour dettes civiles.

47. Si la femme n'a pas des biens extradotaux, ou si elle ne fait pas un négoce à part et du consentement de son mari, les acquisitions qu'elle peut faire tournent au profit et à l'avantage de ce dernier.

48. La femme est censée permettre à son mari la régie de ses biens extradotaux, dès-lors qu'elle en a connaissance, sans en réclamer ; et dans ce cas, le mari n'est pas tenu de rendre compte des fruits qu'il en retire, lesquels sont censés être employés aux besoins communs de la famille.

49. Le mari ne sera responsable des fruits des biens extradotaux que lorsqu'il les aura perçus contre la volonté expresse de la femme, ou du consentement de celle-ci, avec la charge d'en rendre compte, ou lorsqu'il en aura profité et en sera devenu plus riche en son particulier par des acquisitions faites par échange de ces mêmes *fruits*, ou par des deniers en provenant évidemment.

50. Dans tous les cas, la femme n'est censée permettre à son mari la perception des fruits des biens extradotaux, qu'à la charge de les imputer sur les améliorations, ou de les compenser avec les impenses quelles qu'elles soient.

51. La régie et administration des biens dotaux est ôtée aux maris dans les cas de séparation de corps et de biens, ou de biens seulement, et en cas de nullité ou de dissolution des mariages; tous lesquels cas sont déterminés par la loi.

52. La séparation de biens peut avoir lieu quand le mari est prodigue ou dissipateur, ou quand il commence à faire mal ses affaires, en sorte qu'il y ait du danger que la femme ne perde sa dot; il y a lieu alors à priver le mari de la régie et administration des biens et cas dotaux pour les confier à la femme, ou pour mettre sa dot en sûreté.

53. On met la dot en sûreté, en mettant les biens-fonds au pouvoir d'un séquestre pour les régir et en avoir soin; et si la dot consiste en argent, on place cet argent qui est pris sur les biens du mari, chez un marchand, banquier ou autre personne solvable, pour le représenter à la femme ou à ses héritiers, le cas avenant de la vraie restitution de la dot : mais en attendant, les fruits des biens dotaux ou les intérêts de l'argent placé doivent être employés au support des charges du mariage.

54. La séparation même de biens, et la précaution de mettre la dot en sûreté, doivent être ordonnées en justice et avec connaissance de cause, après des preuves suffisantes.

55. Pour la conservation de la dot et autres cas dotaux, la femme peut aussi venir en opposition aux saisies et ventes des biens de son mari qui sont instées par les créanciers de ce dernier, en demandant l'adjudication de ces mêmes biens, qui lui sera accordée jusqu'à concurrence de sa dot et de ses cas dotaux; l'estimation de leur valeur préalablement faite avec les créanciers saisissans, qui ne pourront poursuivre pour leurs créances que la vente des autres biens, s'il en reste.

56. La femme ayant ainsi obtenu la main-levée de la saisie des biens de son mari, ces biens restent à ce dernier pour servir à la sûreté de la dot et au support des charges du mariage; et elle peut former l'opposition mentionnée en l'article précédent, dans le cas même où le mari est solvable, et qu'il a dé quoi payer la dot et les créanciers qui poursuivent la vente de ses biens.

57. Pour que l'opposition de la femme puisse être fondée, il faut, 1.° qu'il conste qu'elle a constitué une dot à son mari, et que cette dot lui a été payée en argent ou en effets mobiliers qui ont été vendus; 2.° que la créance de la femme pour sa dot et cas dotaux, soit antérieure ou plus privilégiée que celle du créancier saisissant; 3.° que la femme n'ait pas elle-même intervenu et n'ait point part à l'obligation pour le paiement de laquelle les biens de son mari sont saisis.

58. Quoique la femme ne puisse pas valablement s'obliger, même du consentement et avec son mari, elle n'est pas moins liée par les contrats qui ont tourné à son avantage, et son obligation subsiste jusqu'à concurrence du profit qu'elle en a retiré.

Restitution de la dot.

59. La dot doit être restituée après la dissolution du mariage qui arrive par la mort de l'un ou de l'autre des époux, ou par le divorce.

60. Pour qu'il puisse y avoir lieu à la restitution de la dot, il faut qu'il conste par des quittances, qu'elle a été réellement comptée.

61. La quittance de la dot, faite dans les pactes mêmes du mariage ou après, ne peut être attaquée par la preuve testimoniale, si elle contient la numération réelle; mais si on y déclare avoir reçu l'argent à volonté,

le

le mari ou ses héritiers peuvent prouver, même par témoins, que la dot n'a pas été comptée, pourvu qu'ils aient un bon commencement de preuve par écrit.

62. Si la quittance a été faite par le mari pendant le mariage, sans qu'il ait précédé aucun pacte ni promesse de dot, sans qu'il y soit fait mention de la réelle numération, ni qu'il puisse conster par de fortes présomptions ou par des faits prochains que le mari a vraiment reçu la somme portée dans la quittance, alors cette quittance tient lieu de donation à cause de mort; et si le mari meurt le premier sans l'avoir révoquée, la femme peut retirer cette libéralité des héritiers du mari.

63. La disposition de l'article précédent a lieu aussi pour le cas où le mari fait quittance à la femme, pendant le mariage, d'une plus grande somme que celle qui avait été précédemment constituée en dot.

64. Les créanciers peuvent employer la preuve testimoniale pour impugner les quittances dotales comme simulées et frauduleuses, sur-tout si elles ont été faites dans un temps auquel le mari commençait à faire mal ses affaires, à devenir insolvable, ou était près de faire cession de biens.

65. Après la mort du mari, ses héritiers ont une année de temps pour faire la restitution de la dot, si elle consiste en meubles se mouvant, noms, droits et actions, ou en argent comptant; mais les immeubles doivent être restitués sans délai.

66. Pendant cette première année de la mort du mari, la femme doit être entretenue de tous les alimens nécessaires à la vie et de tous autres objets; de manière qu'elle soit nourrie et habillée de deuil suivant l'état et condition de son défunt mari, sans qu'elle paraisse avoir changé d'état, et sans avoir égard, pour la taxe de ses alimens, à la portée des biens, ni au nombre des alimentaires, mais à ce dont la femme a besoin pendant cette année pour vivre décemment comme veuve du mari qu'elle a perdu.

67. Après la mort de son mari, la femme est censée posséder de plein droit tous ses biens et hoirie; mais à la charge de rendre compte des fruits par elle retirés pendant la première année, distraction faite des dépenses et charges ordinaires, de ses alimens et habillemens de deuil, ainsi que de ceux de toute la famille et des domestiques.

68. Après la première année de la mort de son mari, la femme acquiert irrévocablement les fruits des biens et succession de ce dernier,

et elle est tenue d'acquitter, sans répétition, les dépenses et charges ordinaires et annuelles, même celles de la nourriture et entretien de la famille, et, avec répétition, toutes dettes et dépenses extraordinaires qui affectent la propriété des biens; jusqu'à ce qu'elle soit entièrement satisfaite de sa dot et autres avantages nuptiaux, quoique ces fruits excèdent de beaucoup les intérêts de la dot.

69. La disposition des deux articles précédens n'aura cependant lieu qu'autant que la veuve prendra inventaire, dans les deux mois après la mort de son mari, de tous les biens qui composent sa succession; sans quoi elle sera privée de la possession et jouissance desdits biens.

70. Elle ne pourra pas pareillement jouir de ce bénéfice, si elle est indotée, ou si elle n'a aucun douaire ni autre avantage nuptial à prétendre sur les biens de son mari, ou si elle n'a porté en dot que des biens meubles ou immeubles qui ne doivent pas être restitués en argent, *mais en nature.*

71. La veuve qui n'a pas joui des biens de son mari, et à qui on ne rend pas la dot aux termes convenus ou réglés par la loi, peut en exiger les fruits ou les intérêts depuis le jour de l'échéance.

72. Si le mariage a été contracté sans dot congrue, ou si, par événement et non par sa faute, la femme est restée indotée ou insuffisamment dotée, et qu'elle n'ait pas d'ailleurs de quoi vivre, tandis que son mari sera riche, elle succédera à celui-ci avec les enfans communs ou issus d'un autre mariage, en la quatrième partie des biens, s'il n'y a pas plus de trois enfans; et s'il y en a davantage, elle succédera en sa portion virile; le tout en usufruit, à moins que les enfans ne viennent à décéder ou qu'il n'en existe point; auxquels cas elle aura la quarte en propriété : et ce qui est disposé à l'égard de la femme pauvre, aura lieu aussi en faveur du mari pauvre sur les biens de sa femme riche prédécédée.

73. Ne sera point valable toute convention qui tendrait à priver la femme de la restitution de la dot, le cas échéant, ou à retarder le terme de cette restitution fixé par la loi; ce pacte ne pouvant produire d'effet qu'à l'égard de toutes autres personnes que la restitution de la dot peut intéresser.

74. Le cas de la restitution arrivant, la dot doit être restituée à la femme ou à ceux qui porteront droit d'elle, et non à ceux qui l'ont constituée, à moins qu'ils n'aient stipulé le retour; ce que les parens

qui sont tenus de fournir la dot, ne pourront faire que pour l'excédant des droits légitimaires de la fille.

75. La dot doit être restituée dans le même état où elle était lorsqu'elle a été reçue; et si elle a été constituée en argent, la restitution doit être faite de même : si, au contraire, elle a été constituée en biens-fonds, ils doivent être restitués; comme aussi, si elle consiste en meubles et effets mobiliers; à moins que tous ces biens n'aient été remis au mari à la charge d'en restituer le prix.

76. Si les meubles et effets mobiliers ont été donnés au mari inestimés, il ne doit rendre ces choses que dans l'état où elles se trouvaient lors de la restitution, pourvu qu'il en ait usé en bon père de famille; et il n'est pas tenu de rendre compte de celles qui ont péri par l'usage ou par cas fortuit et sans sa faute.

77. Si c'est un troupeau qui a été donné en dot, le mari doit l'entretenir et remplacer les bêtes mortes, et en user comme un vrai usufruitier.

78. S'il est survenu quelque augmentation au bien-fonds dotal, elle appartient à la femme, comme elle doit supporter les pertes et les détériorations : mais si le mari y fait des améliorations, il lui en sera tenu compte, en lui payant les dépenses qu'il aura faites à cet égard.

79. Le mari sera remboursé de tout le coût des impenses nécessaires qui regardent la conservation perpétuelle du fonds dotal, et sans lesquelles il ne saurait subsister, quand même ces impenses, ou les réparations qui en sont l'objet, n'existeraient plus lors de la restitution de la dot.

80. Le mari ne pourra pas répéter les dépenses utiles qui n'ont pas été faites du consentement de la femme; et qu'elle ne peut lui payer commodément, ou les impenses de fantaisie, si elles ne peuvent pas être emportées sans endommager l'édifice, ni les menues réparations, même nécessaires, qui tendent à conserver l'édifice, ni enfin celles relatives à la perception des fruits, quand elles tendraient à la conservation des fonds.

81. Le mari peut toujours répéter les frais des funérailles de la femme, ainsi que les frais de sa dernière maladie, si elle a été de longue durée, extraordinaire, et si elle a fait dépenser des sommes considérables au mari; et, en ce cas, il sera fait au préalable déduction ou imputation des intérêts de la dot.

82. En restituant la dot, le mari doit restituer aussi les fruits ou

les intérêts perçus avant le mariage, à moins qu'ils ne lui aient été donnés.

83. Il doit pareillement rembourser les fruits ou les intérêts qu'il a perçus pendant le mariage, mais dans un temps où il n'en a pas supporté les charges, comme lorsqu'ayant renvoyé sa femme, il ne lui a rien fourni pour les entretiens, ni aux enfans issus de ce mariage.

84. Quant aux intérêts et aux fruits retirés par la femme pendant le mariage et du consentement du mari, ils sont censés lui appartenir, sur-tout si elle les a consumés sans en être devenue plus riche ou sans en avoir augmenté sa fortune.

85. Mais les intérêts ou les fruits non retirés pendant le mariage, appartiennent au mari ou à ses héritiers, à moins qu'ils n'aient dû être payés ou fournis par la femme; auquel cas le mari est censé lui en avoir fait remise.

86. A l'égard des fruits pendans ou des intérêts courans ou même perçus et retirés pendant la dernière année du mariage, ils doivent être partagés entre les conjoints ou entre le conjoint survivant et les héritiers du défunt, au prorata du temps qu'a duré le mariage, en comptant depuis le jour que le fonds dotal a été délivré au mari ou que la dot lui a été comptée.

87. Les fruits ou les intérêts de la dot non payée qui ont discouru après la mort de la femme, n'appartiennent pas moins au mari, s'il y a des enfans qui fassent subsister les charges du mariage.

88. La femme ne peut demander les arrérages de la pension annuelle qui lui aura été faite pour ses menus plaisirs, ou qu'elle se sera réservée sur ses propres biens constitués en dot; les pensions qui n'auront pas été exigées dans l'an, ne pourront pas après être demandées.

89. Les présens faits à la fiancée par ses propres parens lui appartiennent exclusivement, ainsi que les petits présens qui lui sont faits par le fiancé et les parens du fiancé, tels qu'une somme d'argent pour acheter des nippes ou d'autres ornemens de peu de valeur; quant aux joyaux et habits de parade dont le fiancé ou ses parens font présent à la fiancée, celle-ci n'en a que l'usage, et la propriété reste au mari, à l'exception cependant de la bague ronde, qui est acquise irrévocablement à la femme avec un autre joyau de médiocre valeur.

90. Les habits que le mari fait à la femme pendant le mariage, sont censés lui être donnés, si ce ne sont que des habits usuels et

ordinaires; mais si ce sont des habits de gros prix et de parade, ils restent en propriété au mari, la femme n'en ayant que l'usage.

91. Les alimens que les parens de la femme se sont obligés de fournir pendant un certain temps aux mariés et à leur famille, sont censés faire partie de la dot, et le mari doit en rendre la juste valeur ensemble avec la dot.

92. Si le mari à qui on demande la dot de sa femme décédée, n'a rien en son propre pour vivre ou n'a pas de biens ou des ressources suffisantes, il lui sera laissé toute la dot ou partie pour en jouir pendant sa vie, et avoir par-là de quoi se procurer le seul nécessaire pour vivre ou pour ne pas succomber aux besoins de la vie.

93. La faveur mentionnée en l'article précédent, compète aussi au beau-père de la femme qui a reçu la dot pour son fils et s'est chargé de la rendre; elle compète également au père de la femme et même à tout étranger quant au paiement de la dot qu'ils ont constituée.

94. Si le père et le fils qui se marie ont ensemble fait quittance de la dot, c'est le père seul qui est censé l'avoir reçue, lorsque, suivant les pactes du mariage, le père s'est réservé de jouir de la dot dans la donation de ses biens qu'il fait à son fils; et il est tenu de la restituer sur les biens qu'il a pu s'être réservés, à moins qu'il ne grève de cette restitution ses biens donnés.

95. Le père est tenu, au moins subsidiairement, à la restitution de la dot, quoiqu'il ne se soit pas expressément obligé de la restituer et qu'elle ne soit pas parvenue à lui, lorsqu'ayant été présent aux pactes du mariage, il n'a rien donné à son fils pour assurer la dot que ce même fils devait recevoir, sans avoir d'ailleurs aucun bien en propre pour en répondre.

96. Si le père et le fils marié qui, d'après les pactes du mariage, devaient vivre ensemble, le père jouissant de la dot et de ses biens donnés sous la réservation de l'usufruit, viennent à se séparer, la restitution et la prestation des alimens seront exécutées ainsi que les parties l'auront réglé, en prévoyant ce cas; mais si ce cas n'a pas été prévu, le père est tenu de restituer au fils et à sa belle-fille, la dot, et une pension pour tenir lieu des alimens promis à son fils et à sa famille.

SUR LE CODE RURAL.

Le Code rural doit être considéré comme faisant partie du Code civil; mais destiné pour les campagnes, et son exécution étant principalement confiée aux juges de paix, il serait à desirer, ce semble, que le Code rural, étant détaché de l'autre, présentât un tout complet dans ses dispositions. Alors il devrait s'approprier toutes les dispositions du Code civil qui peuvent se rapporter aux lois rurales, telles que les servitudes rurales ou les services fonciers, engagemens des propriétaires des fonds joignans, usage des eaux d'irrigation, baux à ferme et à cheptel, &c.

La briéveté du temps ne permettant pas de présenter un projet de Code rédigé d'après ce plan, on se bornera à donner un aperçu de certaines dispositions qui peuvent manquer; et de quelques autres qui paraissent insuffisantes ou défectueuses, dans le Code rural aujourd'hui en vigueur : dans cette vue, on parcourra rapidement les différentes parties qui le composent, pour indiquer les additions ou les améliorations dont elles peuvent être susceptibles.

TITRE I.er

Section I.re

On ne peut pas voir sans surprise le peu qui est dit dans le Code rural sur la propriété et les prises d'eau des fleuves et rivières. Dans l'article 4 de cette section, on règle vaguement les droits sur les eaux des seuls fleuves navigables ou flottables, en réservant la propriété exclusive des eaux, et en en permettant les prises, sans en détourner ni embarrasser le cours au préjudice de la navigation et du bien général.

Certainement cette disposition est loin de suffire aux besoins des usines, et sur-tout de l'agriculture. La loi ne peut pas s'empêcher d'entrer dans d'autres détails au sujet de l'irrigation, pour l'intérêt des pays où les récoltes sont le produit de cette ressource de l'industrie.

Les prises d'eau, leur passage et conduite dans les fonds intermédiaires, et leur distribution entre les copropriétaires arrosans, sont autant d'objets qui ne peuvent qu'être pris en grande considération par le législateur dans le Code rural.

1.° Les prises d'eau n'ont pas lieu seulement dans les fleuves navigables ou flottables. Dans le département des Pyrénées-orientales, où l'agriculture ne peut pas se passer du secours de l'irrigation, les prises d'eau ne se font que dans de petites rivières, et le plus souvent dans des ravins où l'eau n'étant pas abondante, il est d'une indispensable nécessité que la loi y règle ou y maintienne les droits de ceux qui prétendent s'en servir ou qui s'en servent en la dérivant de son cours.

Il est vrai que le projet de Code civil (liv. II, tit. IV, chap. I.er, art. 4 et 5) règle ces droits d'après la seule utilité de ceux qui sont dans le cas de faire des prises d'eau, de manière qu'à cet égard il paraît méconnaître toute possession ou titre antérieur d'un usage exclusif.

Mais ce système a déjà été combattu dans les observations faites par le Tribunal d'appel de Montpellier: en s'y référant, on ajoutera que le changement introduit par les lois nouvelles dans le droit français, ne peut point influer sur ce point, qui doit continuer d'être soumis à l'empire des anciens principes.

Ces principes s'appliquent aux différens usages auxquels on peut employer les cours d'eaux: car les eaux peuvent servir au lavage ou à l'abreuvage, et la nature ou le droit naturel ne comporte pas à cet égard l'établissement de l'usage exclusif ni de la propriété; mais elles peuvent servir aussi à d'autres besoins moins essentiels à la vie, tels que ceux de la navigation, du flottage, de l'irrigation, des usines, &c. Quant à ces usages, le droit exclusif s'est établi comme à l'égard des autres objets qui sont entrés dans le commerce.

De là, les rivières navigables ont fait partie inaliénable du domaine public; les petites rivières, torrens et ravins en ont fait aussi partie, mais aliénable avec les fiefs; et les propriétaires des fonds dans lesquels une source prend naissance, en ont toujours disposé à leur gré.

De là, les concessions des prises d'eau pour l'irrigation ou pour l'usage des usines, qui ont été faites de tout temps en faveur des particuliers par les officiers du domaine ou par les ci-devant seigneurs hauts-justiciers, propriétaires, en vertu de leurs fiefs, des petites rivières et des ravins.

L'effet de ces concessions n'a pu sans doute être respectivement emporté ni par le changement de forme du Gouvernement, ni par l'abolition de la féodalité. Les nouvelles lois ont respecté et dû respecter de pareils droits, acquis aux particuliers à titre même onéreux, ou par possession suffisante et à la bonne-foi. Les anciens agens du domaine, comme les ex-seigneurs, ont disposé ainsi, sous l'autorité de l'ancienne loi, de ce dont ils étaient respectivement administrateurs et propriétaires.

Si l'abolition des droits résultant de la puissance féodale a dépouillé les ex-seigneurs du droit de faire à l'avenir de pareilles concessions, la liberté qui pourrait en résulter pour les particuliers de se servir des cours d'eau sans ces concessions, ne pourrait jamais nuire aux anciens concessionnaires, à moins que la loi ne prît le caractère d'une odieuse rétroactivité. D'ailleurs, la puissance publique retiendrait toujours sur ces objets, sinon l'ancien droit de propriété, au moins celui de juridiction et de police.

C'est donc toujours à la puissance publique qu'il appartient de régler les droits des particuliers à cet égard, en n'autorisant de nouvelles prises d'eau qu'autant que les anciennes permises par titre ou par la possession n'auront point à en souffrir, et que l'intérêt général n'en recevra point atteinte. C'était aussi d'après ces règles que les anciennes lois l'autorisaient.

Or, telle est la disposition essentielle qui devrait trouver place dans le Code rural. Il est aisé d'en sentir l'utilité.

2.° Le passage des eaux d'irrigation dans les fonds voisins et intermédiaires, est un cas trop fréquent pour qu'il ne doive pas aussi trouver sa règle dans le Code rural.

A défaut de convention, ce passage doit-il être accordé moyennant indemnité ! doit-il être refusé par la loi !

Si la loi autorisait indistinctement le passage des eaux d'irrigation dans le fonds d'autrui avec indemnité, il pourrait arriver qu'elle porterait atteinte au droit sacré de propriété, sans aucun dédommagement pour l'utilité publique. Ne pourrait-il pas se faire que, par fantaisie, caprice ou fausse vue d'intérêt, le passage des eaux fût demandé sur un ou plusieurs fonds très-précieux qui en seraient dégradés, pour servir à l'arrosement d'un ou plusieurs fonds de peu de valeur ou d'un mince produit ! L'amélioration des récoltes par l'irrigation pourrait être nulle, ou de si peu de conséquence, qu'il n'en résulterait pas une augmentation sensible de denrées dans le canton, ni par conséquent un avantage public. Alors il n'y aurait de certain que le sacrifice de la propriété particulière, sans espoir d'une utilité générale, qui peut seule le justifier. Dans le conflit des avantages particuliers, le droit de propriété ne peut qu'être maintenu, et il n'y a point de raison qui nécessite le changement des conditions.

Si, d'un autre côté, la loi refuse dans tous les cas cette faveur malgré une juste indemnité, elle pourra tomber dans l'inconvénient de de faire céder l'intérêt général à l'intérêt particulier : car si du nouvel arrosement des fonds, il résulte une augmentation des denrées dans le canton, qui présente un avantage public, si un nombre considérable de propriétaires sont intéressés dans le nouvel arrosement, ou si la dégradation des fonds traversés par les eaux n'est rien à côté des avantages qu'on peut se promettre de l'irrigation, c'est bien ici le cas où l'indemnité de la propriété privée doit être acceptée en faveur du bien et de l'avantage du plus grand nombre.

Ainsi le Code rural ne devrait pas offrir la lacune d'un point aussi important pour l'agriculture, et il doit en faire une disposition expresse, qui, en prévenant les contestations, contribue à l'amélioration des fonds et des récoltes.

Mais cette disposition devrait être accompagnée d'une autre du même genre, relative aux cas où un grand canal d'irrigation, pratiqué dans certains fonds, aurait une direction et une issue plus utiles et plus commodes, s'il était transporté sur d'autres fonds. Ne faut-il pas que la loi permette de faire ce changement moyennant l'indemnité des propriétaires des fonds nouvellement traversés !

Cependant ces deux cas devraient préalablement être vérifiés, pour constater l'utilité ou le plus grand avantage qui doit en résulter, et pour fixer l'indemnité à laquelle il peut y avoir lieu.

Il semble que cette vérification, qui peut, selon les différentes circonstances, être plus ou moins importante, devrait être confiée aux prud'hommes du terroir où les fonds seraient situés, tant ceux qui devraient être arrosés que ceux à traverser par les eaux d'arrosement, ainsi qu'à des experts à nommer par les parties intéressées.

Au surplus, la conduite des eaux d'irrigation ou servant aux usines, paraît emporter avec elle la nécessité d'un passage aux francs-bords du canal qui porte les eaux, ainsi que d'un espace pour y jeter la vase et le curage. Ainsi l'espace de terrain nécessité par ce double usage, devrait être déterminé également et en même temps par les experts; et il deviendrait aussi la matière de l'indemnité des propriétaires tenus de le fournir. Il serait cédé, de même que le lit du canal, en propriété ou en servitude, d'après la convention des parties et au choix du cédant. Dans le doute, la servitude seulement serait présumée, sans la charge pour ce dernier de l'entretien des francs-bords; et à moins de convention contraire, l'espace cédé se réunirait au fonds dont il fait partie, lorsqu'on cesserait, par quelque événement que ce fût, de se servir du canal ou ruisseau qui le traverserait. On sent que le sacrifice de la propriété, sur-tout envers des particuliers, doit ménager toute faveur à celui qui doit faire ce sacrifice.

Ce seraient là aussi tout autant de dispositions dont le Code rural devrait nécessairement se composer.

3.° La distribution des eaux entre les différens propriétaires arrosans, au moyen d'un même canal, est encore un objet dont la loi rurale ne peut pas s'empêcher de s'occuper.

L'arrosement des champs, jardins et prés, se fait le plus souvent à l'aide de canaux ou ruisseaux communs à plusieurs propriétaires, et quelquefois à plusieurs terroirs et communautés d'habitans. Ces canaux traversent une étendue de terrain qu'ils arrosent en tout ou en partie. Mais si tous les coarrosans entendaient employer l'eau chacun à son usage particulier, au moment et de la manière qu'ils le trouveraient convenable, la confusion et le désordre, accompagnés de rixes, produiraient la pénurie là où la règle entretiendrait l'abondance. Ainsi cet usage commun des eaux ne pouvant pas s'effectuer simultanément, la nécessité fait une loi de s'en servir successivement les uns après les autres. De là le partage des eaux par temps et quelquefois par quantité entre tous les co-intéressés.

Mais cette distribution des eaux peut être faite par équité ou en vertu de conventions particulières. L'équité peut se déterminer sur différentes vues relativement à la quantité, à la qualité et autres circonstances des terres arrosables; les conventions à cet égard peuvent varier à l'infini. Ainsi la loi est impuissante pour régler immédiatement et en détail de pareils objets; elle ne peut que s'en rapporter à l'intérêt même des co-arrosans, en prêtant son appui à la règle qu'ils doivent s'imposer sur tous les détails de la distribution et partage des eaux communes.

Le Code rural devrait donc autoriser les co-intéressés à l'usage d'une eau commune servant à l'irrigation ou à des usines, à se réunir en une association ou corps qui peut s'assembler pour traiter des intérêts communs et sur-tout pour faire des réglemens sur l'aménagement et le partage des eaux, avec faculté de nommer des préposés pour surveiller l'exécution des réglemens, dénoncer et poursuivre en justice les contraventions et le paiement des amendes, &c. Ces réglemens ne seraient faits qu'avec l'approbation de l'autorité compétente.

Cette même faculté devrait être accordée à tous autres co-intéressés à un objet d'agriculture et d'utilité commune; tel, par exemple, que le curement des canaux servant à essuyer ou dessécher des fonds appartenant à plusieurs propriétaires et sujets aux inondations ou aux eaux croupissantes; et tel que la construction et l'entretien des digues et ouvrages pour garantir les terres de différens particuliers, des ravages des eaux pluviales, &c.

Une autre observation se présente au sujet des digues servant aux prises d'eau, et au sujet des ouvrages destinés à garantir les fonds des ravages des eaux pluviales; c'est que le Code rural devrait contenir des dispositions pour empêcher que ces constructions ne tournassent au préjudice des fonds voisins et des intérêts de l'agriculture.

Quant aux digues ou chaussées pour les prises d'eau, il n'est que trop ordinaire de voir qu'étant faites en forme d'entonnoir et longeant presque les fonds qui sont au bord des rivières, elles en font changer le cours en l'entraînant avec *la prise d'eau et en l'attirant à la propriété* voisine. Il n'en serait pas ainsi, si ces digues étaient construites de manière à couper le cours des eaux en ligne droite, jusqu'à une certaine hauteur, et avec des ouvertures propres à ne dériver que le volume d'eau nécessaire et proportionné au besoin; procédé qui ne peut pas être négligé, sur-tout dans le plat-pays, où le paisible courant des eaux le rend très-praticable.

Les plantations et les ouvrages qui se font sur les bords des rivières, ne garantissent ordinairement les fonds d'un bord qu'en rejetant le danger des eaux sur les propriétés du bord opposé. Tantôt c'est le lit des eaux qui est rétréci et qui est rompu avec ravage lors des moindres crues; tantôt c'est un avancement formant un coude qui pousse le cours des eaux contre la rive opposé: accidens qui font tous sentir la nécessité de donner au cours des eaux un alignement et une largeur convenables.

Toutes ces entreprises devraient cependant être prévues et prises en considération par le Code rural. Ce n'est pas que cette loi générale pût régler elle-même ces détails d'après les localités, qui varient à l'infini. La règle devrait être établie par les administrations locales, d'après les besoins des intéressés et l'utilité publique, sur les renseignemens des ingénieurs près ces administrations. L'exécution du réglement serait confiée au juge rural, qui constaterait la contravention et appliquerait la peine.

SECTION II.

Cette partie du Code rural présente quelques dispositions sur les baux des biens de campagne, relativement à l'effet des conventions et de la vente des biens affermés, à la tacite réconduction, et aux droits seigneuriaux opérés par ce contrat. Ne serait-il pas à desirer qu'on donnât à ces dispositions leur complément par toutes celles qui peuvent prévenir ou décider les contestations dans le cas de résiliement, révocation du bail ou expulsion du fermier par le mésus qu'il peut faire physiquement où moralement des biens affermés; cas qui sont si fréquens, et qui devraient être décidés, avec autant d'économie que de célérité, par la justice de paix la plus rapprochée et la plus à portée de connaître les localités.

Les baux à cheptel sont aussi d'un usage trop fréquent dans les campagnes, pour que la loi rurale ne doive pas pareillement tracer quelque règle sur ce contrat, d'autant que cette matière paraît être plus particulièrement encore de la nature de celles dont la justice de paix devrait connaître, tant à cause du peu de facultés des chepteliers, que de la nécessité d'une prompte expédition.

Du reste, l'attribution de ces matières à la justice de paix ou aux tribunaux, ne doit pas précisément déterminer leur place dans le Code rural : c'est leur qualité, et non cette circonstance accidentelle, qui doit les y faire classer. Cependant, si la justice de paix étendait à cet égard sa compétence, cette classification n'en serait que plus convenable.

Mais, quoi qu'il en soit, on ne présentera pas ici le plan de ces matières, qui traîneraient trop en longueur, et qui, traitées d'ailleurs dans le projet de Code civil, peuvent toujours en être distraites pour être recueillies dans le Code rural.

SECTION IV.

On observera, sur ce qui est dit dans cette section sur le parcours, la vaine pâture et la quantité de bétail qu'il est facultatif à chaque propriétaire d'entretenir et garder par troupeau séparé, que le législateur paraît ne s'être fixé qu'à la nourriture ou dépaissance exclusive dans les propriétés particulières, ou à celle résultant du parcours ou de la vaine pâture, tandis que, dans certains pays, les pâtis et les communaux non réduits à culture fournissent la nourriture la plus abondante aux bestiaux des propriétaires et habitans du terroir.

Mais, quoi qu'il en soit de ces différentes ressources pour nourrir des bestiaux, il ne paraît pas que la règle tracée par l'article 13 de cette section, qui fixe dans chaque commune la quantité de bétail à tant de bêtes par arpent, proportionnellement à l'étendue du terrain, d'après les réglemens et les usages locaux, soit tout-à-fait sans inconvénient; sur-tout en ce qu'à défaut de documens sur cet objet, elle s'en rapporte au conseil général de la commune pour y pourvoir.

Car il est à remarquer que, dans les communes, les non-propriétaires de bestiaux se montrent autant contraires au système d'en nourrir et d'en élever que les autres y sont attachés par un intérêt opposé. C'est selon que le conseil général de la commune sera composé et dominé par l'esprit des uns ou des autres de ces habitans, que la délibération sera contraire ou favorable à cet objet, et que le parti à prendre sera dicté par l'intérêt ou par le caprice.

Il est donc indispensable de saisir sur ce point une base fixe qui ne dépendra pas de l'arbitraire; et cette base sur la *possibilité* de nourrir des bestiaux dans un terroir, ne peut être fournie que par l'expérience de ce qui a été fait à cet égard par le passé. Ainsi on pourrait s'en rapporter au nombre de bestiaux nourri pendant les dix dernières années, pour fixer celui qui pourra être nourri dorénavant.

D'un autre côté, ce n'est pas, ce semble, seulement sur la quantité de terres qu'on exploite, mais sur leur quantité et qualité, qu'on doit fixer le nombre de bétail à pouvoir nourrir par chaque propriétaire : car, sous ce rapport, il y a une grande différence à faire entre les différens fonds; s'ils sont en nature de pré, de jardin, de champ, et s'ils sont plus ou moins dans le cas d'être en chaume ou en valeur. Il est certain que plus les fonds sont productifs, plus ils peuvent fournir de nourriture aux bestiaux, et plus, pour l'ordinaire, ils exigent de fumier. C'est ainsi que les terres arrosables n'étant jamais en jachère, sont toujours couvertes de fruits; c'est ainsi qu'étant continuellement épuisées par la production et lavées par les eaux qui les arrosent, elles ont besoin aussi de beaucoup plus de fumier, sans en excepter même les prés dans la plupart des pays froids.

D'où il suit que la nécessité et la *possibilité* de nourrir des bestiaux sont ordinairement en raison de la production des fonds, et que, dans cette occurrence, on ne peut pas adopter une base plus convenable que cette même production, qui en fait connaître la valeur, pour déterminer la quantité proportionnelle de bétail que chaque propriétaire peut et doit nourrir. Or, cette base se trouverait déjà établie dans la matrice de la contribution foncière; et, en l'appliquant à cet objet, on parviendrait à l'équitable résultat de voir le plus fort contribuable nourrir une plus grande quantité de bestiaux.

Mais il est encore un soin plus important dont la loi rurale devrait s'occuper relativement à l'entretien des bestiaux nécessaires à l'agriculture; c'est l'ordre à établir ou l'aménagement des pâturages communs, soit du parcours et de la vaine pâture, soit des communaux ou des terres vagues et vaines.

Il est aisé de comprendre que, suivant la nature et l'étendue des terroirs, il y a des parties où la dépaissance est plus commode et généralement plus utile dans une saison que dans une autre, et qu'il est de l'intérêt général des propriétaires de bestiaux, de se conformer, pour les dépaissances, à cet ordre de localités; de manière que, sur la partie la plus froide du terroir, la dépaissance ait lieu pendant l'été, et, pendant l'hiver, dans les cantons qui sont plus tempérés.

On sent aussi que telle partie du terroir fournit des pacages plus propres à la nourriture d'une espèce de bétail qu'à celle d'une autre espèce; que les meilleurs pâturages devraient être réservés aux brebis nourrissant les agneaux, comme aussi aux bestiaux de labour; qu'il doit y avoir également des mesures à prendre relativement à la dépaissance du même *bétail*, pendant qu'il est employé au fumage des terres avec le parc; et qu'il faut enfin pourvoir aux besoins des bestiaux du non-habitant du terroir pour les labours et le fumage des terres qu'il y possède, sans cependant qu'il puise en mésuser.

C'est encore ici le lieu d'observer qu'il n'est pas au pouvoir de la loi de régler de pareils détails par des dispositions appropriées à tous les cas qu'elle ne peut ni connaître ni prévoir. Mais ici, comme dans les réglemens pour la distribution des eaux d'irrigation, il est de sa sagesse de s'en rapporter à l'intérêt éclairé des propriétaires de bestiaux, pour établir dans les terroirs respectifs les règles analogues aux besoins, et pour déterminer le mode et le temps des dépaissances conformément à l'avantage général.

Il paraît donc convenable que le Code rural renferme une disposition tendant à autoriser les habitans propriétaires de bestiaux, ou les conseils généraux des communes conjointement avec eux, à faire, sous l'autorité compétente, des réglemens pour l'aménagement des pâturages de toute nature dans chaque terroir, soit pour déterminer les parties ou cantons à mettre en devois, soit pour fixer le temps des dépaissances, soit pour empêcher l'introduction des bestiaux étrangers, sous la commination d'une amende, à l'exception du temps nécessaire pour les labours et le fumage des terres du non-habitant du terroir.

On ne saurait passer sous silence une mesure bien efficace à prendre pour favoriser la venue des pâturages si nécessaires à la prospérité de l'agriculture. Cette mesure consisterait dans la défense des défrichemens dans les communaux et les terres vagues et vaines, sur-tout sur le penchant des montagnes et des collines; défense qu'il serait à propos d'étendre aux autres parties des terroirs dont l'exploitation n'offrirait pas à l'utilité publique le dédommagement de la perte des bois et des pacages. Ainsi les défrichemens ne pourraient avoir lieu dans aucune partie des terroirs que sur l'autorisation des administrations, d'après connaissance de cause et conformément à des réglemens.

Il est fâcheux que le Code rural n'ait pas pris en considération l'abus des défrichemens, qui est si préjudiciable à l'agriculture. La terre remuée sur le penchant des montagnes et des collines, n'a ni arbres, ni arbustes, ni gazon, pour en empêcher les éboulemens. Les eaux pluviales l'entraînent, et elles augmentent ainsi prodigieusement leur volume. Les montagnes ne sont plus qu'un tas de rochers, et la plaine un gravier à travers lequel le cours des eaux ne pouvant pas avoir de lit fixe, se répand et ravage au loin les fonds les plus précieux.

Tels sont les désordres occasionnés par les défrichemens, et dont les campagnes offrent l'image. Pour y remédier efficacement, la loi doit s'armer de sévérité. Comme ces délits se commettent ordinairement dans des lieux écartés, et que les menaces ou les ménagemens mutuels en empêchent la dénonciation, on ne saurait hésiter à faire usage du seul moyen, mais extraordinaire, qui peut y apporter du remède : c'est de rendre les communes responsables, sauf leur recours contre les auteurs des délits, qu'on sera forcé ainsi de dénoncer et de faire connaître.

SECTION VI.

Il n'est pas parlé, dans cette section du Code rural, des chemins qu'on appelle précisément *ruraux*, et qui semblent devoir intéresser le plus l'agriculture, ou tout au moins les propriétaires qui s'en servent pour des usages ruraux, et ceux dont ces chemins bordent les fonds. A la charge de qui doit donc être la dépense de la confection, réparation et entretien de ces chemins, qui n'aboutissent qu'à des propriétés particulières !

Dans certains pays, cette dépense regarde les propriétaires dont ces chemins bordent ou traversent les fonds, chacun respectivement dans la longueur correspondante à sa propriété. Mais c'est là un usage contraire aux principes ; car il ne pourrait en être ainsi qu'autant que le chemin faisant partie des propriétés, serait la matière ou le sujet d'une servitude. Mais un chemin rural est plutôt une propriété, sinon publique, au moins commune à tous ceux qui s'en servent. Sous ce rapport, l'entretien devrait en être à la charge des communiers, à l'exemple des chemins communaux, qui sont réparés aux frais des communes qui en retirent l'avantage.

Cette règle devrait s'appliquer aussi à l'entretien et curement des canaux d'irrigation qui bordent ou traversent des fonds. Dans certains cantons, on élève mal-à-propos la prétention de rejeter cette charge sur les propriétaires riverains, dans la proportion de la longueur de leurs propriétés respectives. Il serait temps que la loi proscrivît une prétention d'autant plus injuste, qu'elle tend à rendre particulière une dépense commune, ayant pour objet un avantage commun, et à la faire supporter quelquefois à celui - là même qui ne peut pas en profiter, ne pouvant pas arroser des eaux du canal dont l'entretien serait mis à sa charge.

La dépense de tous ces objets doit donc être portée à la charge de ceux qui en profitent, et dans la proportion de l'avantage qu'ils en retirent.

SECTION VII.

Il n'est question ici que de l'établissement des gardes champêtres, de leur nomination, de leur salaire et de leurs fonctions. C'est l'agent dont la vigilance et l'activité doivent garantir l'exécution des lois rurales. En vain les réglemens seraient sages ; ils ne produiraient aucun bien, s'ils n'étaient exécutés. C'est vers ce but que le législateur doit aussi tourner ses vues. Les délits champêtres se multiplient tous les jours ; et on entend la voix publique les attribuer à l'inconduite des préposés de de police, des gardes champêtres, des gardes forestiers, des banniers ou préposés à l'irrigation.

Tous ces agens sont nommés par les communes ou par les parties intéressées : ils exercent séparément leurs fonctions, qui sont différentes, et se rapportent à chaque objet différent de police. Jamais le crime ne montra plus d'audace ; et il en impose au préposé de police, seul et sans appui, qui n'ose ni le surveiller ni le dénoncer. La modicité du traitement expose ce fonctionnaire à la prévarication, ou à la nécessité de vaquer à un autre travail, sans que la loi s'occupe de le faire assez surveiller ni de l'encourager. Telles paraissent être les causes de la négligence dans la poursuite et de l'impunité dans la répression des délits ruraux.

Mais il semble que le mal n'est pas sans remède, et qu'on pourrait enchaîner les préposés de police à leur devoir ou leur en faciliter la pratique, en formant de tous ces agens un corps qui, sous les autorités compétentes, eût une volonté subordonnée pour diriger ses mouvemens et mettre de l'ensemble et de la vigueur dans leur exécution, et en chargeant ce corps collectivement et individuellement de la surveillance sur l'exécution de tous réglemens et lois de police municipale, rurale, eaux et forêts, chasse et pêche, chemins et routes, &c.

Ces préposés seraient nommés pour les communes et terroirs, à raison de la population, de l'étendue et du besoin du service des forêts, de l'irrigation, de la garde des fruits, &c. Ils seraient affectés à la résidence des communes et terroirs dont ils connaîtraient les personnes et les localités, pour y exercer habituellement et individuellement leurs fonctions sur tous les objets de police indistinctement. Leur résidence serait sujette à changement, afin de prévenir l'effet des affections locales ; et les préposés d'un terroir devraient aussi exercer leurs fonctions individuellement et réciproquement dans les terroirs contigus.

Tous les préposés de police d'un canton ou de deux, suivant leur nombre, devraient former une escouade, avec un chef et sous-chef, sous les ordres desquels elle agirait ; se porterait sur tous les points où il serait nécessaire de se porter, tant dans l'étendue du canton qu'ailleurs ; ferait, de nuit et de jour, des tournées et contre-tournées, des visites domiciliaires conformément à la loi, et sur-tout pendant le temps des récoltes, et exercerait ainsi en ambulance ses fonctions.

Ces escouades de tous les cantons d'un arrondissement formeraient à leur tour une compagnie, sous les ordres d'un chef et de sous-chefs qui commanderaient les mouvemens de la compagnie, et, au besoin, des escouades, et feraient en masse ou avec telles escouades que le cas exigerait, les tournées et autres opérations nécessitées par les circonstances et le besoin du service ordinaire et extraordinaire.

Les agens de police, ainsi réunis en corps, seraient immédiatement surveillés par leurs chefs. Tous les objets de police en général étant de leur attribution, en exerçant leur surveillance sur les uns, ils seraient à portée de l'exercer sur les autres. Cette surveillance serait moins limitée par les terroirs, et la concurrence en garantirait l'activité. Les membres du corps se prêteraient un mutuel appui et en imposeraient par leur réunion : ils seraient successivement en station dans les communes, où ils agiraient individuellement, et en ambulance dans le canton ou dans l'arrondissement, où ils exerceraient leurs fonctions en corps ; rien ne saurait les distraire de leur devoir, auquel ils seraient même attachés par des encouragemens.

Car leur traitement devrait être tel, qu'il les mît à l'abri du besoin et de la nécessité de vaquer à tout autre travail ; il devrait être partie fixe et partie éventuel et d'encouragement. Cette dernière partie serait prise du montant des amendes, et distribuée en proportion du travail et de l'activité des préposés.

On pourrait attribuer aux préposés de police les fonctions de garnisaires, qui ont pour objet la rentrée des contributions ; ce qui augmenterait d'autant leur traitement.

Ce corps pourrait pareillement être chargé de la surveillance pour le paiement du droit de passe, et améliorer ainsi cette branche de revenu public, qui ne saurait se maintenir dans l'état actuel, où elle est si à charge aux particuliers, sans procurer l'avantage public de subvenir efficacement à la dépense de l'entretien des routes.

La police correctionnelle et criminelle tirerait sans doute de grands avantages de cet établissement. On prévoit combien il peut rendre moins nécessaire le service si dispendieux et trop circonscrit de la gendarmerie, ou tout au moins l'utiliser davantage, en le combinant avec celui de ce nouveau corps.

Du reste, on pourrait peut-être trouver aussi dans cet établissement le moyen d'assurer aux vétérans une retraite utile, et de réaliser un projet dont il a été tant parlé.

TITRE II.

De la Police rurale.

Ce titre est consacré à déterminer les délits ruraux, à fixer la compétence des autorités qui doivent en connaître, et à établir des peines pour leur répression.

Le premier inconvénient qu'on croit pouvoir y remarquer, c'est le mélange et la confusion qu'il offre des délits ruraux avec les délits de police municipale ; procédé qui n'a pu que préparer des méprises sur la compétence de la justice de paix et des municipalités, sur-tout après que les notions sur cette même compétence ont été obscurcies par les lois postérieures qui devaient les éclaircir.

Le nouvel ordre de compétence introduit ensuite par le Code des délits et des peines ne présente pas moins de difficultés. En donnant pour règle de la compétence le taux de l'amende, et en faisant dépendre ce taux du montant de l'estimation des dommages occasionnés par les délits, cette loi établit une procédure préliminaire pour faire connaître la compétence, dont elle rend arbitre l'officier de police judiciaire chargé de retenir ou de renvoyer l'affaire aux différentes autorités qui peuvent respectivement en connaître, selon le cas. Ainsi le plus mince délit, comme le plus grand crime, donne lieu à cette procédure préliminaire, au mouvement des agens de police judiciaire, à des renvois aux autorités compétentes, à des frais et à des tracas qui ne rebutent pas moins la partie poursuivante qu'ils ne mettent le plus souvent dans l'embarras les officiers chargés de ces fonctions.

A ces difficultés pour connaître l'autorité qui doit réprimer le plus mince délit rural, se joignent ensuite les formalités d'une procédure à faire devant tel ou tel autre tribunal ; quelquefois l'éclat des mandats d'amener, de comparution et même d'arrêt pour des délits plus graves ; toujours la charge pour la partie lésée, de l'avance des frais d'une procédure trop dispendieuse, et la perte certaine qu'opèrent les déplacemens, à côté d'une mince et incertaine indemnité que peut promettre la justice.

Ainsi rien ne facilite la poursuite des délits ruraux, ni la manière de les surveiller, ni celle de les réprimer.

Il ne paraît pas, en effet, que la justice doive ainsi s'environner de formalités pour la répression de ces petits délits qui devraient être jugés sans appel. Leur dénonciation, poursuite et jugement, tout devrait être fait verbalement, d'autant qu'il serait inutile qu'il en restât d'autres traces que celles d'une simple note sur un registre à ce destiné.

On ne disconvient pas qu'en police rurale, il peut aussi se présenter des délits assez graves pour que la procédure tendant à leur répression doive procurer au prévenu les avantages des formes judiciaires : mais la procédure, dans ces cas, devrait toujours être instruite suivant leur gravité.

Au surplus, le résultat de la réparation du délit rural, qu'il n'est pas si aisé d'obtenir, n'est pas non plus assez satisfaisant pour qu'on soit invité à le réclamer de la justice. Cette réparation que le Code rural accorde, se compose du dédommagement envers la partie lésée, et d'une amende envers la partie publique : cette amende est le montant, le double ou le triple du dédommagement.

Outre qu'il est rare de voir qu'une simple indemnité satisfasse une partie qui a souffert d'un délit, et qui est dans le cas de mettre en la chose où elle éprouve le dommage, un prix d'affection qu'on n'estime pas en justice, il n'est pas non plus aisé de priser toutes les fois cette indemnité, par l'effet de différentes circonstances qui y mettent obstacle. Tantôt c'est une dépaissance de bestiaux, dont le dommage est couvert bientôt par la pousse de l'herbe ; tantôt c'est une dégradation de fruits ou de récoltes qui ne se montre pas à l'œil du priseur ; tantôt le dommage est moins réel par la privation même ou l'usage moins satisfaisant de la chose, que par le trouble et le désagrément qu'il occasionne à la jouissance légitime.

On peut citer, entre autres, deux cas où le dédommagement pourrait être rarement une réparation complète du dommage occasionné par le délit rural. On entend parler des dépaissances qui se font en contravention dans les communaux et terres vagues et vaines d'un terroir étranger, ainsi que de l'arrosement d'un fonds, fait au préjudice d'un autre fonds en tour d'être arrosé par une eau commune et dont l'usage est divisé par temps. A l'égard du premier cas, il suffit de connaître ce que sont ordinairement les communaux et les terres vagues et vaines, pour sentir la presque impossibilité de priser les dommages d'une dépaissance qui laisse à peine des traces, d'ailleurs bientôt effacées, sur des terrains en non-valeur, la plupart secs et arides. Dans le second cas, la difficulté n'est pas moindre pour priser les dommages résultant d'un défaut d'arrosement, qui quelquefois peut être lui-même indifférent ou nuisible à la récolte, quelquefois très-avantageux, mais dont l'effet, plus ou moins tardif, ne se prêterait pas au calcul de la prisée, sans un terme exact de comparaison.

Or cette difficulté, pour ne pas dire cette impossibilité, de fixer le dédommagement du délit rural, ne peut qu'exposer á faire trouver l'illusion à la place de la peine prononcée par la loi : illusion à l'égard de l'indemnité de la partie lésée; même illusion à l'égard des amendes qui ont pour base cette indemnité.

Cependant l'impunité, qui est le résultat nécessaire de cette fausse mesure de la loi, ne peut entraîner après elle que désordre et confusion. L'expérience en est trop fâcheuse, sur-tout dans les cas qu'on a choisis pour exemples, où le bouleversement et le chaos triomphent si facilement des efforts d'une règle impuissante. Non, l'agriculture ne peut plus profiter des avantages inappréciables de l'aménagement des pacages communs, ni des eaux servant à l'irrigation commune.

Que la loi substitue donc à la peine du dédommagement de la partie lésée, une amende d'une somme fixe et certaine, outre ce dédommagement. Cette amende doit même offrir les avantages d'une suffisante indemnité, qui dispensât le plus souvent la partie lésée de faire des preuves pour tout autre dédommagement. Alors la réparation des parties privée et publique ne dépendrait plus de l'événement d'une preuve incertaine et dispendieuse. La procédure serait de la plus grande simplicité, et le délit n'échapperait plus à la peine.

Du reste, les délits beaucoup trop essentiels, au moins par leur nombre, des dépaissances des bestiaux *dans les communaux des terroirs étrangers*, et ceux des arrosemens faits au moyen d'une eau commune et au préjudice du tour d'arroser acquis à un tiers, ne paraissent pas, sur-tout les derniers, avoir trouvé place dans la classification que fait le Code rural des délits de ce genre. Il y a lieu de penser que c'est là une omission qu'il suffit de rappeler pour la faire réparer, dans ce moment favorable où les lois tendent avec succès à leur perfectionnement. Que de troubles, de rixes et de dommages n'a-t-elle pas occasionnés, cette omission, notamment dans le département des Pyrénées-orientales !

On sent aussi la nécessité de trouver dans le Code rural, parmi la classe des différens délits, l'abus d'extraire des fonds d'autrui des terres pour servir à faire du mortier pour les bâtimens ; comme si la faveur de bâtir pouvait autoriser ainsi, sans nécessité et sans indemnité, le sacrifice de la propriété particulière en faveur des particuliers.

Un autre abus qui a fait de funestes progrès dans les campagnes, c'est le râtelage du rotuble dans les champs, après l'enlèvement de la récolte ; opération d'autant plus préjudiciable au fonds, qu'elle se fait avec un râtelier de fer qui emporte à-la-fois le rotuble avec sa racine, et le fumier non consumé qui est sur la surface des terres, avec la pâture qui nourrit les bestiaux employés à les fumer. Ce n'est pas que le Code rural (tit. II, art. 21) ait autorisé cet abus en fixant l'époque du glanage, râtelage et grapillage dans les lieux où ils sont usités ; car la contexture de l'article ne permet pas d'appliquer aux champs le râtelage, qui n'est que pour les prés. Mais la plupart des préposés de la police l'ayant pris indistinctement pour les champs et pour les prés, l'abus ne peut céder qu'à la règle mieux expliquée et mieux entendue.

Enfin rien n'égale les dommages occasionnés aux oliviers par la coupe clandestine et intempestive qui se fait des rejetons et des branches de cet arbre pour les faire servir d'instrument appelé *fléau*, qu'on emploie pour le battage du blé et autres grains : on dépouille ainsi et on rabougrit un arbre si précieux à l'agriculture, en détruisant la pousse des greffes qui doivent le conserver, et les branches de meilleure venue qui doivent produire le fruit ; dommage fait en pure perte, et avec d'autant moins de nécessité, que dans les pays même où cet abus s'est glissé, le bois d'olivier peut être commodément remplacé pour cet usage auquel on le fait servir, par toute autre espèce de bois dur, tel que le noisetier, le chêne-vert, l'if, et sur-tout le buis, qui abondent dans ces contrées.

Il est vrai que ce délit paraît être prévu par l'art. 14, tit. II du Code rural. Mais à la peine que cet article prononce, il faudrait ajouter une mesure efficace pour empêcher l'usage auquel on fait servir le bois d'olivier volé et pour détruire ainsi le motif du vol. C'est pendant la nuit ou en cachette que ce brigandage se commet. Si on ne peut pas l'arrêter par la punition des coupables dont le délit n'est pas aisé à prouver, il faudrait suivre la matière de ce même délit, qui ferait connaître ou ferait présumer les coupables. Il faudrait donc faire défenses de se servir, et ordonner des visites dans les aires pour empêcher qu'on ne se servît, pour le battage des grains, de fléaux de bois d'olivier; le tout sous peine d'une amende, tant contre ceux qui s'en serviraient que contre les propriétaires de l'aire et des grains. On croit devoir indiquer ce moyen, comme seul efficace pour remédier à un désordre dont le propriétaire d'oliviers a tant à souffrir, particulièrement dans le département des Pyrénées-orientales.

Servitudes rurales et Engagemens des Propriétaires des fonds joignans.

Les servitudes rurales et les obligations résultant du voisinage des fonds, sont aussi la matière naturelle du réglement général que la loi doit donner à l'agriculture. Déjà certains points, touchant ces servitudes et ces engagemens, sont traités dans le projet de Code civil et dans le Code rural; il ne resterait qu'à tracer l'aperçu des autres points, de ceux particulièrement qui ont trait aux obligations résultant de la contiguité des fonds.

Ces obligations peuvent se rapporter au bornage, à la clôture des fonds, aux changemens qui peuvent y être faits au préjudice du voisin, à ce qui peut tomber d'un fonds dans un autre, au passage des eaux près les fonds étrangers, et à la plantation des arbres à côté du fonds d'autrui.

1.° Ce qui est dit ailleurs sur le bornage des fonds contigus, laisse à desirer que la loi trace, en général, quelque règle pour diriger les prud'hommes dans le placement et dans la reconnaissance des bornes, en maintenant néanmoins les usages locaux. A défaut de bornes, elle devrait déclarer commun le bord inculte de deux fonds contigus et situés sur un terrain plat; comme dans un terrain en pente, ce bord ou rive devrait appartenir au fonds plus élevé; et les arbres des bords, dans toute espèce de terrain, devraient être adjugés aux propriétaires des fonds contigus, en proportion de ce qu'ils entrent dans chaque fonds par leur pied.

2.° La hauteur des clôtures en murailles devrait être déterminée et fixée de manière à nuire au fonds voisin le moins possible par la projection de l'ombre. — Le voisin ne devrait contribuer à cette dépense que lorsque son fonds serait déjà ou viendrait à être clôturé des autres côtés; auquel cas le sol du mur devient aussi mitoyen, comme le mur même. — Si la clôture consiste en fossés, et si elle n'est pas mitoyenne ou faite d'accord avec le voisin, le fossé devra être, à l'égard de l'autre fonds, à une distance qui égale sa profondeur; à moins qu'il ne soit pratiqué un mur le long de la ligne divisoire, du côté du fonds étranger, qui en empêche les éboulemens. — De même, si la clôture est en haie vive, elle doit être à la distance du fonds voisin, au moins de deux pieds, hors le cas de la mitoyenneté. — Le cours non continuel d'une eau dans un fonds, ou entre deux fonds différens, ne devrait pas en empêcher la clôture, pourvu que le passage de l'eau n'en fût pas rétréci.

3.° Il ne peut pas être fait, dans les fonds inférieurs, des excavations qui ôtent au fonds plus élevé le terrain qui lui sert d'étai, en donnant lieu par-là à des éboulemens. Il doit en être aussi de même lorsque les fonds contigus sont situés sur un terrain qui n'est pas en pente. — Toutes rigoles ou canaux qui, dans les fonds supérieurs, réunissent les eaux pluviales avec plus de dommage pour les fonds inférieurs, ne peuvent pas avoir issue sur ces derniers fonds, dont ils doivent s'éloigner au moins à la distance de douze pieds. — Les ouvrages et digues faits pour la défense d'un fonds contre le cours des eaux, ne peuvent pas former de point saillant ni sortir de l'alignement des bords pour jeter les eaux sur les propriétés de la rive opposée.

4.° Nul dédommagement pour l'accident naturel de la chute d'un torrent d'eaux pluviales, de celle d'une muraille, d'un arbre ni d'un terrain éboulé dans le fonds voisin. — Faculté accordée au propriétaire de l'autre fonds, d'en tout retirer, s'il le veut ou s'il le peut, dans un délai suffisant et à moins de dommages; à défaut, permis au propriétaire du fonds encombré, de le déblayer en disposant des décombres, et de se servir du fonds à son gré.

5.° Placer des filières de pierres le long du mur près lequel passe l'eau qui doit arroser un fonds, et pratiquer un contre-mur d'un pied au-dessus d'un jardin près la maison voisine; le tout pour empêcher les eaux de filtrer. — Contre-mur à la hauteur des eaux, de la chaux ou du fumier, à côté du fossé ou bassin destiné à les contenir, et qui est placé près le mur voisin. — Distance de deux pieds entre un puits et la muraille voisine.

6.°

6.° La distance des arbres entre eux doit être telle, qu'elle laisse pénétrer le soleil dans le fonds voisin; mais leur distance de ce fonds doit être moindre pour les oliviers et autres arbres d'une hauteur médiocre: elle doit être plus grande pour les arbres qui s'élèvent plus haut, ou qui sont d'une hauteur moyenne, comme le saule, le mûrier; et elle doit au moins être fixée à vingt pieds pour les arbres les plus hauts, et par conséquent les plus préjudiciables par leur ombrage et leurs racines, tels que le chêne, chêne-vert, peuplier, noyer, &c. — Cette distance devrait être beaucoup moindre lorsque les fonds sont séparés par des chemins ou par des ravins, sauf dédommagement; et si les fonds sont clôturés, l'ombre que les arbres projettent devrait être seule prise en considération pour l'indemnité du voisin. — Il devrait être facultatif aux propriétaires respectifs, de déroger à la règle sur la distance à laquelle les arbres doivent être plantés loin du fonds voisin. — Mais il devrait être permis de faire arracher ou couper l'arbre endommageant ou servant à escalader le mur du voisin, comme aussi de faire couper les branches qui pendent ou reposent perpendiculairement sur le fonds d'autrui; le tout sans égard à l'ancienneté de l'arbre ni à la clôture des fonds.

Tels sont les détails dans lesquels on a cru devoir entrer pour démontrer l'insuffisance et l'imperfection du Code rural, avec la convenance des dispositions présentées pour le perfectionnement de cette intéressante loi. Ces dispositions, par ce qu'elles contiennent de particulier, étendraient le bienfait de ce Code à celles des contrées de la France qui ont pu jusqu'ici moins en profiter; et par ce qu'elles contiennent de général, compléteraient ce même bienfait pour tous les pays de la République.

Mais il resterait à rédiger en articles et à faire entrer toutes ces dispositions dans un seul cadre avec celles qui composent le Code rural, et à fondre les unes et les autres dans une unité de plan et de système qui garantît les avantages de la clarté et de la simplicité.

Si ce travail n'a pas été fait, c'est que la briéveté du temps, et le dérangement de la santé de celui qui se proposait de le faire, ne l'ont pas permis dans ce moment au zèle qui le lui aurait fait entreprendre.

FIN DU SUPPLÉMENT.

LIVRE II.

DES BIENS, ET DES DIFFÉRENTES MODIFICATIONS DE LA PROPRIÉTÉ.

CE livre renferme quatre titres ; le premier, *de la Distinction des biens ;* le second, *de la pleine Propriété ;* le troisième, *de l'Usufruit, Usage et Habitation ;* le quatrième, *des Servitudes.*

Les règles proposées sur ces différens objets, sont, en général, conformes à ce qui s'est pratiqué dans tous les temps, et ne fournissent matière qu'à un très-petit nombre d'observations.

La première porte sur l'article préliminaire, *de la Distinction des biens.* On y reconnaît un droit de propriété résidant dans les établissemens publics.

Dans l'art. 24 du premier titre, on comprend sous le nom de *domaine national* toutes les propriétés foncières et tous les droits appartenant à la nation, soit qu'elle en ait la jouissance actuelle, soit qu'elle ait seulement le droit d'y rentrer.

L'article 25 présente l'énumération des dépendances de ce domaine : les objets appartenant aux établissemens publics n'y sont pas compris.

De ces articles réunis résulte une reconnaissance très-formelle d'un droit particulier de propriété dans les établissemens publics.

La question de savoir si ces établissemens sont ou non capables de tenir des immeubles en propriété, a été traitée avec tant d'étendue et de profondeur pendant l'Assemblée constituante, qu'il semble qu'une décision absolument contraire à celle qui fut prise alors, eût mérité du moins quelque explication dans le discours préliminaire.

On ne se propose certainement pas ici de traiter de nouveau cette question importante ; mais on croit devoir inviter les auteurs du projet à examiner encore s'il est convenable, s'il est nécessaire de reconnaître un droit de propriété dans les établissemens publics. On demandera à qui passera l'immeuble appartenant à ces établissemens, lorsqu'ils seront

LIVRE II. supprimés ; quel sera l'effet des clauses de retour qui auront été apposées dans les donations.

Dira-t-on que la nation disposera des biens après la suppression des établissemens qui en jouissaient ! elle était donc le véritable propriétaire ! Contestera-t-on au Gouvernement le droit de disposer de ces biens ! que deviendront-ils après la suppression ! Prétendra-t-on qu'il faut exécuter les clauses de retour ! avant d'établir cette maxime, il serait peut-être bon de méditer encore sur les motifs qui ont fait décider le contraire par l'Assemblée constituante, et sur les suites données à cette décision. D'ailleurs, la difficulté resterait entière dans tous les cas où les donations auraient été faites sans clause de retour ; et l'on demanderait toujours, que deviendront les biens après la suppression de l'établissement qui en jouissait. Enfin, prétendrait-on que les biens entreraient alors dans la propriété de la nation, comme vacans et sans maître ! ainsi le Gouvernement supprimerait les établissemens quand il voudrait opérer la vacance des biens pour en devenir propriétaire. Il serait plus franc et plus loyal de ne pas reconnaître de propriété dans les établissemens publics.

Sans soulever encore ces questions, et pour éviter des discussions superflues, il semble qu'on doit se dispenser de reconnaître un droit de propriété résidant dans les établissemens publics. Il faut cependant assurer fortement aux biens donnés la destination indiquée par les donateurs : c'est ce qu'on ferait en déclarant, dans un article de ce titre, que la nation régit les biens nationaux, ou par des administrateurs qu'elle nomme à cet effet, ou par les établissemens publics auxquels les donateurs ont appliqué la jouissance des biens donnés.

Ainsi disparaîtraient toutes les difficultés : les donateurs seraient assurés de l'emploi de leurs libéralités suivant leur intention ; et lorsque les établissemens seraient supprimés, le Gouvernement entrerait dans les vues des donateurs, et appliquerait, autant que possible, les revenus des biens donnés, à des établissemens de la même nature que ceux qu'il aurait supprimés. Mais on sent que ce droit d'application, qu'on ne peut pas raisonnablement contester, suppose uue propriété résidante dans la nation.

Les mêmes difficultés ne se présentent pas pour les biens des communes. On ne peut en supprimer une, sans la réunir à une autre à laquelle passent de droit les biens de la commune supprimée. On fait nécessairement partie d'une commune ; mais un établissement public, d'instruction, de charité, ou tout autre, n'existe pas nécessairement, encore qu'il puisse être fort utile.

La suite de ce livre ne fournit, comme on l'a annoncé, que peu d'observations. Quelques articles pouraient éprouver d'heureux changemens dans la rédaction ; mais ces taches légères, qui ont pu échapper aux rédacteurs dans la première composition, n'auront certainement pas survécu à l'examen qu'ils ont fait depuis; et les commissaires du tribunal d'appel n'ont ni le projet ni le temps de s'en occuper. Ils se bornent à remarquer quelques omissions, et à proposer au fond quelques changemens.

Dans le chapitre I.er du titre I.er, art. 5, on fait une énumération des objets réputés immeubles par leur destination. On est surpris de ne pas y lire les *ustensiles aratoires*, qui devraient s'y trouver en première ligne.

Dans l'article 8, même chapitre, on dit, et avec raison, que les récoltes encore pendantes par les racines sont réputées immeubles. Il serait peut-être à propos d'ajouter que cependant les propriétaires qui font saisir la récolte sur pied, ne sont pas tenus de suivre les formalités pour la saisie des immeubles.

Dans l'art. 10, on lit que les animaux livrés par le propriétaire à son métayer, pour la culture, *estimés ou non*, sont censés immeubles, tant qu'ils demeurent attachés au fonds par l'effet du bail. On lit ensuite que ceux livrés au fermier *avec estimation*, sont meubles. Pourquoi cette différence !

Dans l'art. 22, chapitre II, on suppose une donation d'une maison *avec tout ce qui s'y trouve*. On établit pour règle que les dettes actives, l'argent comptant, l'argenterie, ni les autres droits dont les titres sont déposés dans cette maison, ne font pas partie de la donation. Point de doute relativement aux dettes actives et aux titres étrangers à la maison, et qui s'y trouvent déposés. Mais pourquoi exclure l'argent comptant et l'argenterie ! Le donateur a voulu donner une maison dans laquelle le donataire pût s'établir sur-le-champ, sans y rien porter, sans être obligé de faire aucune avance ; et si l'on pouvait élever encore quelque doute sur l'argent comptant, il ne paraît pas possible de contester raisonnablement sur l'argenterie.

Titre II, art. 2. On ne peut être contraint de céder sa propriété

LIVRE II. que *pour cause d'utilité publique, et moyennant une juste indemnité.* On voit avec peine la suppression du mot *préalable.* On n'est pas indemnisé de fait, quand on est forcé de courir pendant plusieurs années après une indemnité dont le paiement est toujours incertain jusqu'à ce qu'il soit reçu.

On ne trouve pas un seul mot sur les *trésors découverts*, dans tout le titre *de la Propriété*, ni dans les autres titres de ce livre. Il est nécessaire de réparer cet oubli, et de présenter des règles qui préviennent toute difficulté entre ceux qui pourraient prétendre à la propriété, soit comme ayant trouvé le trésor, soit comme propriétaires du fonds, soit à tout autre titre.

Dans le titre V, chapitre I.er, sect. I.re, art. 10, 11 et 12, on détermine à quelle époque les fruits sont acquis à l'usufruitier : suivant l'article 10, les fruits civils s'acquièrent jour par jour.

Suivant l'article 11, dans le cas où les biens de l'usufruit sont affermés, le prix du bail représentatif de la récolte appartient à celui du propriétaire ou de l'usufruitier qui était en jouissance au moment de la récolte.

Aux termes de l'article 12, si partie seulement des fruits du bien affermé était perçue lorsque l'usufruit a commencé ou a pris fin, il doit être fait une ventilation de la partie perçue, eu égard à la totalité des récoltes ; et il sera payé à l'usufruitier ou à ses héritiers une quotité correspondante du prix de la ferme.

Ces règles sont, il faut en convenir, conformes à ce qui se pratique, et fondées sur le principe, que le prix de la ferme représentant la récolte, doit être payé à celui qui aurait eu droit de faire la récolte.

Quelque puissante que puisse être cette considération, elle est balancée par une considération d'une autre nature, et qui n'est pas moins forte. On couperait court à un grand nombre de difficultés, en établissant pour règle que le prix de la ferme appartiendrait, dans tous ces cas, au propriétaire ou à l'usufruitier, en proportion du temps de la durée de l'usufruit ; de sorte que s'il avait fini, par exemple, le trentième jour du sixième mois, le prix de la ferme serait également partagé entre les héritiers de l'usufruitier et le propriétaire. Cette règle, qui a aussi son principe de justice, présente encore un grand motif d'utilité publique, puisqu'elle préviendrait beaucoup de contestations. Les commissaires votent pour qu'elle soit adoptée.

L'article 15 de la même section énumère les objets qui peuvent être compris dans un usufruit. On n'y parle pas des *animaux*, qu'il faut cependant y comprendre.

L'article 16 donne à l'usufruitier la coupe des bois de haute-futaie mis en coupe réglée. L'article 17 établit que hors ce cas l'usufruitier ne peut toucher aux bois de haute-futaie ; il ne peut pas même s'approprier ceux qui sont arrachés ou brisés par accident. Pour prévenir une fausse application de ces règles, il est bon d'ajouter que l'usufruitier peut employer aux réparations à faire, dans la chose sujette à usufruit, les arbres arrachés, et même en faire abattre d'autres si ceux-là ne suffisent pas.

Les articles 51 et 53, chapitre II, *de l'Usage et de l'Habitation*, établissent dans l'exercice de ces deux droits une différence que les commissaires desirent de voir effacée. Suivant l'article 51, l'usager ne peut prendre des fruits que pour son usage et celui de sa famille, réglé *d'après l'état où elle se trouve* au moment où l'usage lui est déféré.

L'article 53 étend cependant le droit d'habitation, même à la famille survenue depuis que le droit est acquis.

Les commissaires n'ignorent pas que cette distinction était admise ; mais n'était-elle pas fondée sur des subtilités plus que sur la raison ! Pourquoi supposer que celui qui a donné un droit d'usage à un homme chargé de deux enfans, et dont la femme encore jeune était peut-être enceinte, a entendu exclure de ce droit le troisième enfant qui pourrait survenir ! Quand le donateur n'aura pas limité lui-même le droit d'une manière très-précise, est-il permis d'amoindrir sa libéralité, en supposant qu'elle ne peut pas s'étendre à tous les enfans du donataire ! Les commissaires pensent qu'il ne faut pas, à cet égard, admettre de différence entre le droit d'usage et le droit d'habitation.

LIVRE III.

DES DIFFÉRENTES MANIÈRES DONT ON ACQUIERT LA PROPRIÉTÉ.

DISPOSITIONS GÉNÉRALES.

SUIVANT l'article 1.er, la propriété s'acquiert, 1.° par la *puissance paternelle*.

Nous avons pensé que ce droit utile de puissance paternelle ne doit pas avoir lieu. Mais quand on l'établirait, ce ne serait point une manière d'acquérir la propriété ; car ce droit consistant dans un simple usufruit, il est clair que la puissance paternelle ne serait qu'un moyen d'acquérir l'usufruit.

Suivant le même article, la propriété s'acquiert encore par les obligations qui naissent des contrats ou conventions, et par celles qui résultent du seul fait de l'homme, sans convention, tels que les quasi-contrats ou quasi-délits. Le titre IX, qui vient ensuite, parle des testamens et donations testamentaires, qu'il accole aux donations entre-vifs.

Cette classification nous paraît vicieuse.

En premier lieu, les testamens n'ont rien de commun avec les contrats ni avec les obligations.

En second lieu, la propriété d'un meuble ni d'un immeuble ne s'acquiert jamais en vertu d'un quasi-contrat ou d'un quasi-délit ; il n'en résulte qu'une action personnelle à fin de prestation des engagemens formés par le quasi-contrat, ou en réparation du quasi-délit.

En troisième lieu, il ne paraît pas même exact de dire que la propriété s'acquiert par les obligations qui naissent des contrats ou conventions. Elle s'acquiert, comme nous croyons pouvoir l'établir en son lieu, par la tradition ; dans les immeubles, suivant la loi actuellement subsistante, par la transcription du contrat, et, s'il s'agit d'une dette active, par la signification au débiteur ; jamais en vertu du contrat même.

Il semble qu'on aurait mieux fait de s'en tenir aux idées reçues ; et après avoir parlé d'abord des personnes, ensuite des choses, de distinguer à l'égard de celles-ci, comme font tous les jurisconsultes, deux sortes de droits, le droit à la chose, le droit dans la chose. On aurait observé que le premier naît des obligations ; et l'on aurait traité de toutes les obligations, sans en excepter celles qui résultent immédiatement de la loi, ni celles qui proviennent d'un *délit*, lesquelles ne sont point étrangères au droit civil strictement pris, puisqu'elles peuvent et doivent même quelquefois se poursuivre par la voie civile. On aurait ensuite remarqué que le droit dans la chose s'acquiert de différentes manières ; et là seraient venues toutes les manières d'acquérir, d'abord par le droit naturel et des gens, *occupation* pour laquelle on renverrait, en ce qui concerne la chasse et la pêche, les trésors, &c., aux lois qui leur sont particulières, l'*accession* ou incorporation, et la *tradition ;* par le droit civil, les *successions*, les *testamens*, la *prescription.*

Nous n'approuvons pas non plus qu'on dise dans l'article 2, d'une manière si crue et si générale, que la loi civile ne reconnaît point le droit de simple occupation, et que les biens qui n'ont jamais eu de maître appartiennent à la nation. Il y a des choses qui n'appartiennent à personne, et que les jurisconsultes appellent *res communes*, *res nullius.* Entend-on soustraire aux particuliers la faculté d'acquérir ces choses, pour les donner exclusivement à la nation ? Est-ce qu'un particulier qui va puiser de l'eau à la rivière, n'acquiert pas le domaine de l'eau qu'il y a puisée et dont il a empli sa cruche ? Les pierres, les coquillages qu'on ramasse sur le bord de la mer, n'appartiennent-ils pas à celui qui s'en saisit ? On peut citer cent exemples pareils.

Voilà en général pour ce qui est de l'ordre, lequel a son mérite, quoique nous n'y attachions pas le plus d'importance. Venons au fond.

TITRE I.er

Des Successions.

La loi qui fixe l'ordre des successions, est en elle-même la plus importante de celles qui peuvent occuper le législateur civil. C'est par elle qu'il distribue périodiquement les fortunes, avec une pleine autorité, et conformément au bien public. Qui doute qu'un tel partage ne soit d'un intérêt majeur pour la société ? Malheureusement les règles qui doivent y présider, souvent se contrarient, et ne permettent point au législateur de faire tout ce qu'il voudrait.

LIVRE III.

Deux points de vue entièrement différens s'offrent au choix du législateur, lorsqu'il entreprend de statuer sur cette matière : l'accumulation des patrimoines, ou leur division.

L'accumulation convient aux monarchies ; la division sied aux républiques, parce qu'elle tend à l'égalité.

Mais si l'on suppose une république dont le territoire européen, sans parler de ses colonies, présente une surface de quarante mille lieues carrées et une population de trente-deux millions d'habitans ; qui cultive les arts et le commerce ; qui veuille donner à l'exploitation de son sol le plus grand développement possible, et fonde sur tous ces objets sa prospérité, là naît l'embarras. L'esprit de la Constitution appelle la division des fortunes ; les localités la repoussent : car, s'il convient à une république d'avoir des citoyens dont les fortunes se rapprochent par leur médiocrité, et entre lesquels on n'aperçoive, autant qu'il se peut, *ni riches ni pauvres ; les riches*, d'autre part, sont à desirer, et il en faut dans un État tel que celui dont nous parlons. C'est en effet dans la main des riches que se trouvent essentiellement tous ses moyens de prospérité : ce sont les riches qui emploient et font travailler les artistes ; qui forment les grandes entreprises de commerce ; qui, par des essais utiles, mais souvent ruineux pour leurs auteurs, ouvrent de nouvelles routes à l'industrie : la culture même des terres, pour s'élever au degré de splendeur dont elle est susceptible, demande et présuppose de grandes avances qui ne peuvent être faites que par les riches. Ainsi, dans le cas particulier, tous les principes, toutes les vues se combattent et se détruisent.

Que devra faire le législateur au milieu de ce conflit ? abandonner ces théories trop opposées pour qu'on puisse les mettre d'accord, et se borner à établir sur ce point quelques lois simples, claires, faciles, qui, par leurs dispositions, ne blessent ni aucun sentiment naturel, ni aucun des intérêts fondamentaux de la société.

C'est le sage parti qu'ont prétendu embrasser les rédacteurs du Code ; nous n'avons plus qu'à voir s'ils ont réussi.

Le plan qu'ils proposent annonce trois espèces de successions pour les parens : « la succession qui échoit aux descendans, celle qui échoit » aux ascendans, et celle à laquelle sont appelés leurs parens collatéraux (art. 26). »

« Les enfans légitimes, ou leurs descendans, succèdent à leurs père » et

» et mère, aïeuls, aïeules, ou autres ascendans, par égale portion, » sans distinction de sexe ni de primogéniture, et quoique issus de » différens mariages. » (Art. 39.)

« A défaut de descendans, les ascendans succèdent, mais diversement, selon que le défunt a laissé ou n'a pas laissé des frères ou » sœurs, ou des descendans de ceux-ci. » (Art. 42.)

« Si le défunt n'a laissé ni frères ni sœurs, ni descendans de ceux-ci, » la succession se divise par moitié entre les ascendans de la ligne » paternelle et les ascendans de la ligne maternelle.

» Dans chaque ligne, les ascendans excluent les collatéraux, et » l'ascendant le plus proche exclut le plus éloigné.

» S'il n'y a point d'ascendant dans l'une ou l'autre des lignes paternelle ou maternelle, la moitié affectée à cette ligne est dévolue aux » collatéraux de la même ligne. » (Art. 43.)

« Lorsque le défunt a laissé des frères ou sœurs, ou des descendans » de ceux-ci, ils excluent tous les ascendans, autres que les père et » mère. La succession se divise en deux portions égales, dont une » moitié est déférée au père et à la mère, qui la partagent entre eux » également, et l'autre moitié est déférée aux frères ou sœurs, ou aux » descendans de ceux-ci. (Même art. 46.) Si le père ou la mère est » prédécédé, le quart qui lui aurait appartenu se réunit à la moitié » qui est déférée aux frères et sœurs ou à leurs descendans, lesquels » ont, en ce cas, les trois quarts de la succession. » (Art. 47.)

« Quand le défunt ne laisse ni descendans, ni père, ni mère, la » succession est déférée, en premier ordre et en entier, aux frères et » sœurs germains survivans, ou aux descendans d'eux, soit de leur » chef, soit par représentation dans le cas de concours avec les oncles » et tantes. » (Art. 49.)

« A défaut de frères ou sœurs, ou descendans d'eux, et d'ascendans » dans l'une ou l'autre ligne, la succession est déférée, en second » ordre, pour moitié aux parens les plus proches dans la ligne paternelle, et pour l'autre moitié aux parens les plus proches dans la » ligne maternelle. » (Art 51.)

» A défaut de parens d'une ligne, ceux de l'autre ligne succèdent » pour le tout. » (Art. 53.)

Il résulte de cet exposé, dans lequel nous avons suivi littéralement la rédaction du Projet, et où l'on a pu remarquer quelque embarras, que, quoiqu'on eût promis seulement trois espèces de successions, en voilà néanmoins cinq ordres bien distincts, ou cinq rangs de successibles appelés au défaut les uns des autres.

1.er Ordre, les descendans.

2.e Ordre, les frères et sœurs du défunt, en concours avec ses père et mère.

3.e Ordre, les frères et sœurs tout seuls, à défaut de père et mère.

4.e Ordre, les ascendans en général.

5.e Ordre, les collatéraux, autres que les frères et sœurs.

Il s'agit d'examiner si cette complication est bien nécessaire, et s'il n'y aurait pas moyen de simplifier davantage la loi des successions.

On voit que toute la difficulté résulte du privilége accordé aux frères et sœurs, lesquels concourent avec leurs père et mère dans la succession de leur frère défunt, et excluent les autres ascendans.

C'est un reste du droit nouveau introduit par la loi du 17 nivôse an 2, art. 72 et 76, suivant lesquels les frères et sœurs d'un défunt lui succédaient en totalité, à l'exclusion même de leurs père et mère. On a cru devoir se borner à modifier cette disposition, en donnant seulement aux frères et sœurs la concurrence avec les père et mère: mais ne fallait-il pas aller plus loin ?

Cette règle établie par la loi du 17 nivôse, tenait, ainsi que les auteurs s'en sont expliqués, au système alors établi de tendre à l'égalité par la division des fortunes. On trouvait plus convenable, en ce sens, de partager la succession d'un défunt entre ses frères et sœurs ou leurs descendans, que de concentrer tout dans la main du père ou de la mère. C'est par la même raison qu'une loi bizarre, admise dans quelques coutumes, celle de la représentation infinie, tant en directe que collatérale, avait été convertie, par les législateurs du 17 nivôse, en droit général, avec fente et refente des biens entre les diverses lignes.

Aujourd'hui l'on est revenu de ces idées exagérées de division et d'égalité, qui ont paru impraticables. Les rédacteurs du nouveau Code n'ont point hésité en conséquence à proscrire le système de représentation illimitée, qu'ils ont réduit aux termes de droit. Pourquoi ont-ils été plus indulgens relativement au privilége accordé aux enfans contre leurs père et mère et autres ascendans ?

Si l'ordre des successions est fondé sur l'ordre présumé des affections du défunt, pour qui doit-on lui supposer plus d'affection que pour ses père et mère ! Quelque tendresse qu'il ait pour ses frères et sœurs, ce sentiment n'égale point ce qu'il doit aux auteurs de ses jours ; outre que sa fortune doit communément leur être rapportée, ou comme une suite de leurs bienfaits, ou comme le fruit de la bonne éducation qu'il en a reçue.

Nous croyons qu'il faut retrancher le privilége de concurrence et d'exclusion attribué aux frères et sœurs contre la ligne ascendante. A ce moyen notre système d'hérédité se simplifie infiniment, et n'admet plus que trois ordres, descendans, ascendans, collatéraux ; ce qui peut être exprimé très-nettement et en très-peu de paroles.

Tout ce qui est ajouté par les rédacteurs sur la fente des biens en toute succession ascendante ou collatérale, mais sans refente ou subdivision ultérieure ; les conséquences que l'on en tire vis-à-vis des ascendans, en admettant en concours avec eux les ascendans de l'autre ligne d'un degré plus éloigné, ou, à leur défaut, les collatéraux de cette même ligne ; l'application que l'on en fait au double lien pour en déterminer la juste prérogative, qui est non pas d'exclure, mais seulement d'attribuer une double part ; tout cela est bien vu, bien expliqué, et conserve un souvenir des habitudes anciennes, sans laisser subsister ce qu'elles avaient d'abusif.

Nous croyons cependant que les rédacteurs ont eu tort d'abandonner, dans les articles 46 et 47, le principe de la division des biens en deux lignes, sagement posé par l'article 27. Voici l'espèce : Un homme s'est marié deux fois ; il a des enfans du premier lit, il en a eu un du second : celui-ci vient à mourir ; sa mère est prédécédée. Les rédacteurs qui veulent que les frères et sœurs survivans concourent avec les père et mère à la succession d'un frère défunt, décident qu'en ce cas le quart de la succession qui aurait appartenu à la mère prédécédée, se réunit à la moitié qui est déférée aux frères et sœurs, ou à leurs descendans, lesquels ont alors les trois quarts de la succession. Si le père était mort aussi-bien que la mère, toute la succession leur appartiendrait, suivant les rédacteurs, à l'exclusion même des ascendans soit de leur ligne, soit de l'autre ligne. Il nous semble que c'est porter trop loin les droits des frères et sœurs, et que, pour être conséquent, il faut, dans le système des rédacteurs, au premier cas, donner aux frères et sœurs consanguins le quart seulement de l'hérédité, aussi-bien qu'au père ; les deux autres quarts réservés aux parens de la ligne de la

LIVRE III. mère. Dans notre système, ce serait le père, à lui tout seul, qui aurait la moitié, et les parens de sa seconde femme l'autre moitié. Si le père est mort aussi-bien que la mère, les frères et sœurs consanguins, dans le système des rédacteurs, ne doivent également recueillir que la moitié de la succession, et les parens du côté maternel, ascendans ou collatéraux, prennent l'autre moitié. Dans notre système, les ascendans de l'une et l'autre ligne, s'il y en a, prennent tout au préjudice des frères et sœurs consanguins. En toute hypothèse, il nous paraît déraisonnable que le prédécès de la mère profite à des enfans qui ne sont pas les siens, et qu'ils deviennent en quelque manière ses héritiers. L'exclusion accordée par l'article 46 aux frères et sœurs de simple lien, serait mieux fondée vis-à-vis de simples collatéraux, qui peuvent être des parens éloignés. Mais c'est un inconvénient du partage des biens en deux lignes; inconvénient qui est commun à toutes les successions ascendantes ou collatérales, et qui ne doit pas empêcher que le partage en deux lignes, motivé sur des raisons supérieures, ne soit maintenu.

Nous croyons aussi que l'article 49 pourrait être rédigé d'une manière plus claire. Il y est dit : « Si le défunt ne laisse ni descendans, » ni père, ni mère, la succession est déférée en premier ordre, *et en* » *entier*, aux frères et sœurs germains du défunt, ou aux descendans » d'eux, soit de leur chef, soit par représentation. » Il semble, en lisant cet article, que les consanguins ou utérins sont exclus; et néanmoins, ils sont appelés pour leur part dans l'article suivant. On ôterait l'équivoque, en disant :

Si le défunt ne laisse ni descendans, ni père, ni mère, la succession est déférée en premier ordre aux frères et sœurs survivans, ou aux descendans d'eux, soit de leur chef, soit par représentation. Les frères et sœurs *germains*, ou leurs descendans, recueillent la succession *en entier.*

Et l'article 50 déterminerait ensuite la part des consanguins ou utérins.

Il convient de répéter dans l'article 50, que sa disposition relative aux frères et sœurs, soit consanguins ou utérins, doit s'entendre également, ainsi qu'il est dit dans l'article 49, des *descendans d'eux* venant à la succession, *soit de leur chef, soit par représentation.*

En examinant ce titre important *des Successions*, nous nous sommes arrêtés d'abord à l'objet principal, qui est la fixation de l'ordre successif. Les autres chapitres ne présentent en général qu'un résumé des principes les plus constans en cette matière ; ils donneront lieu à un petit nombre d'observations. LIVRE III.

Les articles 22 et 23 expriment les causes d'indignité qui privent un héritier de la succession. On peut examiner, sur ces articles, ce qu'ils disent et ce qu'ils ne disent pas.

Trois causes sont énoncées, et voici la dernière : *L'héritier majeur qui n'a pas dénoncé à la justice le meurtre du défunt.* Sur quoi nous observerons qu'il faudrait, ce semble, étendre un peu plus les exceptions qu'on ne l'a fait dans l'article 23, qui porte : « L'obligation de dénoncer » n'est imposée ni aux descendans contre les ascendans, ni aux ascen- » dans contre les descendans. » Ne conviendrait-il pas d'ajouter, « ni » aux frères et sœurs contre leurs frères et sœurs, ni à la femme contre » le mari, ou au mari contre la femme » !

Le droit romain et la jurisprudence française indiquaient beaucoup d'autres causes : celui qui a donné occasion à la mort du défunt ; celui qui a négligé de l'empêcher, lorsqu'il l'a pu ; celui qui, le pouvant, a négligé de secourir le défunt dans sa maladie, fût-ce en temps de peste ; celui qui a fait une injure atroce au défunt, ou qui a outragé sa mémoire ; celui qui l'a empêché de tester. En général, toutes les causes d'exhérédation étaient causes d'indignité ; et même les auteurs nous avertissent qu'elles sont indéfinies. Cette latitude pouvait avoir des inconvéniens ; mais une trop grande limitation a son danger. Comme cet objet tient aux mœurs, il demande à être traité avec circonspection.

Suivant l'article 58 : « L'enfant naturel est obligé de se contenter » de ce que son père ou sa mère lui a donné de son vivant, toutes » les fois que ce qu'il a reçu n'est point inférieur aux trois quarts de » la portion que la loi lui attribue. » Il faut ajouter « qu'on n'imputera » de cette manière que ce qui, dans les successions, est sujet à » rapport. »

Suivant l'article 59 : « Cette portion (attribuée à l'enfant naturel) est » évaluée eu égard à tout ce qui compose la succession partageable » entre les héritiers légitimes, déduction faite des dettes et charges, » *et des dons, soit entre-vifs, soit par testament, que le père ou la mère* » *a faits, conformément à la loi.* » Cette dernière clause réduit à rien

LIVRE III. ce que la loi a disposé en faveur des enfans naturels. Il faut se rappeler ce qui est dit, article 54 : « La portion que la loi accorde à » l'enfant naturel sur les biens de ses père et mère, *n'est qu'une créance* » *fondée sur l'obligation naturelle qu'ils ont contractée envers lui.* » Or, quelle est la *créance* dont on puisse s'affranchir en épuisant son bien par des *donations* et des *testamens!* Ces mots doivent être effacés de l'article, si on ne veut pas que le bienfait de la loi devienne illusoire.

L'article 61 porte « qu'en cas de contestation de la part de l'enfant » naturel, soit sur la valeur totale de la succession, soit sur la suffisance » des offres qui lui sont faites, il est procédé en justice à la liquidation » de la masse, ou à l'estimation des objets dont la valeur est contestée. » Après quoi l'on ajoute : « Les frais de cette liquidation *sont avancés* » *par l'enfant naturel*, et supportés en définitif *par celui qui succombe.* Si » l'enfant naturel succombe, *il est condamné aux frais*, qui sont retenus » par l'héritier légitime sur la portion revenant à l'enfant naturel. » Cette addition, dans sa totalité, paraît beaucoup trop dure. L'*avance* doit être faite par la succession. On croit également inutile d'observer que les frais de liquidation doivent être supportés *par celui qui succombe*, et que si l'enfant naturel succombe, il doit être *condamné aux frais*, ce qui semble ôter au juge le droit de les compenser ou modérer. Tout cet alinéa pourrait être retranché sans inconvénient.

L'article 64 réduit l'enfant adultérin ou incestueux à de simples alimens viagers, dont la quotité, suivant l'article 65, sera fixée par le juge, eu égard aux facultés du père ou de la mère, au nombre et à la qualité des héritiers légitimes : mais l'article 66 fixe un *maximum* et un *minimum.* « Ces alimens, y est-il dit, ne peuvent excéder le » *sixième* du revenu net des biens qui composent la succession, ni être » moindres du *douzième.* » De ces deux termes, l'un pourra souvent être trop faible, l'autre trop fort. Supposons un père qui ait 1200 francs de revenu net; les alimens, suivant le Projet, ne pourront excéder 200 francs : cela est trop peu. Supposons d'autre part un père qui ait 6,000,000 de revenu net, comme cela se voyait autrefois dans les maisons des ci-devant princes; les alimens en ce cas ne pourront être moindres de 500,000 francs : c'est beaucoup trop. Quand il y a comme ici inconvénient de part et d'autre, il faut bien s'en tenir à l'arbitrage du juge, et aux règles générales qu'on lui a tracées.

Suivant l'article 67 : « L'enfant adultérin ou incestueux ne peut

» demander un supplément sur la succession de son père ou de sa » mère, toutes les fois que celui-ci lui *en* a assuré (il faut dire *lui a* » *assuré des alimens*) de son vivant, *quand même la quotité serait inférieure* » *au taux fixé par l'article précédent, ou lorsque le père ou la mère lui a fait* » *apprendre un art mécanique.* » On ne dit point, comme dans l'art. 58, relatif à un bâtard né de personnes libres, « toutes les fois que ce qu'il » a reçu n'est point inférieur *aux trois quarts* de la portion qui lui est » attribuée; » on dit d'une manière absolue, « quand même la quotité » en serait inférieure au taux fixé par l'article précédent; » ce qui rend cette fixation à-peu-près inutile, et peut réduire les alimens à très-peu de chose. L'autre modification, qui exclut la demande en supplément, *lorsque le père ou la mère lui a fait apprendre un art mécanique*, ne convient point à tous les états, et paraît contradictoire avec ce qui est statué dans les précédens articles. Il nous semble que celui-ci doit être supprimé.

En général les rédacteurs nous ont paru trop sévères pour les enfans naturels; et si leur projet était suivi, il y aurait à craindre que la législation en cette partie ne pût être accusée d'un excès de rigueur, après qu'on lui a justement reproché un excès de mollesse.

Peut-être conviendrait-il, à l'égard même des bâtards adultérins ou incestueux, d'autoriser les juges, sur la demande de l'enfant, après preuve suffisante de sa capacité et de sa bonne conduite, et aussi selon les moyens des héritiers, à obliger ceux-ci de racheter les alimens au taux qui serait fixé. Des alimens viagers ne conviennent qu'à un célibataire, et servent peu à s'établir; au lieu qu'avec un petit fonds, le malheureux enfant pourrait entreprendre quelque chose, et se rendre utile à la société. C'est une idée que l'on soumet aux rédacteurs.

L'article 70 porte « que le père ou la mère succèdent à leur enfant » naturel à l'exclusion de la République, lorsque celui-ci ne laisse » aucun enfant ou descendant issu en légitime mariage. » Cette disposition est très-équitable. Observez seulement que dans ce cas-ci, la loi ne fait point concourir les frères et sœurs du défunt avec le père ou la mère : preuve que ce concours n'a pas en lui-même de grands fondemens.

Les articles 71, 72 et 73, à défaut de père ou mère de l'enfant naturel, défèrent sa succession à ses frères et sœurs légitimes, et, à défaut de ceux-ci, à ses frères et sœurs naturels, même aux descendans

LIVRE III. des uns et des autres, toujours à l'exclusion de la République. On ne peut qu'approuver encore cette disposition bienfaisante : mais, puisqu'il s'agit d'une succession uniquement fondée sur le lien de la nature, il semble qu'on devrait en ce cas associer et faire concourir les frères et sœurs naturels avec les légitimes.

Par réciprocité, le bâtard et ses légitimes descendans devraient aussi succéder au père ou à la mère dudit bâtard, même à ses frères et sœurs légitimes, toujours à l'effet d'exclure le fisc.

On peut demander si l'intention des rédacteurs a été que cette espèce de succession introduite à l'égard du bâtard, primât celle accordée à l'époux survivant, dont il va être parlé, ou qu'elle ne vînt qu'après. Pour le premier sentiment, on excipera de l'ordre même observé dans le projet de Code, et de plus on invoquera les termes de l'article 75, qui ne défère la succession à l'époux survivant que *lorsque le défunt n'a laissé aucun PARENT;* ce qu'il faut entendre, dira-t-on, tant des *parens* naturels que des parens légitimes. Pour le second sentiment, on fera valoir le mot plusieurs fois répété dans les articles 70, 71 et 73, *à l'exclusion de la République :* il est clair, dira-t-on, que les parens naturels ne sont appelés que pour exclure la République, et non, conséquemment, pour exclure l'autre époux. Ce doute a besoin d'être levé. Nous croyons que l'époux survivant n'étant appelé qu'à défaut de toute parenté, les parens naturels devraient obtenir la préférence.

Suivant l'article 86 : « La donation, vente ou transport fait par l'un » des héritiers, *à tous ou à quelques-uns de ses cohéritiers*, emporte accep- » tation de la succession. » Rien de plus vrai; mais il faut en dire autant de la donation, vente ou transport fait à un étranger. Dans tous les cas la cession suppose une acceptation préalable; on ne cède pas ce qu'on n'a pas.

Art. 87. « Celui contre lequel un créancier de la succession a obtenu » jugement *contradictoire* passé en force de chose jugée, qui le condamne » comme héritier, est réputé avoir accepté la succession. » Mais le même article ajoute que « si le jugement passé en force de chose jugée » n'a été rendu que *par défaut*, la condamnation obtenue par un » créancier seul ne profite point aux autres. » On ne voit pas le fondement de cette différence. Au reste, dans la pureté des principes, un jugement qui condamne un particulier comme héritier, ne profite qu'à celui en faveur

faveur duquel il est rendu. Vis-à-vis des autres, il peut former un préjugé ; mais il n'a pas l'autorité de la chose jugée. LIVRE III.

L'article 107 est une répétition de l'article 75 du titre *des Tutelles*. Nous renvoyons à ce qui a été dit sur ce premier article.

Suivant l'article 120 : « Le bénéfice d'inventaire ne peut pas être » opposé à la République par l'héritier d'un comptable ; il faut qu'il » accepte ou qu'il renonce purement et simplement. » C'est une vieille maxime écrite dans l'article 16 de l'ordonnance de Roussillon de 1563. On lui donnait pour fondement, 1.° la *faveur* des deniers publics : mais cette faveur n'autorise point une injustice ; 2.° la *présomption* que le débiteur qui ne se trouve pas en état de payer, s'est mis dans cette impossibilité par des avantages secrets faits à ses héritiers, ou que ceux-ci ont détourné des effets à leur profit : la fraude ne se présume pas ; 3.° enfin que le bénéfice d'inventaire est une *grâce*, et que le souverain n'est jamais présumé en accorder contre ses intérêts : c'était-là la vraie raison ; on laisse aux rédacteurs à en apprécier maintenant l'importance. Il nous semble en général que ce n'est point par des priviléges exagérés qu'on peut mettre à couvert les intérêts de la République contre les comptables, mais par de bons cautionnemens, une surveillance active, et des diligences faites à propos pour assurer les recouvremens.

Art. 128. Il faut ajouter le mot *curateurs* à celui de *tuteurs*, qui ne convient point aux *absens*. . . . . . « Peut être exercée par leurs tuteurs » *ou curateurs.* »

L'article 133 donne aux créanciers le droit de faire apposer le scellé *en vertu d'un titre exécutoire, ou de la permission du juge.* Il faut dire, *en vertu d'un titre exécutoire*, ou autorisé *par la permission du juge.* Le *titre* est nécessaire dans tous les cas ; mais un titre sous seing privé non reconnu suffit, en y joignant la permission du juge, pour éviter les abus.

L'article 136 exige que les experts nommés pour l'estimation des immeubles à l'effet du partage, affirment leur rapport devant le juge commis. C'est une formalité absolument inutile. Ils ont dû, dans le principe, prêter serment de bien et fidèlement vaquer à leur commission : demander qu'ils affirment ensuite l'avoir bien remplie, c'est un double emploi ; c'est leur faire jurer qu'ils ne se sont point parjurés. Les sermens sont ce qu'il y a de plus respectable parmi les hommes ; ne les avilissons pas en les multipliant sans nécessité.

A l'art. 141, après les mots, *si mieux n'aiment les parties*, il convient

LIVRE III. d'ajouter le mot *majeures*.... *Si mieux n'aiment les parties* MAJEURES. La vente des biens de mineurs ne doit être faite qu'en justice.

Les articles 162, 163 et 164, méritent une grande attention. On tenait autrefois que les avantages même indirects étaient sujets à rapport, d'après le principe que la loi défend de faire indirectement, et par voie détournée, ce qu'elle ne permet pas de faire directement; et l'on regardait comme avantage indirect au profit du père, le don fait à son fils non successible, le père et le fils étant censés une seule personne. De même, et à plus forte raison, le fils, même venant de son chef à la succession du donateur, était obligé de rapporter le don fait à son père dont il avait accepté la succession, parce qu'il trouvait et recueillait dans cette succession le don fait à son père. Cette jurisprudence, qui avait son fondement dans les lois romaines, et avait paru nécessaire pour établir l'égalité, est entièrement renversée par les articles 162, 163 et 164.

Art. 162. « L'héritier n'est tenu de rapporter que le legs qui lui est » fait personnellement. »

Art. 163. « Le père ne rapporte point le don fait à son fils non » successible. »

Art. 164. « Le fils qui vient de son chef à la succession du dona- » teur, ne rapporte point le don fait à son père, soit qu'il ait accepté » la succession de celui-ci, soit qu'il y ait renoncé. »

Ainsi un père déjà comblé de biens dans sa propre personne, pourrait l'être encore dans la personne de son fils, sans que les dons faits à ce fils fussent sujets à rapport.

Le fils ne serait point obligé de rapporter un don immense fait à son père.

Nous croyons que de pareilles dispositions sont susceptibles de graves inconvéniens, et qu'elles mettent dans les familles un levain de haine et de jalousie qui en troublerait la paix.

Le projet de Code permet aux donateurs ou testateurs, en renfermant leurs dispositions dans les bornes prescrites, d'affranchir du rapport leurs donataires ou légataires. C'est tout ce que la loi peut faire. Elle doit d'ailleurs présumer dans celui qui dispose, un esprit d'égalité, à moins qu'il ne manifeste une intention différente; et conséquemment assujettir au rapport tout ce qui y est naturellement sujet. *Voyez* les art. 162 et 163 du titre *des Donations*.

Nous estimons qu'il faut s'en tenir aux anciens principes.

Si cette observation est accueillie, il faudra également changer l'article 170, qui n'est qu'une répétition de l'article 164.

Nous voudrions, toujours d'après les mêmes idées, que dans la distinction 4, *de ce qui est sujet à rapport*, on posât le principe que les avantages, même indirects, doivent être rapportés; et qu'on ajoutât, d'après la jurisprudence reçue, que l'enfant doit rapporter jusqu'aux sommes qui lui ont été prêtées par le père commun, quand même il en aurait constitué rente, et sans qu'il soit recevable à offrir de la continuer: le tout néanmoins sauf la disposition contraire du père de famille, dans le cas où la légitime des autres enfans ne serait point entamée.

L'article 217 est contraire au principe inviolablement reçu jusqu'à présent, et même consacré par l'article 213 du présent titre.

Voici ce que porte l'article 213 : « L'action en rescision est admise » contre tout acte qui a pour objet de faire cesser l'indivision entre » cohéritiers, *quelle que soit la qualification, de vente, d'échange, OU* » *AUTRE, qui ait été donnée à cet acte.* »

Et l'article 217 dispose ainsi : « L'action en rescision n'est point » admise contre le partage fait *à titre de transaction*, pourvu qu'il » existât, lors de l'acte, *des difficultés de nature à donner lieu à une contes*» *tation sérieuse.* »

Il est clair que le dernier article n'est qu'une limitation ou une exception du premier. Et, comme il n'y a rien de si facile que de donner à un partage le titre de *transaction*, qu'il se rencontre d'ailleurs peu de partages de quelque importance qui ne présentent *des difficultés de nature à occasionner une contestation sérieuse*, il en résulte que la plupart des partages, quelque iniques qu'ils fussent, seraient inattaquables.

L'art. 217 ajoute, il est vrai, que « si la transaction contenue en » l'acte de partage n'a porté *que sur une difficulté ou question particulière*, » le partage n'est irrévocable que quant à ce. » Mais, par la raison contraire, si la transaction a porté *sur plusieurs difficultés ou questions*, comme cela arrive presque toujours, et que les parties, relativement à ces objets de litige, aient fait des sacrifices réciproques, le partage sera irrévocable dans sa totalité, toutes les clauses de l'acte étant indivisibles.

Nous croyons qu'il faut s'en tenir aux idées reçues, et que les deux articles, rapprochés l'un de l'autre, doivent être ainsi rédigés :

LIVRE III. L'action en rescision est également admise contre tout acte qui a pour objet de faire cesser l'indivision entre cohéritiers, quelle que soit la qualification, de vente, d'échange, ou autre, *même de transaction*, qui ait été donnée à cet acte.

Mais si, après un partage fait, ou un acte qui en tient lieu, les parties *transigent* sur des difficultés que présentait ce premier acte, et qui étaient de nature à donner lieu à une contestation sérieuse, encore qu'il n'y ait point eu, à ce sujet, de procès commencé, le dernier acte ne peut pas être rescindé pour cause de lésion.

TITRE II.

Des Contrats, ou des Obligations conventionnelles en général.

La matière des contrats est, de toutes les parties du droit civil, celle où le législateur a moins à faire. Elle est restée presque toute entière dans les termes du droit naturel. Les rédacteurs du Code en ont recueilli les règles écrites dans les lois romaines, et dictées par la seule raison. On peut leur reprocher seulement de les avoir un peu trop multipliées. Il est des choses d'une telle évidence, qu'il semble inutile de les consigner par écrit et d'en faire un article de loi. Un travail de cette nature ne peut donner lieu qu'à un petit nombre d'observations.

Suivant l'article 9 : « La violence exercée contre celui qui a contracté l'obligation, l'annulle, *encore qu'elle ait été exercée par un tiers* » *autre que celui au profit duquel la convention a été faite.* »

Suivant l'article 14, relatif au dol, il faut, pour annuller la convention, « qu'il ait été pratiqué *par la partie même avec laquelle on a* » *contracté, ou qu'elle en ait été participante ; sauf* l'action en dommages » et intérêts contre le tiers qui l'aurait employé. »

Il semble que, dans ces deux cas, la décision devrait être la même. Que le consentement ait été forcé, ou bien surpris, extorqué par le dol, c'est toujours un consentement imparfait, et non un consentement absolu, spontané, réfléchi, tel en un mot qu'il doit être pour former un engagement.

Art. 22. Il est dit que les engagemens contractés par les mineurs, les interdits et les femmes mariées, ne peuvent être attaqués que par eux dans les cas prévus par la loi; qu'ils peuvent néanmoins en poursuivre l'exécution à leur profit, et ne peuvent répéter ce qu'ils ont payé en conséquence *après que la loi les a rétablis dans la pleine capacité de contracter.* Cette dernière phrase laisse une équivoque; on ne sait sur quoi elle tombe. Est-ce ce qui a été payé par les personnes indiquées depuis que la loi les a rendues capables de contracter, qu'elles ne peuvent répéter? ou ne peuvent-elles répéter, étant devenues maîtresses de leurs droits, ce qu'elles avaient payé auparavant? Ce dernier sens n'est assurément pas celui des rédacteurs. Un mineur qui s'est engagé en minorité, et a payé pendant sa minorité même, peut se faire restituer contre le paiement, de même que contre l'engagement qui en a été le principe. Il faut dire, pour écarter l'ambiguité, et au risque d'être un peu plus long: « Ne peuvent répéter ce qu'ils ont payé en conséquence, *si les » paiemens ont été faits* depuis que la loi les a rétablis dans la pleine » capacité de contracter. »

L'article 38 est important, parce qu'il tient à un système que se sont fait les rédacteurs sur la translation de propriété, qu'ils jugent indépendante de la tradition. Voici les termes de cet article: « Dès l'instant » que le propriétaire a contracté, par acte authentique, *l'obligation de » donner ou livrer un immeuble*, il en est exproprié; l'immeuble ne peut » plus être saisi sur lui par ses créanciers; l'aliénation qu'il en fait » postérieurement est nulle; et la tradition qu'il en aurait pu faire à un » second acquéreur, ne donne aucune préférence à celui-ci, lequel » est obligé de restituer l'immeuble à celui dont le titre est antérieur: » sauf le recours du second acquéreur contre le vendeur, ainsi qu'il » est dit au titre *du Contrat de vente.* »

L'article 39 ajoute: « Néanmoins, si la chose aliénée à deux per- » sonnes successives est purement mobiliaire, celui des deux acqué- » reurs qui en a été mis *en possession réelle*, est préféré, et en demeure » propriétaire, encore que son titre soit postérieur en date, pourvu » toutefois qu'il ait acquis de bonne-foi. »

Il faut joindre les articles 110 et 111 du titre *de la Vente*, ainsi conçus: « Dans le transport d'une créance, droit ou action sur un » tiers, la délivrance s'opère, entre le cédant et le cessionnaire, par la » remise du titre. » (Art. 110.)

« Cependant, jusqu'à ce que le cessionnaire ait signifié le transport » au débiteur, celui-ci peut valablement se libérer envers le cédant.

LIVRE III. » Mais la créance ne peut plus être saisie par les créanciers du cédant » qui a été exproprié par le fait de son consentement. » (Art. 111.)

Si l'on maintient le code hypothécaire actuel, comme nous comptons le proposer, la principale question que l'on a entendu résoudre par ces articles, celle relative à l'expropriation des immeubles, se trouve décidée; car le code hypothécaire déclare expressément que l'expropriation des immeubles ne s'opère que par la transcription du contrat sur le registre du conservateur des hypothèques, et non par le contrat même; en sorte que jusqu'à cet instant l'immeuble peut être vendu de nouveau, peut être grevé de nouvelles hypothèques à la charge du vendeur, peut être l'objet d'une instance d'expropriation poursuivie sur lui à la requête de ses créanciers; et cet avantage n'est pas un des moindres de ceux que présente le code hypothécaire.

Mais en supposant que ce code soit aboli, nous croyons que l'ancien principe sur l'expropriation des immeubles, puisé dans le droit romain et adopté par la jurisprudence, doit être conservé; c'est-à-dire que la propriété de l'immeuble passe d'une main à l'autre, non par le seul contrat d'aliénation et les différentes clauses qu'il contient, mais par la tradition réelle et la mise en possession du nouvel acquéreur.

Il ne s'agit pas de savoir comment s'opère l'expropriation vis-à-vis du vendeur lui-même; on convient que, par rapport à lui, il est exproprié par son seul fait et le consentement qu'il donne à l'entrée en jouissance de l'acquéreur; toute la difficulté roule vis-à-vis des tiers. Or, qui ne voit pas qu'à l'égard des tiers, l'expropriation ne peut s'opérer que par un fait extérieur et public, qui avertisse que la propriété a changé de main, et que ce n'est plus *Pierre* mais *Paul* qui est propriétaire! Ce fait ne peut consister que dans la dépossession.

Les rédacteurs ont été frappés de l'inconvénient possible d'une seconde vente faite à un acquéreur de bonne-foi. Mais comment n'ont-ils pas senti que, pour éviter ce danger, ils se jetaient dans un plus grand! Ce ne sera point, dans leur système, un premier acquéreur qui sera trompé. Mais le propriétaire mal-honnête qui voudra faire des dupes en vendant deux fois sa chose, commencera par concerter avec une personne affidée un traité de vente simulé, dont il assurera la date au moyen de l'enregistrement, ou par la présence d'un notaire; ensuite il revendra l'immeuble, le livrera, en touchera le prix; et alors il fera revendiquer l'immeuble par son complice, contre lequel le second acquéreur n'aura pas même de recours hypothécaire pour ses dommages et intérêts, attendu la postériorité de son contrat. LIVRE III.

S'il est vrai que de deux maux il faille choisir le moindre, nulle comparaison des inconvéniens du système actuel avec ceux du système projeté. On ne paye ordinairement qu'après l'entrée en jouissance : *ainsi*, l'acquéreur auquel on ne livre pas, et qui se trouve définitivement évincé par une nouvelle vente suivie de tradition, garde son argent; il peut perdre seulement le bénéfice d'un bon marché : c'est un objet de dommages et intérêts, pour lequel encore il aura une hypothèque assurée contre le second acquéreur, si son acte est authentique. Voilà ce qui se passe dans le système actuel, où nous tenons pour principe que la tradition seule exproprie : au lieu que, dans le système proposé, un acquéreur de bonne-foi étant mis en possession, paiera, puis sera évincé ; en sorte qu'il perdra la chose et le prix, sans pouvoir même former aucune demande utile en dommages et intérêts, attendu *la priorité d'hypothèque* du premier acquéreur.

La nécessité d'une tradition réelle et de fait est le seul moyen qui remédie à tout : les rédacteurs l'ont senti par rapport aux meubles; pourquoi ont-ils suivi d'autres vues relativement aux immeubles ?

A l'égard des dettes actives, on ne conçoit pas comment les rédacteurs ont fait dépendre l'expropriation, de la seule remise du titre, qui d'ailleurs n'est pas toujours sous la main du vendeur, au lieu de l'attacher, avec la coutume de Paris, qui forme en cette partie le droit commun, à la signification du transport ou à son acceptation, comme à la mise en possession de l'acquéreur, la moins suspecte et la moins équivoque que comporte la matière.

Nous croyons qu'il ne faut point innover dans tout cela, et qu'on doit s'en tenir aux anciens principes.

Art. 51. Aux exemples indiqués de revenus formant des capitaux qui peuvent produire intérêt, il faut ajouter les arrérages de douaire, rentes viagères, rentes foncières ou constituées pour le prix d'un fonds, intérêts de dot et de légitime, intérêts du prix d'un immeuble, et autres semblables, dont il faut éviter de limiter le nombre, parce qu'il n'est guère possible d'en faire une énumération complète.

Il faut observer aussi que les sommes économisées sur les revenus d'un mineur, et qui excèdent la quotité fixée pour sa dépense,

LIVRE III. produisent des intérêts de droit à la charge du tuteur, à partir du jour où il a dû en faire emploi.

Art. 128. Parmi les différentes manières dont s'éteignent les obligations, on classe,

La cession de biens : celle-ci n'est qu'un mode particulier d'éteindre une certaine espèce d'obligation, savoir, la contrainte par corps; et elle doit être renvoyée au titre *de la Contrainte par corps;*

La demande en nullité : elle a pour objet, non d'éteindre l'obligation, mais de prouver qu'elle n'existe pas; elle doit aussi faire un article à part;

La prescription, qui est, dit-on, aussi un moyen d'acquérir, et qui forme la matière du dernier titre du Code. Mais les deux prescriptions, l'une à l'effet d'acquérir, l'autre à l'effet de libérer, n'ont, comme l'observent les jurisconsultes, rien de commun que le nom. L'une vient à la suite du traité des choses, et parmi les moyens d'acquérir; l'autre fait partie du traité des obligations.

Art. 151. On marque pour septième condition des offres, nécessaire pour les rendre valables, qu'elles soient faites « par un officier » ministériel ayant caractère pour ces sortes d'actes, *et étant dans* » *l'usage de les faire* ». On aurait pu désigner par son nom cet officier ministériel ayant pouvoir de faire des offres, qui n'est autre qu'un huissier. Mais qu'a-t-on voulu dire par ces mots ajoutés, *et étant dans l'usage de les faire!* De deux choses l'une : ou l'officier a véritablement caractère pour faire des offres, et il les fait validement, encore qu'il ne fût peut-être pas *dans l'usage de les faire;* ou il est *dans l'usage de les faire,* sans avoir caractère pour cela, et en ce cas on peut contester la validité des offres. Ces mots doivent être retranchés.

Art. 152. On décide avec raison qu'il n'est pas nécessaire pour la validité de la consignation, qu'elle ait été autorisée par le juge, pourvu qu'elle soit faite *au dépôt indiqué par la loi pour recevoir les consignations.* On pourrait, ce semble, ajouter que si le dépôt est fait ailleurs, chez un notaire par exemple, la somme déposée demeure aux risques du déposant; mais que néanmoins le dépôt fait cesser les intérêts.

Il est dit, article 170, que « la simple remise de la grosse du » titre ne suffit pas pour faire présumer la remise de la dette ou le » paiement. » Il faudrait à cet article ajouter quelques mots, ceux-ci par

par exemple, *à moins que d'autres circonstances ne concourent.* La remise de la grosse forme par elle-même une présomption violente de l'extinction du titre, quoique non une présomption complète, parce que la minute, qui demeure chez le notaire, et qui n'est point quittancée, réclame en faveur du créancier.

Les articles 193 et 194 distinguent entre l'action tendant à faire déclarer nul un contrat, et l'action en restitution. La première dure trente ans, excepté dans les cas où la loi restreint cette action à un terme moindre ; la seconde ne dure que dix ans ; et l'on ajoute, article 195, que l'erreur, la violence et le dol ne donnent lieu qu'à une simple action en restitution....... Nous croyons qu'il y a ici confusion d'idées. L'erreur, le dol et la violence donnent lieu véritablement à une action en nullité, et non à une simple action en restitution, parce qu'ils annullent le consentement, qui fait l'essence du contrat. C'est ainsi que les auteurs eux-mêmes s'en sont expliqués précédemment dans ce titre, art. 7 et suivans jusqu'au 14.e *Il n'y a* proprement que la lésion qui donne ouverture à la rescision ou restitution en entier, soit au profit du mineur, soit au profit du majeur, dans les cas indiqués par la loi. Au reste, il nous semble que c'est accorder un temps beaucoup trop long, que de donner trente ans pour exercer l'action en nullité, et dix ans pour celle en restitution. Dix ans suffiraient bien pour la première, et quatre pour la seconde, suivant la Constitution de *Justinien* ; ces deux termes pourraient même encore être abrégés.

L'article 207 serait mieux rédigé ainsi qu'il suit :

La preuve littérale résulte ou d'un acte authentique, ou d'un acte sous signature privée ; l'acte est représenté en original ou en copie.

L'article, tel qu'il existe dans le Projet, suppose que la preuve est *complète*, quoique moins complète lorsque l'acte est représenté en *simple* copie.

L'article 216 mérite une grande attention : il est calqué sur la déclaration de 1733; loi fort sage, mais dont la mauvaise foi peut abuser. Combien de fois n'est-il pas arrivé que le souscripteur d'un billet, quoique instruit dans les affaires, ait omis, par négligence ou

LIVRE III. précpitation, de mettre au bas le *bon pour*, ou de l'écrire en toutes lettres, et non en chiffres, ou d'approuver la somme, au lieu de se contenter d'approuver l'écriture : combien d'autres, sur-tout parmi les femmes et les gens du peuple, ignorent absolument la nécessité de ce *bon pour*. Celui qui la connaît, pourra même omettre cette formalité tout exprès, à dessein de tromper, en recevant l'argent d'un homme auquel il donnerait en échange un billet nul. Il est nécessaire d'obvier à tous ces inconvéniens. La loi doit être conservée; mais il faut y joindre des modifications qui en empêchent l'abus.

L'article excepte le cas où l'acte émane de marchands, artisans, &c. Nous proposons de substituer au mot *marchands*, celui de *négocians* ou *commerçans*, qui est plus général; autrement un banquier, par exemple, ne pourrait pas signer un billet, sans une approbation en toutes lettres de la somme y contenue. La déclaration de 1733 emploie le mot *marchands ;* mais elle y joint celui de *banquiers*, et plusieurs autres qu'il faut rappeler par un terme générique, si l'on veut éviter la longue nomenclature que présente la déclaration.

En second lieu, cette déclaration exige que celui qui refusera de payer le contenu aux billets ou promesses non revêtus du *bon pour*, soit tenu d'affirmer qu'il n'en a point reçu la valeur; et qu'à l'égard de ses héritiers et représentans, ils soient tenus d'affirmer qu'ils n'ont aucune connaissance que lesdits billets ou promesses soient dus. Le Projet omet cette disposition, qui est de toute justice; nous croyons qu'elle doit être rétablie.

En troisième lieu, il faut ajouter que, toutes les fois qu'il apparaîtra ou par l'interrogatoire du défendeur prêté sur faits et articles, ou par des écrits émanés de lui, ou même par les circonstances de l'affaire, que la somme demandée est véritablement due, l'acte sous seing privé sera valable, nonobstant l'omission du *bon pour*.

Avec ces précautions, la loi sera utile; autrement il est à craindre qu'elle ne serve bien plus à protéger qu'à déjouer la mauvaise foi.

Art. 227. A la place du n.° 3, nous proposons de substituer les mots qui suivent, empruntés de *Pothier :*

Que le donataire fasse preuve de la donation par des témoins qui aient été présens à l'acte quand il a été fait, ou qui aient entendu le donateur en convenir.

Il peut ne pas y avoir de témoins instrumentaires, ou ces témoins peuvent être morts ou absens; dans tous ces cas, il ne faut point ôter au donataire les moyens de faire la preuve testimoniale que l'on autorise.

L'article 232 exige qu'il soit passé acte par-devant notaires, ou sous signature privée, de toutes choses excédant la somme ou valeur de *150 fr.* L'ordonnance de Moulins et celle de 1667 disaient *100 livres.* Sur quoi l'on observera que ce n'est pas trop la peine de changer. On pourra même ajouter que, si l'on suit la progression du marc d'argent depuis 1566, époque de l'ordonnance de Moulins, ce ne sera point 150 francs mais 300 francs et plus qu'il faudra substituer à la somme de 100 fr. Sur cette quotité nous nous en rapporterons volontiers aux rédacteurs.

La définition du commencement de preuve par écrit consignée dans l'article 237, paraît beaucoup trop vague : « Tout acte. . . . qui *tend* » à prouver la *vraisemblance* du fait allégué. » Nous préférons la définition ordinaire, donnée par les jurisconsultes : « Tout acte contenant la » preuve d'un fait qui sert d'acheminement à la convention, ou qui fait » partie de la convention, ou en est une suite. »

L'article 244 est ainsi conçu : « *Nulle preuve n'est admise contre la* » *présomption de la loi*, sauf ce qui sera dit sur l'affirmation et la con- » fession judiciaire. »

Cette décision renverse absolument les idées, ou au moins le langage reçu jusqu'à présent en matière de présomptions.

On a toujours distingué dans notre droit, comme dans le droit romain, et dans toutes les législations connues, deux sortes de présomptions de la loi :

L'une appelée *præsumptio juris et de jure*, qui n'admet point la preuve contraire ;

L'autre qu'on nomme simplement *présomption légale ou présomption de droit [præsumptio juris]*, qui tient le fait pour constant, mais seulement tant que la preuve contraire n'est pas rapportée, et qui n'exclut pas cette preuve.

Du premier genre sont les prescriptions ordinaires de dix et vingt ans, et de 30 ans, la confession judiciaire, et l'autorité de la chose jugée.

Les actes que la loi déclare nuls d'après leur seule qualité, et indépendamment de toutes circonstances, comme présumés faits en fraude de ses dispositions, doivent encore être mis dans cette classe. Tels sont les cessions et transports faits par le débiteur failli, dix jours avant sa faillite, que la loi annulle comme les présumant faits en fraude de la disposition qui défend à un failli de favoriser quelqu'un de ses créanciers au préjudice des autres.

Les présomptions de la seconde espèce, qui n'excluent point la preuve contraire, sont en très-grand nombre, et se trouvent par-tout; le projet de Code, comme tous les livres de jurisprudence, nous en présente une foule d'exemples.

Ainsi, au titre *du Contrat de mariage*, art. 11, il est dit: « A défaut de » *convention* entre époux, il y a *communauté* de biens. » Voilà une *communauté* présumée; mais la présomption cesse par le fait de la convention contraire.

L'article 12 du titre *des Servitudes*, porte que « dans les villes, » bourgs, villages et hameaux, tout mur servant de séparation entre » bâtimens, cours et jardins, et même entre enclos dans les champs, » *est présumé mitoyen;* » mais il ajoute, « *s'il n'y a titre ou marque du* » *contraire;* » et l'art. 13 indique ces *marques*.

L'existence du billet entre les mains du débiteur, fait présumer que la dette a été remise ou acquittée: mais le créancier est admis à prouver le contraire, par exemple, que le billet lui a été volé. « La présomption » n'est acquise, dit le projet de Code, art. 168 *des Obligations*, que » lorsque le créancier *remet volontairement* le titre à son débiteur. »

Suivant l'article 49 *de la Prescription*, « la bonne foi est toujours » *présumée*, et c'est à celui qui allègue la mauvaise foi à la *prouver*. »

Il résulte de ces exemples, que l'on pourrait multiplier à l'infini, qu'on s'est exprimé peu exactement dans l'art. 244, quand on a dit en termes absolus : *Nulle preuve n'est admise contre la présomption de la loi.*

Ce qui a déterminé les rédacteurs à parler ainsi, c'est, à ce qu'il paraît, une crainte qu'ils ont manifestée dans un autre article de leur projet, et qui n'est pas sans fondement. Souvent il est arrivé que, la loi annullant certains actes sur une présomption générale de fraude, les juges se sont permis d'examiner si, dans un cas particulier, l'acte n'était pas sincère, fait de bonne-foi, et qu'ils l'ont validé, malgré la disposition de la loi, lorsqu'ils ont cru apercevoir cette preuve. Il existe plusieurs arrêts de cette nature, qui ont légitimé des ventes et transports faits dans les dix jours avant la banqueroute. Voilà ce que les rédacteurs ont voulu proscrire; et ils s'en sont clairement expliqués dans l'article 9 du titre V du livre préliminaire, qui porte : « Lorsque, par

» la crainte de quelque fraude, la loi déclare nuls certains actes, ses » dispositions ne peuvent être éludées sur le fondement que l'on aurait » rapporté la preuve que ces actes ne sont pas frauduleux. »

Rien de plus sage que cette disposition ; mais il est aisé d'en maintenir l'esprit, sans se jeter dans une autre qui conduirait à l'excès opposé. Nous proposons de rédiger l'article ainsi qu'il suit :

Nulle preuve n'est admise contre la présomption de la loi, lorsque, sur le fondement de cette présomption, elle annulle certains actes, ou dénie l'action en justice ; à moins qu'elle-même n'ait réservé la preuve contraire.

Suivant l'art. 245 : « Les présomptions qui ne sont point établies » par la loi, sont abandonnées aux lumières et à la prudence du » magistrat, qui ne doit les admettre qu'avec la plus grande circonspection ; il ne doit admettre que des présomptions *graves, pré-» cises, claires et uniformes, et dans le cas seulement où la loi admet la » preuve testimoniale ; à moins que l'acte ne soit imprégné de fraude ou » de dol.* »

Il y a, relativement à ces présomptions non établies par un texte de loi, que les jurisconsultes ont appelées *présomptions simples*, deux cas à distinguer. Quelquefois une seule présomption, quoique non autorisée par la loi, est assez forte pour établir le fait contesté, sauf la preuve contraire. On cite pour exemple le cas d'un avoué qui a occupé sur une demande, soit en demandant ou en défendant, et qui a entre les mains l'original ou la copie de l'exploit : cette pièce toute seule forme en sa faveur une présomption qui équipolle à une preuve du mandat, et empêche le désaveu. D'autres fois, et c'est ce qui arrive plus ordinairement, il faut un certain concours de présomptions pour suppléer à la preuve. C'est ce que les rédacteurs n'ont pas assez démêlé. Mais de plus, ils ajoutent « que les présomptions ne doivent être admises » que *dans le cas seulement où la loi admet la preuve testimoniale* ; à moins, » disent-ils encore, que l'acte ne soit *imprégné* (peut-être faut-il lire » *impugné*) de fraude ou de dol. »

On ne voit pas quel pourrait être le fondement de cette restriction. La présomption, tenant lieu de la preuve, doit être admise en toute matière, dans celle qui exclut la preuve testimoniale comme dans

LIVRE III. celle qui en est susceptible. On croit que la fin de l'article serait mieux rédigé en ces termes :

Il ne doit admettre que des présomptions graves, décisives, ou qui par leur réunion doivent entraîner un esprit raisonnable.

Art. 248. « La confession judiciaire est l'aveu qu'une partie fait, » devant le juge, d'un fait sur lequel elle a été interrogée, et dont » il a donné l'acte ; ou les aveux faits dans des actes de procédure » signifiés. » Ces mots, *dont il a donné l'acte*, sont superflus.

Suivant l'article 250 : « La confession *ne peut être divisée* contre » celui qui l'a faite. » Il faut ajouter, lorsqu'elle ne présente dans » toutes ses parties que des choses également vraisemblables, ou du » moins également possibles. Mais, si l'une des deux était absurde, ou » prouvée fausse, ou infectée de quelque mensonge qui donnât lieu » d'en suspecter la vérité, alors la confession se diviserait ; et le juge, » suivant les circonstances, pourrait ou adjuger les conclusions au » demandeur, ou lui déférer le serment. »

TITRE III.

Des Engagemens qui se forment sans convention, ou des Quasi-contrats ou Quasi-délits.

Art. 17. « S'il est jeté sur un passant, de l'eau ou quelque chose » qui produise un dommage, d'une maison habitée par plusieurs per- » sonnes, c'est celui seul qui habite l'appartement d'où l'on a jeté » qui est tenu du dommage. Si l'on a vu celui qui a jeté, il en est » seul tenu ; si on l'ignore, *tous* sont solidairement responsables. » Il faut dire, *tous ceux qui habitent la maison ou l'appartement d'où l'on a jeté.* C'est, à n'en pas douter, ce qu'ont voulu dire les rédacteurs.

TITRE IV.

De la Contrainte par corps.

L'article 1.er détermine les cas où la contrainte par corps a lieu en matière civile ; et voici le troisième : « Ceux qui, quinzaine après la » signification d'un jugement rendu *au pétitoire*, par lequel ils ont été

» condamnés à délaisser la possession d'un fonds, refusent d'y obéir; » lesquels, audit cas, peuvent être condamnés par un nouveau juge- » ment, et par corps, à la restitution du fonds *et des fruits*, ainsi qu'au » paiement des dommages et intérêts. »

Deux observations sur cet article.

Premièrement, il faut rendre sa disposition plus générale. L'article ne parle que des jugemens rendus *au pétitoire;* il convient de l'étendre à tous jugemens qui ont condamné à délaisser la possession d'un fonds, autres que ceux rendus en matière de réintégrande, qui font l'objet du précédent alinéa. Un plaideur condamné à délaisser un héritage sur une complainte, ou par un jugement de recréance, n'est pas plus excusable que celui qui est condamné *au pétitoire;* quelquefois beaucoup moins, lorsqu'on a à lui reprocher des voies de fait. La contrainte ou le moyen d'exécution doit donc être le même. . . . . Cette omission se rencontre aussi dans l'article correspondant de l'ordonnance de 1667, titre XXVII, article 3. Sur quoi *Jousse* prétend qu'il y a été pourvu au titre *des Complaintes* de la même ordonnance, article 7, et en celui *des Matières sommaires*, article 15. Mais il se trompe; ces deux articles n'en disent pas le mot : il paraît que ç'a été un oubli du législateur.

Deuxièmement, l'article veut que le condamné puisse être contraint par corps à la restitution non-seulement du fonds, mais *des fruits*. En cela il ajoute à l'ordonnance; et cette addition ne paraît pas raisonnable, à moins qu'on ne veuille parler des fruits perçus depuis l'échéance de la quinzaine qui a suivi la signification du jugement. Mais ceux-là peuvent être compris sous les dommages et intérêts. . . . . Ce cas est bien différent de celui de la réintégrande, où le spoliateur, convaincu d'un véritable délit, est condamné par corps, et par le premier jugement, sans qu'il soit besoin de mise en demeure, à la restitution des jouissances aussi-bien qu'à celle du fonds.

Art. 4. Au cas du stellionat, pour lequel la contrainte est maintenue contre les septuagénaires, les femmes mariées et les filles, il conviendrait d'ajouter celui du *dépôt nécessaire*.

L'article 8 a un air de dureté qui fait desirer qu'on le retranche du Code civil. Cette dureté n'est qu'apparente; car puisque la contrainte par corps suppose nécessairement un titre, que ce titre, suivant l'article 7, doit même être sanctionné par jugement, et qu'enfin toute

LIVRE III. condamnation fondée en titre est exécutoire par provision en donnant caution, il est clair que l'article 8 n'est que l'application de la règle générale. Néanmoins il introduit un droit nouveau, en ce qu'il porte que les jugemens rendus seront exécutés non-seulement au préjudice de l'appel, mais même au préjudice de l'opposition, lorsqu'ils sont par défaut; espèce de privilége qui jusqu'à présent n'avait appartenu qu'aux jugemens rendus par les tribunaux de commerce. Peut-être, dans la rédaction du code de la procédure civile, se propose-t-on de rendre cette disposition commune à toutes les espèces de jugemens: mais cette loi n'est pas faite; et il ne paraît guère convenable de commencer son établissement par une des matières qui s'y refuse le plus, celle où il s'agit de la liberté des hommes. Ainsi, soit par cette raison, soit à cause de l'inutilité quant au cas d'appel, nous estimons que l'article doit être supprimé.

TITRE V.

Du Cautionnement.

Point d'observations sur ce titre.

TITRE VI.

Des Priviléges et Hypothèques.

TITRE VII.

Des Lettres de ratification.

TITRE VIII.

De la Saisie réelle et de la Vente forcée.

Nous réunissons ces trois titres à cause de leur analogie. Ils présentent un grand procès à juger entre l'ancien et le nouveau code hypothécaire. Les rédacteurs se sont déclarés pour le premier: nous votons pour le second; et cette préférence nous paraît facile à établir.

Nous commençons par avouer que nous avons été peinés autant que surpris, de voir que des lois aussi importantes que celles du 11 brumaire an 7, faites avec tant de maturité, délibérées avec tant d'éclat dans les deux conseils qui existaient alors, et définitivement adoptées après les trois lectures; proclamées ensuite, et mises à exécution, après plusieurs prorogations successives, occasionnées par les obstacles qu'a dû rencontrer

rencontrer une innovation de ce genre ; enfin établies par-tout, individuellement exécutées dans tous les départemens de la République par l'universalité des citoyens dont elles intéressaient les fortunes ; de voir, disons-nous, que ces lois à peine en activité, on en provoque la suppression, pour remettre à la place l'édit de 1771 et les lettres de ratification, et même les saisies réelles. LIVRE III.

Si ce changement était nécessaire, si l'expérience qui, sur ce point, n'a pas été longue, en attestait l'indispensable besoin, il faudrait bien s'y soumettre. Un tel changement serait néanmoins fâcheux, en ce qu'il manifesterait quelque irréflexion dans les gouvernans, et dans les lois une versatilité qui n'est pas propre à leur concilier le respect. Tout cède, au surplus, à la nécessité : mais où est-elle dans le cas présent ! et quels sont ceux qu'on a entendus se plaindre de la législation du 11 brumaire ! .... des emprunteurs fripons, à qui la publicité des hypothèques et la rapidité de l'expropriation du débiteur infidèle, ne permettaient plus de faire des dupes.

Ce ne sont point ces gens-là pour qui les rédacteurs du Code civil ont travaillé, et dont ils aient voulu ménager les intérêts. Leurs motifs, à eux, nous sont présentés dans le discours préliminaire : et qu'y aperçoit-on ? à la suite de quelques vérités générales, qu'on ne leur conteste pas et qui ne décident rien, on lit ces mots :

« Sans doute, il ne faut pas que les hommes puissent se tromper » mutuellement en traitant ensemble ; mais il faut laisser *quelque* » *latitude à la confiance et à la bonne-foi.* Des formes inquiétantes et » indiscrètes *perdent le crédit*, sans éteindre les fraudes; elles accablent » sans protéger. Nous nous sommes effectivement convaincus, ajou- » tent les rédacteurs, que nos dernières lois sur cette matière (des » hypothèques) ne pouvaient contribuer qu'*à paralyser toutes les* » *affaires de la société*, à fatiguer toutes les parties intéressées, par des » *procédures ruineuses* ; et qu'avec le but apparent de conserver l'hypo- » thèque, elles n'étaient propres qu'à la compromettre. Nous avons » cru, continuent-ils, devoir revenir à un régime moins soupçonneux » et plus modéré. »

Suit une digression sur la *fiscalité*, à laquelle on attribue l'origine du code hypothécaire, ainsi que des lois du contrôle ou de l'enregistrement, dont néanmoins on reconnaît l'*utilité.*

LIVRE III. Ce sont-là les raisons qui ont déterminé les rédacteurs à proposer l'abrogation du code hypothécaire : sont-elles fondées ?

« Il faut, dit-on, laisser *quelque latitude à la confiance et à la bonne-» foi ;* » et qui en doute ! Mais n'a-t-on pas d'abord observé « qu'il » ne faut pas que les hommes puissent se tromper mutuellement en » traitant ensemble ! » Or, le moyen d'empêcher qu'ils ne se trompent, même en s'entourant de toutes les précautions autorisées par l'édit de 1771 ! Le propriétaire d'un immeuble peut, malgré l'édit de 1771, le vendre deux fois, et tromper ainsi l'un ou l'autre des acquéreurs. C'est une fraude que les rédacteurs du Code civil n'ont point empêchée, qu'ils ont plutôt favorisée contre leur intention, et que le code hypothécaire prévient efficacement : nous avons déjà eu occasion de le remarquer. S'agit-il d'emprunt ! quelles seront, sous le régime de 1771, les sûretés du prêteur ! Il se procurera, on le suppose, un certificat de non-oppositions, ou un extrait des oppositions subsistantes : mais, en premier lieu, les oppositions ne disent pas quelles en sont les causes ; et quand on parviendrait à les connaître, qui assurera que le capital qui en fait l'objet, n'est pas doublé, triplé peut-être par les accessoires, c'est-à-dire, par les intérêts accumulés, frais et mises d'exécution ! En second lieu, même à supposer qu'il n'existe point d'oppositions, ou qu'il n'y en ait que pour telle somme, qui garantira au prêteur que, dans la suite, il n'en surviendra pas dont les hypothèques, prenant leur rang du jour des contrats ou des jugemens antérieurs d'où elles procèdent, primeront celle du nouveau créancier, et absorberont à son détriment la totalité du gage ! La généralité des hypothèques était encore un inconvenient de l'ancien régime. Un propriétaire de plusieurs immeubles, si peu qu'il dût, n'en pouvait présenter aucun comme franc et libre ; et la valeur du gage offert à un nouveau créancier était nécessairement dépréciée, à raison de la possibilité d'un concours qui multipliait les frais de discussion et les objets de surveillance. Enfin la difficulté de réaliser le droit d'hypothèque par la voie du décret et de l'ordre, en diminuait également le prix. Ce ne sont point là des chimères, mais des vérités sensibles et palpables.

« Des formes inquiétantes et indiscrètes, *perdent*, dit-on, *le crédit ;* » elles *paralysent toutes les affaires de la société.* » Quel est l'honnête homme, ne cherchant point à tromper, mais à traiter de bonne-foi avec ses concitoyens, qui se plaindra ou qui se soit plaint que les lois du 11 brumaire an 7 lui aient fait *perdre son crédit!* Et qui ne voit, au contraire, que ces lois, par la publicité et les autres précautions qu'elles établissent, portent le *crédit* de l'emprunteur honnête au plus haut point possible! Qui a remarqué que ces lois, depuis qu'elles sont en vigueur, aient *paralysé toutes les affaires de la société!* à moins qu'on ne veuille parler des *mauvaises affaires.* LIVRE III.

« Elles fatiguent les parties intéressées, par des *procédures ruineuses.* » C'est une chose étrange, que l'on accuse le code hypothécaire d'avoir établi des *procédures ruineuses;* tandis qu'au contraire beaucoup de gens lui reprochent de dépouiller trop vîte le débiteur, qui peut se trouver exproprié en moins de deux mois. Comment, en moins de deux mois, pourrait-on construire des *procédures ruineuses!* Il faudrait mettre quelque accord dans les griefs. Mais au surplus, qu'on consulte la loi; et l'on verra que les procédures qu'elle introduit ne sont point *ruineuses*, mais constamment les moins frayeuses, comme les plus expéditives; ce dont conviennent toutes les personnes de bonne-foi.

Reste le reproche de *fiscalité.* Nous sommes obligés de convenir qu'il n'est pas sans fondement. Ce n'est pas la première fois que le tribunal d'appel a mis sous les yeux du Gouvernement le danger de l'union de la fiscalité avec les lois civiles, lorsque les droits sont portés à un certain excès; et le Gouvernement est trop sage pour n'avoir pas reconnu la justice de ces plaintes. Les besoins de l'État ne lui ont pas permis d'y déférer jusqu'à présent, comme il l'aurait voulu; espérons que la paix le mettra bientôt à portée de suivre les mouvemens de sa bienfaisance. En attendant, il est injuste de dire que l'origine des lois relatives à la conservation des hypothèques, *est* TOUTE *fiscale;* et l'on a peine à concevoir que l'on conteste leur *utilité* réelle, après avoir reconnu celle de l'enregistrement.

Nous sommes convaincus que les lois du 11 brumaire an 7 sont dans le nombre de ces *bonnes lois* dont les rédacteurs ont dit quelque part que l'histoire en offre à peine deux ou trois dans l'espace de plusieurs siècles. Sans doute, elles sont susceptibles d'améliorations, comme tout ce qui est sorti de la main des hommes; l'expérience ne manquera pas d'en indiquer. La loi, par exemple, qui exige que le montant des créances dont on requiert l'inscription soit déterminé, mais qui excepte de cette règle les hypothèques légales, pour lesquelles elle autorise une

LIVRE III. inscription *indéfinie*; la loi aurait pu fixer un taux au-delà duquel cette dernière *inscription* elle-même ne pourrait pas s'étendre, à l'égard des *comptables*, tuteurs et autres administrateurs, le tout suivant la nature de leur administration, ainsi qu'il est statué par les différentes lois relatives aux cautionnemens. On aurait pu dire aussi, en ce qui concerne les femmes mariées, qu'elles ne pourraient requérir l'inscription, quant aux droits résultant de leur contrat de mariage, que pour la dot, douaire, et avantages y stipulés; mais qu'à l'égard de l'action en remploi de leurs biens immeubles qui seraient aliénés pendant le mariage, ou de l'indemnité des obligations auxquelles elles auraient concouru, l'inscription ne pourrait être requise qu'après les aliénations ou les obligations, desquelles seulement naît l'hypothèque, suivant une jurisprudence que nous croyons préférable. Nous indiquons ces exemples; on peut en présenter d'autres. Mais, en dernière analyse, les deux lois du 11 brumaire an 7, concernant les hypothèques et les expropriations forcées, sont d'excellentes lois, et, selon nous, bien supérieures à l'édit de 1771, ainsi qu'à l'édit des criées de 1551.

Après nous être ainsi expliqués sur le fond, il nous reste peu de chose à dire sur les accessoires; nous n'avons à nous occuper que de ceux qui sont indépendans de la question principale.

L'article 8 contient le détail des privilèges sur le mobilier. On y place au troisième rang, « les loyers et fermages des immeubles sur » le prix de tout ce qui garnit la maison louée ou la ferme, et de » tout ce qui sert à l'exploitation de la ferme; savoir, *pour tout ce qui* » *est échu et pour le terme courant*, si les baux sont authentiques; et à » défaut de baux authentiques, ou lorsqu'étant sous signature privée » ils n'ont pas de date certaine, pour une année seulement, y compris » le terme courant. »

Il faut ajouter, dans le premier cas, aux termes échus et au terme courant, tous les loyers à échoir jusqu'à la fin du bail; sauf aux créanciers à faire leur profit de la maison ou ferme louée, et à la relouer pendant le restant du bail, si bon leur semble. C'est l'usage observé invariablement à Paris, suivant un acte de notoriété du ci-devant Châtelet, du 24 mars 1702, qui est fondé en raison : car les meubles sont la sûreté de tous les loyers à percevoir en vertu du bail, tant passés que futurs.

Il est même à observer que le propriétaire a un double droit relativement au mobilier qui fait son gage. Il peut former simplement opposition à la saisie, pour être payé sur le prix comme tous les créanciers ; et alors il vient dans l'ordre que le projet lui attribue : ou bien il peut s'opposer purement et simplement *à la sortie des meubles*, jusqu'à ce qu'il soit payé ; et alors sa créance passe avant tout, même avant les frais de justice, dont il ne retire aucun profit : on ne fait d'exception qu'à l'égard des frais funéraires.

Le propriétaire peut aussi, comme l'observent les rédacteurs, suivre les meubles qui garnissaient sa maison ou sa ferme, lorsqu'ils ont été déplacés sans son consentement, pourvu que la revendication se fasse dans un temps bref, que l'article limite à *dix jours*. On distinguait à cet égard entre les maisons et les fermes. L'usage, dit *Pothier* (sur Orléans, Intr. au tit. XIX, n.° 49), a limité ce temps à huit jours pour les maisons de ville, et à quarante jours pour les métairies ; ce qui est fondé probablement sur ce que les biens ruraux demandent une plus grande surveillance, et sont bien moins sous les yeux du maître : d'où est venue aussi la faculté d'assujettir les fermiers à la contrainte par corps. On pourrait laisser pour les maisons le délai de dix jours, et accorder un mois pour les biens de campagne.

Le n.° 5 du même article conserve au vendeur le droit de revendiquer la marchandise vendue sans terme, pourvu, y est-il dit, que la revendication soit faite dans la *huitaine* de la livraison. Tout-à-l'heure on parlait de *décade*, ici de *huitaine* comme autrefois. Il faut de l'uniformité ; par-tout *huitaine* ou *décade*.

Ce numéro exige aussi que les effets revendiqués « se trouvent dans » le même état dans lequel la livraison a été faite ; » c'est-à-dire, apparemment, comme l'ont prétendu certains commentateurs de la coutume de Paris, qu'il faut, si ce sont des marchandises de mercerie, épicerie, &c. qu'elles soient trouvées sous balle et sous corde, sans quoi point de privilége, quand même les marchandises seraient encore entières ; que si c'est du vin, de l'eau-de-vie ou de l'huile en tonneaux, le privilége est de même perdu si les tonneaux sont mis en perce, quoiqu'il n'en ait rien été tiré ; que si ce sont des étoffes, il faut que les pièces soient trouvées entières, avec cap et queue. Tout cela est visiblement excessif, et n'est point suivi dans l'usage. Il suffit que l'identité soit constante, et que la chose ne soit altérée ni dans sa forme, ni dans sa substance : la promptitude de la réclamation prévient d'ailleurs tout abus. Nous proposons de substituer aux termes trop étendus de l'article, ces termes-ci, *pourvu que les effets ne soient point dénaturés.*

Le n.° 9 concerne les salaires dus aux gens de service, dont on restreint le privilége aux *six derniers mois.* Ce privilége, dans l'état présent, comprend une année échue, et ce qui est dû de l'année courante ; ce qui est fondé en raison, puisqu'en beaucoup d'endroits, notamment à la campagne, les serviteurs se louent à l'année. Le projet de Code, au titre *de la Prescription*, n'admet en conséquence contre les gages de domestiques que la prescription annale. La loi du 11 brumaire sur les hypothèques, toute rigoureuse qu'elle est, conserve aussi le privilége des domestiques sur les immeubles, pour une année de gages, et ce qui est échu de l'année courante. L'humanité réclame, en faveur d'une classe pauvre, l'intégralité d'un droit si légitime.

Le n.° 10 restreint de même aux *six derniers mois* le privilége des fournitures faites au débiteur pour sa subsistance et celle de sa famille. Il faut distinguer entre les fournisseurs : les uns, comme les boulangers, bouchers, rôtisseurs, et autres marchands en détail, n'ont d'action ni de privilége que pour six mois, suivant la coutume de Paris et l'ordonnance de 1673 ; les autres, comme les maîtres de pension, marchands grossiers, et autres semblables, peuvent user du privilége et de l'action pour une année. Le projet de Code, au titre *des Prescriptions*, articles 52 et 53, a fait lui-même cette distinction. Elle doit retrouver sa place ici : il faut dire, *pour les six derniers mois ou la dernière année, suivant la qualité des fournisseurs.*

Le même article ajoute que « les juges pourront, suivant la » nature des subsistances, l'état et la fortune des débiteurs, rejeter ou » modérer le privilége dont il s'agit, et en régler l'ordre entre les » différens fournisseurs. » Cette addition est inutile quant à la première partie. Les subsistances nécessaires à un individu dépendant toujours de son état et de sa fortune, ainsi que de la nature des subsistances elles-mêmes, il est entendu, sans qu'on le dise, que leur fixation demeure subordonnée à la prudence du juge, qui peut en rejeter la demande ou la modérer ; de même qu'il n'allouera pour frais funéraires, que ceux conformes à l'usage et à la qualité du défunt ; ou pour frais de justice, que ceux bien et légitimement faits. A l'égard de la seconde partie, elle est arbitraire : dès qu'il est question de subsistances estimées nécessaires, il n'y a point d'ordre à régler entre les différens fournisseurs ; ils doivent tous concourir.

Par rapport aux hypothèques, l'article 19 décide que « la femme » commune a, sur les biens de son mari, du jour de son contrat de » mariage, ou, s'il n'y a point de contrat, du jour de la célébration, » une hypothèque légale, non-seulement pour ses reprises et droits » matrimoniaux, mais même *pour le remploi de ses propres aliénés, et* » *pour l'indemnité des dettes auxquelles elle s'est obligée avec son mari;* » ce qu'on étend ensuite à la femme séparée de biens par contrat, mais non à celle séparée par jugement, dont l'hypothèque pour l'indemnité ou le remploi ne remonte qu'au jour de l'obligation ou de la vente.

Ce point de droit a un grand intérêt, même sous l'empire du régime hypothécaire établi par la loi de brumaire an 7, laquelle autorise la femme, ou ceux qui stipulent ses intérêts, à prendre inscription sur les biens du mari lors du mariage, et fait frapper en conséquence son hypothèque sur les biens actuels du mari, du jour de l'inscription, pour la totalité de ses droits matrimoniaux, sans en excepter la créance éventuelle de l'indemnité ou du remploi.

Nous disons que cette jurisprudence, qui a eu peine à s'établir et est censurée par de graves jurisconsultes, outre visiblement la faveur due aux femmes ; qu'elle est contraire à tous les principes de droit, et au texte précis de plusieurs lois romaines. L'hypothèque n'est que l'accessoire de l'obligation personnelle ; elle n'existe donc pas avant que l'obligation soit formée. Or, l'obligation du mari de faire remploi du prix d'un propre de sa femme qu'elle a aliéné sous son autorisation, ou d'indemniser sa femme des dettes qu'elle a contractées pour lui, cette obligation ne se forme, ne prend naissance qu'au jour de l'aliénation ou de la dette contractée. Il n'est donc pas juste de faire remonter l'hypothèque à une époque antérieure.

Autre est le cas d'un tuteur qui est chargé de recevoir pour un pupille, et dont le bien demeure hypothéqué, pour sûreté de sa gestion, du jour où on lui a déféré la tutelle, parce qu'il contracte dès cet instant l'obligation de bien gérer. Le mari, comme administrateur, est aussi obligé de rendre bon et fidèle compte de la dot de la femme, et des autres deniers qui lui sont confiés ; et l'hypothèque, pour ce regard, a lieu sans difficulté du jour du contrat ou de la célébration du mariage. Mais cette obligation contractée dès le commencement, de rendre compte des recettes nécessaires et indispensables qu'il a faites ou qu'il fera en sa qualité de mari, n'a aucun rapport avec l'obligation purement volontaire, accidentelle, étrangère en soi au mariage, que le mari contracte après coup, de rendre à sa femme le prix d'un propre vendu par elle dont il a profité, ou de l'indemniser de l'engagement qu'elle a subi avec lui. Donc, nul fondement à la rétrogradation d'hypothèque.

Qu'est-il résulté de cet usage, introduit par les arrêts du parlement de Paris ! des fraudes sans fin. Un homme qui médite une banqueroute, ne manque pas de faire souscrire par sa femme des engagemens qu'il contracte en faveur d'amis complaisans ; et au moyen de l'indemnité que produisent ces engagemens, indemnité dont l'hypothèque se reporte au contrat de mariage, le débiteur effronté, primant sous le nom de *sa femme* tous les autres hypothécaires, parvient à soustraire à des créanciers de bonne-foi la meilleure partie de leur gage.

Pour éviter cet inconvénient, on n'a qu'une ressource, celle de prendre l'obligation de la femme ; et c'est ce que ne manquent pas de faire tous les gens sages qui contractent avec un homme marié ; ils exigent que la femme s'oblige solidairement avec son mari ; à ce moyen ils ne craignent plus l'hypothèque de la femme, dont les droits au contraire leur sont dévolus, et les mettent en état de primer les autres créanciers. Mais c'est ce qui fait voir l'illusion de cette injuste faveur accordée à la femme par le parlement de Paris ; car, en vertu de son *obligation, qui intervient presque toujours*, non-seulement elle perd tout le fruit du recours qu'elle aurait eu sur les biens de son mari, mais son propre bien se trouve engagé. Voilà où aboutit pour elle cette complaisance peu réfléchie. Tant il est vrai qu'en toutes choses il y a une certaine mesure qu'il ne faut pas outre-passer, sous peine de manquer son but, et même de produire l'effet contraire !

Après avoir favorisé à l'excès les intérêts de la femme, il nous semble qu'on a négligé infiniment ceux des mineurs. Les art. 23 et 24 leur donnent hypothèque sur les biens du tuteur et du subrogé tuteur, à compter du jour de l'acte de tutelle. Mais l'art. 25 avertit « que cette hypothèque ne » s'étend pas aux biens des parens nominateurs, *si ce n'est dans le cas* » *où le tuteur aurait été* NOTOIREMENT INSOLVABLE LORS DE SA » NOMINATION. » Par ce seul mot, on détruit ou l'on réduit à-peu-près à rien toute la garantie que des précautions en grand nombre et étudiées semblaient avoir assurée aux mineurs, dans le titre *des Tutelles*.

Suivant

Suivant l'article 102 de ce titre, les parens qui ont concouru aux délibérations, ou ont dû y concourir comme ayant été dûment appelés, « sont garans et responsables de l'administration du tuteur, en cas » d'insolvabilité, *soit que le tuteur fût insolvable au jour de sa nomination,* » *soit qu'il ne le soit devenu que depuis.* » Ici la garantie est restreinte, quant à *l'hypothèque*, au cas *d'insolvabilité NOTOIRE du tuteur LORS DE SA NOMINATION.* Qu'est-ce qu'une garantie dépouillée de *l'hypothèque* qui fait sa sûreté, une garantie réduite au cas de l'insolvabilité du tuteur *lors de sa nomination*, et d'une insolvabilité *notoire!* c'est-à-dire, apparemment, justifiée ou par une direction, ou par une discussion générale des biens, ou par une faillite ouverte; car voilà ce qui constitue *l'insolvabilité notoire.* Ne fait-on pas beaucoup de grâce aux mineurs, de leur accorder en ce cas hypothèque du jour de la nomination, lorsque les parens nominateurs sont évidemment coupables de dol et de fraude, et mériteraient d'être poursuivis par la voie criminelle!

Dans les véritables principes, les parens nominateurs sont responsables comme le tuteur, avec hypothèque du jour de la nomination: celui-ci comme obligé principal, ceux-là comme cautions et fidéjusseurs. Ne sont-ce pas eux qui l'ont choisi avec une pleine liberté, et qui en répondent à la justice! pourquoi leur engagement ne remonterait-il pas comme le sien à l'époque où l'engagement s'est formé! S'il peut arriver, par la suite, des fautes ou des malheurs, la loi n'a-t-elle pas mis le remède entre leurs mains! ne leur donne-t-elle pas sur le tuteur un droit de surveillance très-étendu! ne place-t-elle pas à côté de lui, sous la qualité de subrogé tuteur, l'un d'entre eux qu'elle charge plus particulièrement d'inspecter sa conduite, et de provoquer sur elle, lorsqu'il le faut, l'attention des parens! ne sont-ils pas les maîtres de lui tracer les règles de son administration, et de lui imposer les charges qu'ils jugent convenables! n'est-il pas assujetti à leur rendre des comptes fréquens! n'a-t-il pas besoin d'eux pour toutes les opérations qui excèdent tant soit peu le cercle de ses fonctions ordinaires! enfin, par l'article 59 du titre *des Tutelles*, ne sont-ils pas autorisés formellement à le destituer! Ce n'est pas en vain que la loi a investi les parens nominateurs, de ces grands pouvoirs, ni pour les rendre uniquement responsables de l'insolvabilité *notoire* du tuteur *lors de sa nomination.*

Nous croyons que cette limitation doit être ôtée, si l'on ne veut pas que la garantie des tutelles soit illusoire.

LIVRE III. Le surplus du titre et les deux suivans ne donnent lieu à aucune autre observation, hors une seule qui est générale, et a été faite par tout le monde, savoir, que le titre *de la Vente forcée*, et même les détails de forme concernant le mode quelconque qui sera établi pour purger les hypothèques, seront beaucoup mieux placés dans le code de la procédure civile.

TITRE IX.

Des Donations entre-vifs, et du Testament.

Nous nous sommes plaints de cette amalgame de deux choses si disparates. Les donations entre-vifs et les testamens ont sans doute de grands rapports; mais ils ont aussi des dissemblances très-remarquables; et c'est la première fois qu'on aura vu les testamens rangés dans le traité des contrats.

La matière la plus importante de ce titre est celle de la disponibilité. Nous allons d'abord présenter nos vues sur ce point principal; nous communiquerons ensuite nos réflexions sur les objets de détail qui en sont susceptibles.

L'article 16 est ainsi conçu : « Les donations soit entre-vifs, soit à » cause de mort, ne peuvent excéder le quart des biens du donateur, » s'il laisse, à son décès, des enfans ou descendans; la moitié, s'il laisse » des ascendans ou des frères et sœurs; les trois quarts, s'il laisse des » neveux ou nièces, enfans au premier degré d'un frère ou d'une sœur. » A défaut de parens dans les degrés ci-dessus exprimés, les donations » peuvent épuiser la totalité des biens du donateur. »

C'est la disposition de la loi du 4 germinal an 8, à deux différences près.

Premièrement, la loi de germinal graduait la faculté de disposer accordée au père, d'après le nombre de ses enfans. S'il en avait moins de quatre, il pouvait donner jusqu'au quart; mais il devait se borner au cinquième s'il avait quatre enfans, au sixième s'il en avait cinq, et ainsi de suite; en sorte qu'au-dessus du nombre de trois, la portion disponible se réduisait à une part d'enfant. Le projet de Code supprime cette variation, et accorde au père, dans tous les cas, la liberté de disposer du quart; d'où il suit que la légitime des enfans est constamment des trois quarts, jamais plus.

Secondement, la loi de germinal limitait le pouvoir de disposer, non-seulement lorsqu'il existait des ascendans, ou des frères et sœurs, ou des descendans de frères et sœurs, mais même lorsqu'il y avait des cousins germains : au moyen de quoi ceux-ci avaient une légitime, aussi-bien que les frères et sœurs, et leurs descendans, quoique moindre. Le projet de Code leur ôte cette légitime.

Nous n'improuvons point ces changemens, qui nous paraissent au contraire fort sages ; et nous proposons de modifier encore plus la loi de germinal.

En premier lieu, nous desirons que la légitime des enfans soit fixée, dans tous les cas, à la moitié de leur portion héréditaire, conformément à l'article 298 de la coutume de Paris. Non-seulement cette fixation est la plus favorable qu'aient jamais obtenue les légitimaires, soit dans le droit romain, soit dans la plupart de nos coutumes ; mais elle paraît aussi la plus raisonnable. Le père doit des alimens à ses enfans, qui, d'ailleurs, sont destinés à prendre sa place dans la société, et à continuer la chaîne des générations : à ce titre, il leur faut un patrimoine ; et, comme dit la loi, la succession du père leur appartient. Mais le père, quoiqu'ils doivent tenir le premier rang dans ses affections, peut pourtant avoir d'autres attachemens légitimes ; il peut avoir des bienfaits à reconnaître, des services à récompenser. De plus, il y aurait trop d'inconvénient à obliger un père de laisser à ses enfans, dans tous les cas, la totalité de ce qui doit leur revenir. Les enfans, assurés de leur sort invariablement, quelle que fût leur bonne ou leur mauvaise conduite, pourraient oublier leurs devoirs, sans qu'il existât dans la main du père aucun moyen facile et suffisant pour les y ramener. Donc, nécessité de borner la part qui ne pourra leur être ôtée. Ainsi voilà un conflit entre les droits des enfans et l'autorité du père ; c'est à la loi de le faire cesser. Qu'a prononcé la coutume de Paris, dont les dispositions en cette partie ont obtenu l'approbation générale ! elle a tranché le différent par la moitié ; elle a donné moitié aux enfans, moitié au père : c'est la manière la plus juste de décider entre des prétentions qui se balancent. Dans la révolution, on a cru faire mieux en étendant la légitime jusqu'aux cinq sixièmes ; et l'on était conséquent, parce qu'on voulait anéantir l'autorité paternelle. Mais les rédacteurs du Code civil, qui se proposent de la rétablir, ont dû voir les choses d'un autre œil ; et il était digne de leur sagesse, en abandonnant la fixation excessive des trois quarts, momentanément adoptée par la loi transitoire de l'an 8, de revenir à la quotité ancienne, celle de moitié.

En second lieu, il est juste d'accorder pareillement une légitime aux ascendans sur les biens de leurs enfans. Le fils doit des alimens au père, comme le père en doit au fils; et quoique la succession du fils, ainsi que l'observe la loi, ne soit pas destinée au père selon l'ordre et le vœu de la nature, néanmoins, le cas arrivant, la piété filiale ne permet pas que le père en soit privé pour la transférer à d'autres personnes, ou étrangères au défunt, ou qui ont avec lui des relations moins intimes. C'est ce qu'avaient senti les législateurs romains, dont les dispositions étaient suivies religieusement dans les pays de droit écrit. On s'en était écarté en pays coutumier, mais à regret, et par une raison particulière. Les coutumes n'accordaient aux père et mère et autres ascendans, que la succession des meubles et acquêts; elles déféraient à d'autres personnes la succession des propres; et comme elles ne permettaient de tester, à l'égard des propres, que d'une très-petite portion (le quint à Paris), il s'ensuivait que si l'on eût donné une légitime aux ascendans, comme elle n'aurait pu être prise que sur les meubles et acquêts, le testateur n'aurait eu presque rien de disponible. C'est cette considération qui avait déterminé le parlement de Paris, après beaucoup de variations et de grands débats, à refuser définitivement aux ascendans le droit de légitime. Aujourd'hui que toute distinction des biens est abolie, et que la succession d'un défunt ne présente plus qu'un seul patrimoine, cette considération ne subsiste plus. Ainsi, c'est avec justice que les auteurs du projet de Code ont assuré une légitime aux ascendans. On peut la fixer à moitié comme celle des enfans; on peut la réduire à un taux inférieur, comme étant moins favorable, au tiers par exemple : nous nous en rapportons là-dessus aux rédacteurs.

A l'égard des collatéraux, même des frères et sœurs, nous ne voyons pas sur quel fondement on leur attribuerait une légitime. Dans l'exacte vérité, un homme ne doit rien à ses frères et sœurs; il ne leur a point donné la vie; il ne l'a point reçue d'eux : ainsi, nul motif ne l'oblige à assurer leur subsistance, ni conséquemment à leur réserver une portion de ses biens.

Deux frères sont nés sans fortune : l'un, actif, intelligent, économe, a travaillé avec succès et amassé du bien; l'autre n'a rien ou peu de chose, parce qu'il n'a jamais su ni voulu rien faire. Par quelle raison de justice ou d'équité obligera-t-on le premier de laisser au second l'entière moitié de ce qu'il a acquis !

Changeons, si l'on veut, l'hypothèse. Le testateur a deux frères, l'un sans besoins, l'autre pauvre, ou qui, pendant toute sa vie, lui a témoigné une tendresse et une affection particulières. Pourquoi ne pourra-t-il pas laisser son bien au dernier plutôt qu'au premier !

Aussi est-ce une chose inouie en droit écrit comme en droit coutumier, qu'on ait jamais donné une légitime aux frères, hors un seul cas exprimé dans les lois romaines, savoir, quand le frère défunt avait institué pour héritier une personne infame ou entachée d'une manière quelconque : *Si scripti hæredes, infamiæ, vel turpitudinis, vel levis notæ maculâ aspergantur.* L. 27, c. *de Testamentis.*

En examinant la cause qui a pu déterminer les rédacteurs du présent Code à s'éloigner en cette partie de toutes les idées reçues, nous croyons l'apercevoir dans l'intention de remplacer la réserve des propres, appelée dans nos livres *légitime coutumière* pour la distinguer de la légitime de droit ; et c'est là probablement une de ces *transactions* que leur dicours préliminaire annonce, par lesquelles ils ont cherché à concilier les usages des pays coutumiers avec ceux des pays de droit écrit.

Mais dans le cas particulier, pour que la *transaction* fût raisonnable, il faudrait qu'elle contînt un *mélange* des prétentions réciproques, et accordât quelque chose aux deux parties. Or, la légitime des frères, nous le répétons, ne tient en effet à rien ; elle n'appartient ni au droit coutumier, ni au droit écrit ; elle est étrangère à l'un aussi bien qu'à l'autre.

Il faudrait encore qu'il y eût *matière à transaction*, et que les propres abolis fussent réellement quelque chose : autrement ils n'ont pas besoin de remplacement ; et c'est le cas, pour employer un terme reçu, *de prononcer la suppression sans indemnité.* Or qu'étaient les propres dans le dernier état de notre législation coutumière ! d'abord, à Paris et dans le plus grand nombre des coutumes, la réserve n'avait point lieu pour les donations entre-vifs ; elle était limitée aux testamens ; ensuite, on était le maître de dénaturer son bien : celui qui avait des propres dont il ne pouvait tester, pouvait les vendre, et faire après cela, ou de leur prix ou des objets acquis en remploi, tout ce qu'il jugeait à propos. Est-ce une affectation de cette nature,

LIVRE III. aussi imparfaite, aussi peu sérieuse, qui mérite qu'on la regrette, et que, pour en trouver l'équivalent, on fasse violence aux principes.

Au moins faudrait-il qu'à l'exemple de la réserve des propres, la légitime attribuée aux frères et sœurs ne pût préjudicier qu'aux dispositions testamentaires, et non aux donations entre-vifs. Mais le testateur se plaindrait toujours, et avec raison, qu'on lui impose une gêne qu'il n'avait pas autrefois, lorsqu'en vendant il pouvait rendre tout son bien disponible.

Nous pensons qu'il ne doit y avoir de légitime que pour les descendans et ascendans, et que celle des frères et sœurs, à plus forte raison des neveux et nièces, doit être retranchée.

Voilà ce que nous avons à dire sur la faculté de disposer; passons aux autres objets.

Dans l'article 1.er, le mot *à cause de mort* sera mieux que le mot *testamentaire*, sauf à replacer celui-ci comme synonyme dans l'article 3 : « La donation à cause de mort, *autrement appelée testamentaire*, » est un acte &c. »

L'article 4 déclare « que la preuve par témoins de la démence du » donateur non interdit, n'est admise que lorsque l'interdiction avait » été provoquée du vivant du donateur. » C'est ce qui a été dit au livre I.er, titre X, art. 25. Mais dans le présent article on ajoute, « ou lorsque celui-ci n'ayant survécu que six mois à la donation, » il existe un commencement de preuve par écrit, résultant soit de » l'acte même, soit d'actes extérieurs. » C'est la modification que nous avons proposée, conçue même en termes plus forts. Au lieu d'*actes extérieurs*, il faut mettre d'*autres actes* (résultant soit de l'acte même, soit d'*autres actes*). Les mots *actes extérieurs* sembleraient indiquer des déportemens par lesquels la démence se manifesterait au-dehors.

Ces mots de l'article 5, *sauf l'exception portée en l'article ci-après*, doivent être rayés; et l'exception mentionnée en l'article suivant, reportée après l'article 8, parmi les incapacités de recevoir. Sa vraie place est avant l'article 14. En laissant l'article 5 tel qu'il est, on ferait croire que l'exception marquée en l'article 6 est la seule; ce qu'on n'a pas voulu dire, et ce qui n'est pas.

Art. 12. « Les enfans adultérins ou incestueux ne peuvent rien » recevoir *en propriété* de leur père ni de leur mère. » Nous avons déjà remarqué l'inconvénient de cette disposition, qui refuse au bâtard adultérin ou incestueux toute espèce de *propriété.* Pourquoi le père ou la mère, s'ils le croient plus avantageux, ne pourraient-ils pas lui donner en argent ou en fonds le capital des alimens que la loi lui accorde !

Art. 14. « Le malade, dans le cours de la maladie dont il décède, » ne peut donner à *l'officier de santé* qui le traite. » L'article ne parle que des médecins : il est une autre espèce d'hommes contre lesquels la jurisprudence s'était précautionnée ; ce sont les confesseurs et directeurs. On peut n'en rien dire, en effet, si le silence de la loi suppose qu'ils n'existent pas, ou qu'ils existent sans abus : dans le cas contraire, il faut en parler; et si l'on ne veut pas rappeler leurs noms, on peut y suppléer par un article général, rédigé dans l'esprit de l'art. 276 de la coutume de Paris, sur ceux qui sont en puissance d'autrui ; viendraient ensuite les articles particuliers du tuteur et du médecin.

Les restrictions portées en l'article 15 sont à retrancher. Voici ce qu'il porte : « La capacité de faire ou de recueillir une donation, appar» tient à tous ceux auxquels la loi ne l'a pas interdite, sans aucune » distinction entre les Français et les étrangers, *quant aux donations » entre-vifs ; et sauf, quant aux donations par testament faites en faveur des » étrangers, ce qui est réglé au titre* des Successions. » Or, voici ce qui est dit au titre *des Successions*, art. 21 : « L'étranger est admis à succéder » aux biens que son parent étranger ou français possède dans le terri» toire de la République ; il y succède même concurremment avec les » parens français, et suivant l'ordre ordinaire des successions. » Il suit de là que la loi française, quant à l'admissibilité aux successions, ne met aucune différence entre le Français et l'étranger ; et puisque d'autre part elle assimile à la capacité de recueillir par succession celle de recevoir par testament, il en résulte, par une conséquence ultérieure, qu'à l'égard des testamens, il n'y a de même entre le Français et l'étranger aucune différence. Dès-lors, l'article doit être conçu ainsi qu'il suit : « La capacité de faire ou de recueillir une donation, soit entre-vifs » ou testamentaire, appartient à tous ceux auxquels la loi ne l'a pas » interdite, sans aucune distinction entre les Français et les étrangers. » L'article, ainsi rédigé, consacre le vœu que la philosophie et une saine politique avaient formé depuis long-temps.

L'article 50 justifie les observations qui ont été faites précédemment

LIVRE III. sur l'article 77 du titre *des Tutelles.* Il porte que « la donation faite au » mineur est acceptée par son tuteur, mais sans exiger une autorisation » du conseil de famille ; » et il ajoute sagement, avec l'ordonnance de 1731, ce que l'article précité ne dit pas, que « les père et mère du mi- » neur, ou autres ascendans, même du vivant des père et mère, sans être » tuteurs ni curateurs, peuvent accepter la donation. » Ce contraste d'un article avec l'autre est une nouvelle raison pour réformer ou supprimer le premier.

Nous ne répéterons pas, sur l'article 54, ce qui a été dit relativement à la tradition, que les rédacteurs supposent non nécessaire pour la translation de propriété. Mais leur théorie est sans conséquence par rapport à la donation, au moyen de ce qui est ajouté dans l'article suivant, qui rappelle la nécessité de l'insinuation : « Jusque-là (observe-t-on) ces » donations ne peuvent être opposées aux tiers qui auraient contracté » avec le donateur. »

La tradition était regardée comme nécessaire dans les donations, à une autre fin, savoir, pour en assurer la vérité ; ce qui fait que la coutume de Paris, article 274, déclare la donation nulle, lorsque le donateur reste en possession de la chose donnée, jusqu'au jour de son décès : elle appelle cela *donner et retenir.* Les rédacteurs n'ont tenu compte de cette décision, et ils ont bien fait : le donateur sera présumé en ce cas avoir conservé la possession à titre de précaire ou d'usufruit, d'après un consentement verbal du donataire ; ce qui n'empêche pas que la donation ne subsiste par son caractère d'irrévocabilité.

Mais il reste un cas où la tradition sera toujours nécessaire pour exproprier, savoir, lorsque la donation est d'une dette active, telle qu'une rente sur l'état ou sur particulier ; le donataire n'étant alors saisi, au moins vis-à-vis du débiteur, que par la signification même de la donation contenant transport.

D'après ces réflexions, il semble que l'article 54 pourrait être rédigé de la manière suivante :

La donation dûment acceptée est parfaite par le consentement des parties ; et la propriété des objets donnés est transférée au donataire, sans qu'il soit besoin de tradition effective ; le tout à la charge de l'insinuation dont il sera parlé ci-après, et sauf, si si la donation est d'une rente ou autre créance, la signification nécessaire à l'égard du débiteur, de l'acte de donation contenant transport. LIVRE III.

On supprime dans cette rédaction les derniers mots de l'article projeté, *sauf l'état estimatif requis par l'article 41.* Ces mots sont inutiles, l'état estimatif des meubles donnés et non livrés étant toujours nécessaire pour assurer l'irrévocabilité de la donation.

L'article 55 traite de l'insinuation : on a beaucoup d'observations à y faire.

« Les donations d'immeubles (porte l'article) d'*usufruit*, de *jouissance*, » et d'autres droits susceptibles d'hypothèque. . . . . » Les mots d'*usufruit* et de *jouissance* sont synonymes; le premier suffit, sur-tout avec l'addition, *et d'autres droits susceptibles d'hypothèque.*

L'article continue, et dit que « ces donations doivent être rendues » publiques par l'insinuation sur le registre, *dans les bureaux et en la forme* » *indiqués par la loi concernant l'établissement des bureaux d'insinuation.* » On n'indique pas autrement ces *bureaux*, ni le temps où l'insinuation devra être faite, ni son effet, selon qu'elle aura été faite en tel ou tel temps. Il nous semble qu'un Code civil ne peut pas garder le silence sur ces objets importans, qui tiennent à la validité de l'acte. On peut, à la bonne heure, ne pas parler des détails relatifs à la forme de l'insinuation, de la tenue des registres, et autres objets pareils, qui peuvent mieux convenir à un réglement de police ; mais la désignation du lieu et du temps où l'insinuation doit être faite à peine de nullité, est indispensable dans une loi concernant les donations ; et l'ordonnance de 1731 en donnait l'exemple.

Le même article 55 n'assujettit à l'insinuation que les *donations d'immeubles et droits réels*, auxquelles seulement il ajoute ensuite la donation d'une somme mobiliaire payable à terme ou après la mort du donateur. L'ordonnance de 1731 était plus générale, et n'exceptait que les donations de choses mobiliaires en deux cas, savoir, lorsqu'il y avait tradition réelle, ou lorsqu'elles n'excédaient pas la somme de mille *livres* une fois payée. Cette dernière disposition paraît préférable. Un homme est en possession d'un riche mobilier ; on l'en croit propriétaire ; dans cette confiance, on lui prête, ou ses héritiers ne balancent pas à accepter sa succession : mais on découvre ensuite que tout ce mobilier ne lui

LIVRE III. appartient pas, parce qu'il en a disposé par une donation à laquelle est annexé l'état estimatif de ce mobilier. Voilà ce qui résultera du défaut d'insinuation. Il en sera de même à l'égard d'une donation de rentes ou dettes actives, au moins avant l'instant de la signification qui en sera faite au débiteur. Nous croyons qu'il faut conserver à l'insinuation son ancienne latitude, telle qu'elle est déterminée par l'ordonnance.

L'article déclare, à l'égard des donations de sommes payables à terme ou après la mort du donateur, qu'elles ne sont sujettes à insinuation que lorsqu'elles sont faites *avec affectation* SPÉCIALE *sur un ou plusieurs immeubles.* La donation, selon les rédacteurs, emporte nécessairement hypothèque ou *affectation sur les immeubles,* étant faite par-devant notaire, et même hypothèque générale, si elle n'est limitée en termes exprès. Mais ici ils demandent une hypothèque ou *affectation spéciale.* Qu'ont-ils voulu dire par ce mot? et comment l'accorder avec ce qu'on lit au titre *des Hypothèques*, article 43 : « L'hypothèque speciale n'em» porte pas de plus grands droits que l'hypothèque générale, et n'y » déroge point, ni l'hypothèque générale à la spéciale » ! Il n'est pas aisé de deviner la pensée des rédacteurs. Au reste, que l'affectation soit générale ou spéciale, les tiers qui contractent avec le donateur ou ses héritiers n'ont pas moins intérêt de la connaître. Ainsi, nous ne voyons point que, dans un cas plus que dans l'autre, la donation puisse être affranchie de l'insinuation.

Enfin, il est dit dans l'article 55 que « jusqu'à ce que l'insinuation » ait été faite, les donations ne peuvent être opposées aux tiers *qui* » *auraient contracté avec le donateur.* » Cela est vrai ; mais il faut ajouter, avec l'ordonnance, « ni à ses héritiers, et généralement à tous ceux qui » auront intérêt de contester la donation, autres que le donateur lui» même. » Ou bien, sans rien ajouter, il faut retrancher les mots limitatifs, *qui auraient contracté avec le donateur,* en ne laissant subsister que ceux-ci, qui disent tout : « Jusque-là, ces donations ne peuvent être » opposées aux tiers. »

Dans l'article 57, il faut rayer la mention des registres hypothécaires, dont il n'est pas question ici : « le défaut d'insinuation *sur les registres* » *hypothécaires.* »

L'article 60 parle de la révocation des donations pour cause d'ingratitude.

La loi dernière, au code *de Revoc. donat.,* exprime quatre cas où la donation peut être révoquée à cause de l'ingratitude du donataire : s'il a battu le donateur, s'il lui a dit des injures atroces, s'il a tâché de lui faire perdre une grande partie de ses biens, s'il a voulu le tuer. A quoi les auteurs ajoutent le refus de nourrir le donateur indigent et autres semblables ; car ils ne veulent pas que les causes de révocation soient déterminées.

Le présent article réduit toutes les causes à deux : 1.° si le donataire attente à la vie du donateur ; 2.° s'il se rend coupable envers lui de sévices *ou délits*. Ce mot *délits* est général, et peut comprendre les injures atroces faites au donateur, ou les machinations pour lui faire perdre une grande partie de son bien. Mais il pourrait aussi être étendu plus loin, et appliqué, contre l'intention des rédacteurs, à des délits moins graves.

Nous répéterons ici ce que nous avons dit sur les causes d'indignité. Il est difficile et dangereux de déterminer les cas. On veut couper court aux procès, et l'on a raison en général; mais il ne faut pas sous ce prétexte encourager le vice, l'immoralité, qui se croira permis tout ce que les lois n'auront pas littéralement défendu.

L'article 63 ne veut pas que l'action en révocation pour cause d'ingratitude puisse être exercée par les héritiers du donateur, à moins que ce dernier ne l'ait lui-même intentée de son vivant, ou qu'il ne soit décédé dans l'année du délit..... Mais si le délit n'a été commis qu'après sa mort, s'il s'agit d'un donataire qui a outragé et couvert d'opprobre la mémoire de son bienfaiteur, *quid juris !* Il semble qu'en pareil cas l'action de révocation devrait être accordée aux héritiers.

Suivant l'article 65 : « Les donations en faveur de mariage ne sont » pas révocables pour cause d'ingratitude, lorsqu'il y a des enfans » de ce mariage. Lorsqu'il n'y en a point, la révocation a lieu » à l'égard du donataire, mais sans préjudice des droits résultant du » contrat de mariage en faveur de l'autre époux. » Il faut ajouter, *et des enfans à naître.* S'il n'y a pas d'enfans nés du mariage, il peut en survenir.

Dans l'article 76, après ces mots, « la condition de survie n'a » point lieu », il faut ajouter, *non plus que la nécessité de l'acte de présentation et déclaration mentionné en l'article 71.* Ces deux dispositions

LIVRE III. sont relatives, et l'une ne peut pas avoir lieu quand on est dispensé de l'autre.

L'article 77 porte que « le défaut de survie ne peut être opposé » au donataire *par la République,* dans le cas où elle hérite du dona- » teur. » Pourquoi ne pourrait-elle pas l'opposer, si, à défaut de survie, le testament demeure entaché, aux yeux de la loi, d'une présomption de surprise et de suggestion ! L'effet d'un pareil statut doit être général.

La fin de l'article 78 doit être redigée ainsi qu'il suit :

Ou par l'un desdits officiers et un commissaire des guerres, ou par l'un desdits *officiers ou* commissaires assisté de deux témoins.

Telle a dû être et a probablement été l'intention des rédacteurs.

L'article 98 met *les frais de la demande en délivrance* de legs à la charge de l'héritier. Cela est contraire à l'usage, de quelque manière que la délivrance soit faite, par acte ou par jugement, pourvu qu'elle n'ait pas été contestée mal-à-propos. Et la raison, c'est que la délivrance a lieu pour l'utilité du légataire ; elle fait partie, à son égard, des frais d'acquisition de son legs. Rédiger l'article ainsi qu'il suit :

Les frais de délivrance, de quelque manière qu'elle se fasse, par acte ou par jugement, aussi-bien que les droits d'enregistrement, sont à la charge du légataire, à moins que le testateur n'en ait chargé l'héritier, ou, quant à la délivrance, à moins qu'elle n'ait été contestée mal-à-propos.

Il faudrait, à l'égard du droit d'enregistrement, qu'il ne fût à la charge du légataire que quant à la clause particulière contenant son legs ; et qu'on n'obligeât pas, comme on le fait aujourd'hui, un légataire particulier, quelquefois un malheureux domestique, pour obtenir la délivrance de son legs, à faire l'*avance* de la *totalité* du droit relatif à *tout le testament*, qui se montera quelquefois à 20 ou 30 mille francs. N'est-ce pas une vexation épouvantable ! C'est demander au légataire l'impossible; c'est le réduire à mourir de faim, à côté du titre qui assurait sa subsistance.

L'article 156 ne permet aux époux de se donner, soit par contrat de mariage, soit pendant le mariage, pour le cas où ils laissent des enfans ou descendans, *qu'un quart en propriété de leurs biens, et un autre quart en usufruit, ou la moitié de tous leurs biens en usufruit seulement.* Cette disposition est conséquente à celle de l'article 16 ci-dessus, suivant lequel les donations, soit entre-vifs, soit à cause de mort, ne peuvent excéder le quart des biens du donateur, lorsqu'il laisse des enfans ou descendans. Mais si on lui permet de disposer de la moitié, même en ce cas, comme nous l'avons cru raisonnable, il pourra gratifier l'autre époux de cette moitié; et alors l'article devra être amendé ainsi qu'il suit :

Et, pour le cas où l'époux donateur laisse des enfans ou descendans, il peut donner à l'autre époux la moitié de ses biens en toute propriété.

Suivant l'article 161 : « L'homme ou la femme qui convole à de » secondes ou subséquentes noces, ayant enfans ou descendans d'un » précédent mariage, ne peut donner à son nouvel époux qu'une part » d'enfant légitime le moins prenant, *et en usufruit seulement.* » Cette disposition paraît trop dure. On a loué la sagesse et l'équité de l'édit des secondes noces, pris dans les lois romaines, en ce qu'ayant à mettre un frein à la passion la plus impérieuse de toutes, il lui a prescrit, ce semble, le tempérament le plus raisonnable, en égalant l'amour conjugal à l'amour paternel. Mais l'un ne doit pas rester au-dessous de l'autre; et il n'est pas juste que lorsque l'enfant aurait sa part en propriété, l'époux n'eût la sienne qu'en usufruit. Ce qui a conduit les rédacteurs à cette disposition, c'est probablement celle de l'art. 156. Ils ont craint que sans cela une seconde femme ne pût avoir plus qu'une première; ce qui arriverait en effet dans le cas d'un seul enfant, si la disposition de l'article 156 était maintenue. L'amendement qu'on a proposé sur cet article, écarte l'objection.

Les articles 162 et 163 sont une répétition des articles 34 et 35. Nous sommes loin de les improuver; mais ils contredisent ouvertement ce qui est décidé, au sujet du rapport, dans les articles 162, 163 et 164

LIVRE III. du titre *des Successions*. S'il est vrai en effet, comme le veulent les articles 34 et 35, 162 et 163, que le don fait au fils est censé fait au père, et pareillement que le don fait au père est censé fait au fils, comme à une personne interposée, ces sortes d'avantages sont donc sujets à rapport, soit de la part du père, soit de la part du fils. C'est ce que nous avons pensé.

TITRE X.

Du Contrat de mariage, et des Droits respectifs des époux.

La loi qui règle les droits respectifs des époux a deux avantages : l'un de suppléer à l'imprévoyance de ceux qui se marient sans faire de contrat; l'autre de guider ceux qui en font, en leur présentant une règle, un modèle qu'ils peuvent suivre, et dont l'expérience de tous les pays prouve que les conventions particulières se rapprochent sensiblement.

Les rédacteurs du présent Code ont préféré, avec raison, la communauté, comme le mode de convention le plus simple et le plus généralement adapté à nos mœurs; mais sans exclure des stipulations différentes, lesquelles demeurent à la volonté des parties.

Leur travail, à cet égard, est susceptible de peu d'observations.

Les articles 5, 6, 7 et 8 ont pour objet d'empêcher l'abus des contre-lettres dans les contrats de mariage; les précautions qu'on y a prises son insuffisantes.

Suivant l'article 6 : « Un mineur de vingt-cinq ans ne peut faire » aucun changement à ses conventions de mariage, hors la présence et » sans le consentement *de ceux des ascendans ou des parens composant le* » *conseil de famille, dont le consentement est requis pour le mariage,* lorsque » ceux-ci ont assisté au contrat et l'ont signé. » Il le pourrait donc hors de la présence d'un étranger ou d'un autre parent donateur, mais dont le consentement ne serait pas requis pour la validité du mariage.

Suivant l'article 7 : « Les contre-lettres sont nulles encore, si elles » sont *données par l'un des époux hors de la présence de l'autre époux.* » Mais elles peuvent être données par les deux époux conjointement, hors de la présence d'une personne qui aura honoré le contrat d'une donation, en conséquence d'une dot ou d'avantages promis auxquels déroge la contre-lettre. Les lois peuvent-elles approuver une pareille tromperie!

Il y a un moyen simple de prévenir tous les inconvéniens ; c'est de rédiger l'article comme il se lit dans tous les livres : LIVRE III.

Toutes contre-lettres en contrat de mariage sont nulles, si elles sont passées hors de la présence de ceux qui ont signé comme parties dans le contrat.

Suivant l'art. 14 : « La communauté se compose activement de tout » le mobilier que les époux possédaient au jour de la célébration du ma-» riage, ensemble de tout le mobilier qui leur échoit pendant le ma-» riage, *à titre de succession.* » Il faut dire, au contraire, *à quelque titre que ce soit.* Le mobilier qui advient à chacun des conjoints, par don ou legs, ou par l'effet de leur travail et industrie, ou par une bonne fortune, comme un gain fait à la loterie, en un mot de quelque manière que ce soit, tombe incontestablement dans la communauté conjugale, sauf les conventions contraires.

L'article 22 serait plus complet et mieux rédigé ainsi qu'il suit :

La communauté se compose passivement,

1.° De toutes les dettes, tant en capitaux qu'intérêts, dont les conjoints étaient grevés au jour de la célébration de leur mariage, ou dont se trouvent chargées les successions qui leur échoient pendant la durée d'icelui, sous les modifications ci-après expliquées ;

2.° Des dettes, tant en capitaux qu'arrérages ou intérêts, contractées par le mari pendant la communauté, ou par la femme du consentement du mari, sauf la récompense dans les cas où elle a lieu ;

3.° Des arrérages et intérêts seulement des rentes ou dettes passives qui sont personnelles aux deux époux ;

4.° Des réparations d'usufruit des immeubles qui n'entrent point en communauté, et de toutes réparations à l'égard de ceux qui en font partie;

5.° Des alimens des conjoints, de l'éducation et entretien des enfans communs, et de toutes autres charges du mariage.

LIVRE III. Il faut y joindre les frais de l'inventaire qui doit être fait lors de la dissolution de la communauté, et ceux de liquidation et partage.

L'article 26, dans sa dernière partie, doit être limité à la femme et à ses héritiers. Le mari qui n'a point fait constater par inventaire la quantité de mobilier composant les successions qui sont échues pendant la communauté, est non recevable à demander *d'être admis à en faire preuve, soit par titres et par les papiers domestiques, soit par commune renommée :* c'est à lui à s'imputer de n'avoir pas fait inventaire, comme il y était astreint en sa qualité d'administrateur.

L'article 38 ne regarde comme baux faits par anticipation, que ceux qui sont passés *plus de trois ans* avant l'expiration du bail subsistant. Ce terme est bien long. On a toujours distingué, en cette matière, les maisons de ville d'avec les biens de campagne. Pour les maisons de ville, le bail est censé fait par anticipation, s'il est fait plus de six mois (on pourrait mettre *un an*) avant l'expiration du bail courant: à l'égard des biens de campagne, on permet le renouvellement du bail un an et demi ou deux ans d'avance. C'est la disposition d'un arrêt de réglement du parlement de Paris, du 26 février 1672; et il en existe beaucoup d'autres semblables, rendus particulièrement pour les fabriques. Une police moins sévère peut donner lieu à beaucoup d'abus.

Suivant l'article 51 : « Il n'y a point de continuation de commu-
» nauté entre le survivant et ses enfans mineurs, héritiers du prédécédé,
» lorsqu'il n'a pas fait inventaire. » La peine du survivant, en ce cas, aux termes de l'article 52, est la déchéance qu'il encourt de la *garde* desdits mineurs qui lui était déférée, *et de la jouissance de leurs revenus :* après quoi viennent plusieurs dispositions, jusques et compris l'art. 55, pour régler les suites de cette déchéance.

Comme nous n'avons point admis le droit de *garde* et de *jouissance* du bien des mineurs dans la personne du survivant de leurs père et mère, nous sommes obligés de chercher un autre moyen de punir la négligence de ce dernier à faire inventaire; et nous n'en trouvons point de plus naturel que celui qu'avait adopté la coutume de Paris, suivie en ce point par le plus grand nombre des coutumes. Vous n'avez pas voulu dissoudre la société; vous demeurerez associé, mais en perdant une

une partie des avantages que la première société vous donnait ; et les mineurs seront les maîtres de renoncer à la nouvelle société, s'ils jugent qu'elle ne leur est pas profitable.

Cette disposition est d'autant plus à conserver, que, dans beaucoup de coutumes, il y a continuation de communauté en pareil cas entre le survivant et les héritiers du prédécédé, quoique majeurs, quoique simples collatéraux ; et même, dans un assez grand nombre de nos anciennes provinces, une disposition qui peut mériter l'attention du législateur, établit entre tous individus une communauté tacite par le seul fait de la cohabitation et de l'indivision après an et jour. Or, s'il est de l'intérêt des mineurs de demeurer en communauté avec le survivant de leurs père et mère, comme cela arrive souvent, principalement à la campagne, et comme on peut l'inférer, avec assez de raison, des différens statuts ci-dessus indiqués, pourquoi obligerait-on le survivant irrémissiblement, et dans tous les cas, à rompre la communauté ?

Nous pensons qu'il faut effacer les articles 51 et suivans jusqu'au 55.e, et les remplacer par les dispositions de nos coutumes sur la continuation de communauté, en prenant pour base celle de Paris.

L'article 68 décide que le mari est garant du défaut d'emploi ou de remploi du prix de l'immeuble aliéné par sa femme séparée, si la vente a été faite en sa présence et de son consentement ; mais l'article ajoute : *il ne l'est jamais de l'utilité de cet emploi.* C'est détruire d'une main ce qu'on établit de l'autre. Quelle sera la différence du défaut d'emploi, et d'un emploi illusoire entre les mains d'un homme insolvable, dont les biens, par exemple, seraient en direction ou en saisie réelle, et avec qui le mari peut-être partagerait le profit ! Le mari, sans doute, ne doit pas répondre de toute espèce d'insolvabilité, de celle qui surviendrait après l'emploi ; mais il est responsable de celle qui existe au temps de l'emploi même, sur-tout lorsqu'elle est notoire. C'est ce que nous croyons nécessaire d'exprimer, au lieu de dire, avec l'art. 56, qu'*il n'est jamais garant de l'utilité de l'emploi.*

L'art. 72 décide que si les héritiers de la femme ne sont pas d'accord sur l'acceptation ou la renonciation à la communauté, *on examine et adopte ce qui était le plus utile à la défunte.* C'est ce qu'on pratiquait autrefois par nécessité, lorsqu'une succession étant composée de plusieurs espèces de biens, la femme laissait divers héritiers, l'un aux meubles et acquêts, l'autre aux propres. Il pouvait arriver que ces deux héritiers

LIVRE III. eussent des intérêts différens quant à l'acceptation de la communauté, parce que l'un avait droit à tout l'actif de cette communauté, l'autre n'y avait aucune part, quoique le passif dont elle était chargée fût supporté par les deux héritiers, à proportion de l'émolument de chacun dans le total de la succession. De là l'obligation de consulter le *quid utilius*, puisque de ce point dépendait le partage des dettes entre les deux héritiers. Aujourd'hui qu'il n'y a plus de distinction de biens ni d'héritiers, ce besoin ne subsiste plus. On n'a pas fait attention à cela en rédigeant l'art. 72 ; mais on s'en est souvenu dans l'art. 91, qui est diamétralement contraire. L'art. 72 doit être retranché.

Art. 75.... « Inventaire fidèle *et complet*... » *Fidèle* dit tout, et est pleinement suffisant; le mot *complet* est de trop, et pourrait faire croire qu'une omission innocente serait capable de vicier un inventaire fait de bonne-foi.

Les autres articles ne donnent lieu à aucune observation; et nous nous contentons, en finissant, de relever une omission que le titre nous a paru présenter : il n'y est point parlé du *douaire.*

Le *douaire*, inconnu chez les Romains, est une des institutions qui honorent le plus notre droit coutumier. Il assure la subsistance des enfans bien mieux que la légitime. Qu'un père épuise sa succession par des libéralités indiscrètes, soit entre-vifs ou à cause de mort, la loi y pourvoit en accordant aux enfans une action en révocation ou en retranchement de ces donations, jusqu'à une certaine concurrence ; et c'est ce qu'on nomme *légitime.* Mais si le père est un dissipateur, un homme sans conduite, qui a vendu son bien, quel remède ? Cependant il en faut un; car tout homme qui se marie, contracte pour première obligation celle de nourrir ses enfans : cette dette est acquittée par le *douaire.*

La femme y trouve aussi une ressource, et un juste profit de sa collaboration, lorsque la communauté n'a pas été fructueuse. En un point seulement, la disposition de nos coutumes peut paraître excessive, savoir, en ce qu'elles accordent tout-à-la-fois à la femme communauté et douaire.

Nous desirons que cette institution bienfaisante du droit coutumier soit conservée, avec cette seule modification que la femme ne pourrait prendre tout-à-la-fois communauté et douaire; de même que les enfans, pour demander le douaire, sont obligés de renoncer à la succession.

Il faudrait aussi que la femme fût tenue, comme les enfans, d'imputer sur le douaire les dons et avantages qui lui auraient été faits.

Le douaire est pour les enfans la propriété et pour la femme l'usufruit d'une certaine portion des immeubles que le mari possède en se mariant, ensemble de ceux qui lui sont échus en ligne directe pendant le mariage. La quotité est différente selon les coutumes : la moitié dans les unes, le tiers dans les autres. Ces deux fixations sont peut-être trop fortes, et l'on pourrait se contenter du quart.

Les neuf titres qui suivent, relatifs aux différens contrats, donnent matière à peu d'observations ; et nous allons les parcourir très-rapidement.

TITRE XI.

De la Vente.

Nous avons fait précédemment plusieurs remarques sur les articles 25, 26 et 27 de ce titre; nous y renvoyons.

De même sur l'article 104.

De même encore sur les articles 110 et 111.

(*Voyez* le titre *des Conventions en général.*)

TITRE XII.

De l'Échange.

Point d'observations sur ce titre.

TITRE XIII.

Du Louage.

Les articles 25 et 26 concernent la tacite réconduction, qui est admise par le projet de Code, tant pour les biens de campagne que pour les maisons et appartemens.

L'Assemblée constituante, dont on n'a pas contesté les lumières, avait aboli la tacite réconduction pour les biens de campagne. C'est la disposition de l'article 4, section II, titre I.er de la *loi* du 28 septembre 1791, appelée *le Code rural.* Elle s'était déterminée à prononcer cette suppression, à cause des difficultés et des surprises auxquelles donne lieu la tacite réconduction, plus ordinaires sans

LIVRE III. comparaison et plus multipliées pour les biens de campagne que pour les maisons de ville.

En supposant qu'on la maintienne pour l'une et l'autre espèce de biens, l'article 25 aura besoin de quelque amendement. Il y est dit que, dans le cas de la tacite réconduction, *le bail se prolonge.* L'expression est inexacte ; ce n'est point l'ancien bail qui est *prolongé*, mais un nouveau bail qui se fait : *Intelligitur dominus ex integro locare*, dit la loi romaine ; et c'est ce que répètent après elle tous les auteurs.

L'article ajoute que le bail se prolonge *aux prix, clauses et conditions prescrits par celui qui est expiré.* Cela est vrai indistinctement pour *le prix*, et en général pour *les clauses et conditions* de l'ancien bail ; mais il y a des exceptions. Si le bail, par exemple, contenait soumission à la contrainte par corps, prétendrait-on qu'elle fît partie de l'engagement contracté par la tacite réconduction, quoique toutes nos lois, principalement les dernières, requièrent pour cet objet une stipulation expresse ! Il en est de même des droits d'hypothèque et d'exécution attachés à l'ancien bail, lesquels ne peuvent résulter que d'un titre public et paré, jamais d'une convention purement tacite. Même observation encore pour la caution ; et les rédacteurs l'ont senti, puisqu'ils ont exprimé cette exception dans l'article 27. Pourquoi n'ont-ils pas parlé des autres ! Toutes ces exceptions peuvent être indiquées par une seule clause qui terminerait l'article : *et à la réserve des contrainte par corps, caution, hypothèque et droit d'exécution qui résulteraient de l'ancien bail.*

Enfin, il faut déterminer le temps après lequel on présumera la tacite réconduction. Ce temps est plus difficile à régler pour les biens ruraux que pour les maisons et appartemens ; mais, dans tous les cas, la tacite réconduction ne peut avoir lieu que lorsqu'au su du propriétaire, et après l'expiration du bail, le fermier a levé les guérets ou ensemencé les terres pour l'année suivante.

Avec ces modifications, l'article 25 pourra subsister.

L'article 26 devra subir aussi quelques changemens.

On supprimerait l'article 27.

L'article 74 met la *coulure* au nombre des cas fortuits pour lesquels le fermier peut demander une remise, s'il n'y a renoncé. La *coulure* n'autorise jamais le fermier à demander une remise ; c'est un accident si fréquent, sur-tout à l'égard des vignes, que le colon a dû s'y attendre, et proportionner sur ce risque le prix de sa ferme.

Articles 113 et 116. Il faut supprimer le mot d'*artistes* (ouvriers *artistes*); et, si l'on veut ajouter un autre mot, mettre celui d'*artisans*.

Art. 130. Les derniers mots, *et de tout ce qu'il aurait pu gagner dans cette entreprise*, sont de trop; il faut mettre à la place, « et de la perte » qu'il a pu faire, à raison d'autres entreprises que le marché dont on » demande la résiliation lui a fait refuser. » *Voyez* Pothier, *du Louage*, n.° 440.

Les rédacteurs n'ont point parlé du *bail emphytéotique* ou *à longues années*, ni du *bail à rente foncière*, qu'ils supposent avoir été *proscrits*, comme appartenant à la *féodalité*: de quoi ils se plaignent; ces baux, disent-ils, n'ayant jamais été des contrats féodaux, et étant d'ailleurs extrêmement utiles (*Disc. prélim.* pag. lix). Rien de plus vrai; mais aussi peut-on dire que les baux emphytéotiques ou à rente foncière aient été *proscrits!* On a déclaré rachetables toutes espèces de rentes foncières, quoique stipulées par les baux non rachetables; on a défendu d'en créer de pareilles à l'avenir: mais, à cela près, le contrat est demeuré permis, et autorisé par les termes mêmes des décrets, qui n'ont interdit que la non-rédimibilité de la rente. Nos lois nouvelles n'ont fait en ce point, et avec beaucoup de sagesse, pour le bien de l'agriculture, que ce qu'on avait fait il y a long-temps pour la seule décoration des villes. Depuis plus de trois siècles, nos ordonnances et nos coutumes défendaient de créer des rentes foncières non rachetables sur les maisons de ville, et statuaient que les rentes de cette nature qui existaient en vertu de contrats antérieurs, seraient rachetables à toujours. L'Assemblée constituante a rendu cette loi générale, et l'a étendue à toute espèce de biens. Mais, de même que les lois anciennes, en proscrivant l'irrédimibilité des rentes foncières assises sur maisons de ville, n'ont pas défendu de donner ces maisons à rente foncière pourvu que la rente demeurât toujours remboursable, les lois nouvelles n'ont pas défendu non plus de donner à rente les autres espèces de biens, pourvu que la même condition y fût observée. Ce point est si clair, qu'il est inutile de multiplier les citations; il suffit de jeter les yeux sur l'article 6 du célèbre décret du 11 août 1789, auquel on joindra, si l'on veut, les art. 6 et 7 de notre loi actuelle sur le régime hypothécaire. L'article 6, parmi les objets susceptibles d'hypothèque, énonce formellement *la*

LIVRE III. *jouissance des immeubles À TITRE D'EMPHYTÉOSE pour le temps de leur durée.* Les baux *à emphytéose* ne sont donc pas *proscrits.* L'article 7 décide ensuite que « les *RENTES FONCIÈRES et les autres prestations que la loi a déclarées rachetables*, ne pourront plus à l'avenir » être frappées d'hypothèques. » Il existe donc encore des *rentes foncières*, quoique *rachetables*, aux termes de la loi qui les déclare telles à toujours. Et de fait, on n'a pas cessé de payer les rentes de cette nature, qui avaient été créées avant la révolution ; de même qu'on a continué d'en créer depuis la révolution, par des contrats qui en ont produit un très-grand nombre de nouvelles.

On a donc lieu d'être surpris que les rédacteurs du Code aient supposé, comme point constant, que les baux à rente n'existaient plus, ainsi que les baux à emphytéose. Et quant à ce qu'ils disent que ces baux exigent une législation *toute particulière et très-compliquée* (ibid.), nous ne voyons pas que la matière comporte réellement ni de plus grandes *particularités*, ni plus de *complication*, que celle des autres contrats.

Ainsi, sans attendre, à cet égard, les ordres du Gouvernement auquel ils en réfèrent *(ibid.)*, et qui, en vertu de leur première mission, les a suffisamment autorisés, nous les invitons à s'occuper de remplir cette lacune. Ils sont plus en état que personne de s'en bien acquitter ; et ils ont pour cela des matériaux tout prêts dans nos livres, dans nos coutumes, notamment dans *Pothier*, qui a fait *ex professo* un traité du *bail à rente.*

TITRE XIV.

Du Contrat de société.

L'article 5 porte que « toute société dont l'objet est d'une valeur » de 150 francs, doit être rédigée par écrit. » Cet article abolit les *sociétés taisibles*, qui se contractent entre certaines personnes par le seul fait de l'habitation et vie commune pendant an et jour, avec communication de gains et de profits. Ces sociétés avaient lieu autrefois dans tout le pays coutumier ; et elles sont encore admises dans plusieurs coutumes, où l'usage en est fréquent, sur-tout entre les habitans des campagnes : Chartres, Dreux, Troyes, Sens, Auxerre. Nous ne parlons que de celles des coutumes indiquées qui font partie du ressort du tribunal d'appel de Paris.

On doit louer les auteurs du projet de Code d'avoir supprimé ce débris de nos institutions gothiques. Les sociétés taisibles forment une exception dangereuse à la règle, si sage et si nécessaire, posée par l'ordonnance de Moulins, qui défend d'admettre la preuve testimoniale en matière de conventions, au-delà d'une certaine somme. Elles présentent d'ailleurs un fait difficile à constater, compliqué dans ses détails, souvent obscur et très-équivoque dans son caractère, qui dépend principalement de l'intention ; il en résulte beaucoup de procès.

C'est ce qui avait déterminé presque généralement les rédacteurs de nos coutumes à les proscrire ; quelques-uns même avant l'ordonnance de Moulins. Cette suppression ne prive d'aucun avantage réel ceux qui veulent contracter de pareilles sociétés, dont l'utilité et même la nécessité pour beaucoup de personnes ne peut pas être révoquée en doute ; ils seront toujours les maîtres d'en contracter, en les écrivant ou les faisant écrire, comme toutes les autres conventions.

Mais les rédacteurs du Code ne s'en tiennent pas là ; et l'article 8 ajoute : « La loi ne reconnaît que la société universelle de gains, et » prohibe celle *de tous biens présens et à venir*, sauf la communauté » conjugale. » L'article 9 dit encore que « la société universelle de » gains comprend tont ce que les parties gagneront et acquerront » pendant la durée de la société, soit par leur industrie personnelle, » soit par la *jouissance* de leurs biens présens. » Et l'article 11 répète que « les biens que les associés possèdent au temps du contrat, n'y » entrent *que pour la jouissance* ; ceux qui leur échoient, pendant » la société, par succession, donation ou legs, n'y tombent *en aucune* » *manière* » : le tout sans distinction du meuble et de l'immeuble.

Nous croyons que ces articles vont trop loin. Il y a des personnes qui ont si peu, qu'en réunissant *tout* leur avoir présent et futur, elles trouvent encore difficilement de quoi sustenter leur faible existence. Combien n'en a-t-on pas vus que le malheur des temps avait réduits à cet état, quoique nés avec de la fortune, et accoutumés à une vie aisée ! La loi doit se prêter à toutes les situations ; elle doit s'adapter à tous les besoins que les circonstances peuvent amener, et n'en contrarier aucun. D'autre part, il semble raisonnable, quant à la société universelle de gains, que les meublés en fassent partie, et n'y entrent pas *pour la jouissance* seulement. Les meubles sont comme le fonds naturel de cette espèce de société ; et c'est ce qu'ont pensé tous les

LIVRE III. rédacteurs de coutumes, qui se sont occupés d'en tracer les règles; c'est aussi ce que nous voyons dans la communauté conjugale. Si le mobilier est exclu d'une société universelle de gains, que va-t-il s'ensuivre! Il faudra, en établissant une pareille société, commencer par faire inventaire, à l'effet de distinguer les meubles qui appartiennent à chacun des associés, et faire ensuite un récolement tous les ans pour constater ou les augmentations ou les pertes; il faudra, à mesure que chacun des associés recueillera une succession, ou fera en meubles quelque acquisition un peu marquée, avoir recours à de nouveaux inventaires. Quelle gêne et quel embarras insupportables!

Nous proposons de substituer aux articles du projet ceux que voici :

Art. 7. Les sociétés sont universelles et particulières.

Art. 8. On distingue deux sortes de sociétés universelles; la société universelle de gains, et celle de tous biens présens et à venir.

Art. 9. La société universelle de gains renferme tout ce que les parties acquerront par leur industrie, à quelque titre que ce soit, pendant le cours de la société. Les meubles que chacun des associés possède au temps du contrat, même ceux qui leur échoient dans la suite par succession, donation ou legs, sont compris dans cette société : leurs immeubles personnels y entrent aussi, mais pour la jouissance seulement.

Art. 10. La société de tous biens présens et à venir, est celle par laquelle les parties mettent en commun tous les biens meubles et immeubles qu'ils possèdent actuellement, et ceux qui leur adviendront par la suite; elle comprend même les immeubles qu'ils pourront recueillir par succession, donation ou legs, et ce non-seulement quant à la jouissance, mais quant à la propriété.

Art. 11. La simple convention de société, sans autre explication, n'emporte que la société universelle de gains.

Art. 12.

Art 12. On peut contracter société de certaines choses déterminées, ou simplement de leur usage, ou de fruits à en percevoir. On peut s'associer également pour l'exercice de quelque métier ou profession : ce sont des sociétés particulières.

L'article 13 parle des sociétés de commerce, dont on distingue trois espèces; et les quatre articles suivans, ainsi qu'un très-grand nombre des articles ultérieurs jusqu'à la fin du titre, sont relatifs à ces sociétés, dont il avait été déjà fait mention dans les art. 4 et 6.

Les rédacteurs se sont écartés, à cet égard, du plan qu'ils s'étaient tracé, et auquel jusqu'alors ils avaient été fidèles; celui de renvoyer au code commercial tout ce qui regarde le commerce. Il faut de l'uniformité : ou les sociétés de commerce doivent être renvoyées au code commercial; ou le Code civil doit comprendre avec elles, et les lettres de change, et les faillites, et les contrats d'atermoiement, et le mode d'exécution des contraintes par corps, et généralement tout ce qui intéresse les commerçans.

TITRE XV.

Du Prêt.

L'article 32 décide une grande question politique, celle de savoir si le législateur doit et peut même avec succès fixer le taux de l'intérêt. Nous la croyons bien décidée, au moyen de la restriction posée dans l'article 35. Mais il faudrait ôter de l'article 32 les derniers mots, *suivant les circonstances où l'État se trouve*, qui laisseraient croire que le Gouvernement, dans cette fixation, peut consulter, comme on l'a fait autrefois en France, son intérêt du moment; celui, par exemple, de décourager les emprunts particuliers, afin que l'argent reflue vers les emprunts publics.

TITRE XVI.

Du Dépôt.

Art. 31. Il ne paraît pas exact de dire que le dépôt d'hôtellerie *est regardé comme un dépôt nécessaire.* C'est un dépôt d'un genre particulier, et qui diffère, à plusieurs égards, du dépôt ordinaire; mais ce n'est point un dépôt nécessaire : on ne connaît pour tel que celui dont il est parlé dans l'article 30.

LIVRE III. Art. 35 ..... « Suivant les circonstances du fait et *l'état* des » personnes »..... L'ordonnance de 1667, titre XX, art. 4, dit, « suivant *la qualité* des personnes », c'est-à-dire, leur moralité, leur bonne ou leur mauvaise réputation; ce qui est plus juste.

TITRE XVII.

Du Mandat.

Art. 24. ...... « Et qu'il ait substitué quelqu'un notoirement » incapable *ou suspect* ». Ce mot *ou suspect* est bien vague; il faudrait dire, *ou évidemment suspect.*

TITRE XVIII.

Du Gage et du Nantissement.

Art. 2. « Le privilége n'a lieu qu'autant qu'il y a un acte *passé* » *devant notaire avec minute.* » Et pourquoi un acte *devant notaire!* pourquoi ne se contenterait-on pas d'un écrit double sous signature privée, qui aurait acquis date certaine par l'enregistrement, ou par le décès de l'une des parties!......... On a copié, sans y faire attention, cet article dans l'ordonnance de 1673. Mais alors le contrôle des actes n'existait pas; il n'a été établi que par un édit de 1693 pour les actes devant notaires, et par un édit de 1705 pour ceux sous signature privée.

Les rédacteurs n'ont point parlé de l'*antichrèse* ou *contrat pignoratif,* qui est pour les immeubles ce que le nantissement est pour les meubles. Il faudrait en dire quelque chose; et la vraie place de ces deux contrats serait au commencement du livre, parmi les engagemens ajoutés comme sûretés aux obligations principales, entre le titre du *Cautionnement* et celui *des Priviléges et Hypothèques.* Alors tous ces engagemens accessoires se présenteraient avec ordre et sans interruption : contrainte par corps, cautionnement, gage ou nantissement, contrat pignoratif ou antichrèse, priviléges et hypothèques.

TITRE XIX.

Des Contrats aléatoires.

La définition du contrat aléatoire, contenue en l'art. 1.er, paraît extrêmement vicieuse.

« Le contrat aléatoire, y dit-on, est celui par lequel chacune des

» parties contractantes *s'engage à donner ou à faire une chose.* » Il y a des contrats aléatoires où les contractans, en effet, *s'engagent* simplement *à donner ou à faire :* tels sont le jeu et le pari, cités pour exemples à la suite de la définition ; tel est aussi, dans l'usage ordinaire, le contrat d'assurance. Mais il y en a d'autres où l'un des contractans donne actuellement sans attendre l'événement du risque, où le contrat en conséquence est *réel,* et non purement *consensuel :* tels sont, le prêt à la grosse, et le contrat de rente viagère. Ainsi la définition, pour être exacte, devrait dire, « par lequel *une* des parties contractantes *donne* » *ou fait,* ou s'engage à donner ou à faire. »

L'article continue, « et ne reçoit, en équivalent de ce qu'elle » *donne.* » Il faudrait dire, suivant l'observation précédente, « de ce » qu'elle donne *ou promet.* »

L'article ajoute enfin, « que *le risque dont elle s'est chargée,* et qui » dépend d'un événement casuel et incertain. » C'est sur-tout ici que la définition pèche. Comment concevoir, dans un contrat intéressé de part et d'autre, un contractant qui promet de donner ou qui donne, et qui ne recevrait, en échange de ce qu'il donne ou promet, que *le risque dont il s'est chargé* lui-même ! En ce cas, il donnerait tout, et ne recevrait rien. Il y a visiblement erreur dans cette partie de la définition ; et il faut prendre le contre-pied, en substituant à ces mots, *le risque dont elle s'est chargée,* ceux-ci, « la chance du profit qu'elle espère, ou » le risque dont s'est chargé l'autre contractant. »

Nous croyons qu'il est facile de donner du contrat aléatoire une définition plus juste et plus simple. Voici les notions que nous mettrions à la place de l'article 1.er

Le contrat aléatoire est celui où chacun des contractans court le hasard de gagner ou de perdre ; ce qui doit être déterminé par un événement futur, ou par un fait actuellement inconnu de part et d'autre.

Dans ces contrats, chacun reçoit, en équivalent de ce qu'il donne ou promet, le risque subi par l'autre contractant.

De ce genre sont, le contrat d'assurance, le prêt à grosse aventure, &c.

Suivant l'article 2 : « La loi n'accorde aucune action pour le paie- » ment de ce qui a été gagné au jeu ou par un pari, excepté pour

LIVRE III. » les jeux *propres à exercer au fait des armes;* tels, ajoute-t-on, que » l'exercice au fusil, *les courses à pied ou à cheval et de chariot,* et » *le jeu de paume.* » Le *jeu de paume* ne peut pas être regardé comme *propre à exercer au fait des armes,* si ce n'est dans un sens très-étendu, en tant qu'il fait partie des exercices du corps. Il en est de même, à proportion, *des courses à pied ou à cheval et de chariot.* Il n'y a que l'exercice au fusil qui soit proprement de l'espèce indiquée. Mais d'ailleurs, n'est-ce pas aller trop loin que de n'excepter que les jeux *propres à exercer au fait des armes!* On trouvera quelques lois romaines, ou même françaises, qui ont disposé ainsi; mais la jurisprudence plus douce exceptait depuis long-temps et en général tous jeux d'exercice, qu'elle tenait pour favorables, comme propres à augmenter ou entretenir la force, l'adresse, le courage et la santé des citoyens.

L'article dit encore : « A l'égard de ces sortes de jeux (il faudrait » ajouter, *et des paris*), le juge *peut* dénier l'action, quand les » sommes jouées et pariées excèdent 24 francs. » *PEUT dénier;* il *POURRA* donc *accorder* l'action pour quelque somme que ce soit, et bien au-dessus de 24 francs; ce qui amène l'abitraire, et rend inutile la fixation portée par l'article. La constitution de *Justinien,* que les rédacteurs paraissent avoir prise pour guide, dit, en termes absolus, qu'on ne pourra jouer aux jeux qu'elle permet, plus d'un écu d'or pour chaque partie : *sed nec permittimus etiam in his ludere ultra unum solidum.* L. 3. c. *de Aleatoribus.*

Nous proposons de rédiger l'article ainsi qu'il suit :

La loi n'accorde action pour le paiement de ce qui a été gagné au jeu ou par un pari, que lorsque le jeu est un *jeu d'exercice,* et que l'objet du pari est honnête.

A l'égard même de ces sortes de jeux et des paris, le juge *doit* dénier l'action, toutes les fois que les sommes jouées ou pariées excèdent.... (la somme que l'on voudra désigner).

L'article 12 énonce que « la rente viagère peut être constituée » au taux que les parties contractantes jugent à propos; » mais il ajoute, *sauf les exceptions ci-après.* Et en effet les articles qui suivent, déterminent un taux que la rente ne pourra outre-passer, soit qu'elle soit créée sur une ou plusieurs têtes.

Nous croyons que les rédacteurs ont encore excédé en cette partie et ont oublié la règle qu'ils s'étaient faite, d'éviter *la dangereuse ambition de vouloir tout régler et tout prévoir.* (Disc. prélim. *pag. ix.*)

S'il est une chose qu'il faille abandonner aux spéculations des particuliers, c'est assurément la fixation des rentes viagères.

Qu'en 1793, lorsque l'on voulut convertir en perpétuel le viager sur l'État; que depuis, et en l'an 6, lorsqu'il a fallu autoriser les débiteurs de rentes viagères contractées sous le règne du papier-monnaie, à en demander la réduction, la loi ait essayé de fixer le taux de ces sortes de rentes; cela était nécessaire, conséquemment juste et sage.

Mais que, dans un état ordinaire où rien n'oblige le législateur à se mêler de cette fixation, il y intervienne par un réglement général, gradué sur la proportion des âges; quel peut être le fruit d'une pareille mesure !

C'est sur les âges uniquement, pris d'une manière abstraite, que la loi règle le taux des contrats viagers; et il est évident qu'elle ne peut pas avoir d'autre base. Mais combien d'élémens, autres que celui-là, entrent dans les spéculations des particuliers, lorsqu'ils déterminent le taux d'une rente viagère; l'état de la santé du rentier, sa complexion, sa manière de vivre, &c. &c.

La loi est téméraire, et elle est injuste, lorsque, prenant la place des contractans, elle veut faire elle-même, et au moyen d'une disposition générale, ce que les seuls particuliers peuvent faire dans un cas donné.

Nous croyons qu'il faut supprimer les art. 13, 14 et 15, et ne laisser subsister du 12.e que ces termes-ci: « La rente viagère peut » être constituée au taux que les parties contractantes jugent à propos. »

Les rédacteurs, dans le détail des contrats, n'ont point parlé de la *transaction*, ni du *compromis* et de l'*arbitrage*. Apparemment ces contrats doivent trouver leur place dans le code judiciaire, comme moyens d'empêcher ou de finir les procès; il aurait été bon d'en avertir.

TITRE XX.

De la Prescription.

L'article 5 observe que « les juges ne peuvent pas suppléer *d'office* » le moyen de la prescription. » La maxime est certaine; mais elle admet néanmoins une limitation qu'il faudrait exprimer: *sauf dans les*

LIVRE III. *matières qui intéressent l'ordre public*, tels que les délais pour les requêtes civiles, et autres semblables.

Art. 27. Aux endroits où l'on a mis *huitaine*, il faut substituer *décade*.

Art. 29, *3.e alinéa*. Au lieu de *sommation*, mettre *commandement*. Une *sommation* ne paraît pas susceptible de *péremption*.

L'article 44 forme double emploi avec l'art. 8, qui dit en général, que « la nation, les établissemens publics et les communes, *sont soumis* » *aux mêmes prescriptions que les particuliers.* »

L'article 45 serait mieux placé à la fin du titre.

La prescription de dix et vingt ans est sujette à de graves inconvéniens que manifeste la simple lecture des articles 46 et 47. Cette prescription est différente, suivant que le propriétaire contre lequel on veut prescrire, est présent ou absent. Il faut donc commencer par définir ce que l'on entend par *présent* et par *absent*. L'art. 46 décide que le véritable maître est réputé présent, s'il habite dans le ressort du tribunal d'appel dans l'étendue duquel l'immeuble est situé; absent, s'il est domicilié hors du même ressort. Mais peut-on dire que, dans un tribunal d'appel qui a trente ou quarante lieues de rayon, quelquefois plus, l'individu placé à l'est dans un des points de la circonférence, soit véritablement présent à l'ouest dans tous les points de cette même circonférence; qu'un homme, par exemple, domicilié à Sainte-Menehould, soit présent à Dreux ou à Chartres! Et au contraire, celui qui habite sur la frontière du ressort peut-il être réputé absent de l'autre côté de la frontière, sous prétexte qu'elle appartient à un autre ressort! On peut atténuer l'objection jusqu'à un certain degré, en circonscrivant dans des bornes plus étroites l'espace où l'on sera censé présent; en statuant, par exemple, qu'il suffira de demeurer dans l'étendue du département où est situé l'immeuble, comme autrefois il suffisait d'habiter un même bailliage: mais on ne fait par-là que déplacer la difficulté, qui reste toujours, et regagne d'un côté ce qu'elle perd de l'autre. Il y aura, en ce cas, moins de présens véritablement absens; mais il y aura plus d'absens véritablement présens; tous ceux qui habitent la partie limitrophe d'un département étant réellement présens à l'égard des objets de l'autre département situés dans leur voisinage, quoique la loi suppose leur absence.

Ce n'est pas tout; cet état de présence ou d'absence peut varier. On peut être présent pendant quelques années, puis absent plusieurs autres, revenir ensuite; ce qui oblige à se jeter dans des calculs, peut-être difficultueux, pour déterminer le temps de la prescription.

Il nous semble qu'on éviterait tous ces embarras, en prenant un terme moyen entre les dix et vingt ans, lequel terme suffirait pour prescrire, sans distinction aucune de propriétaires présens ou absens. Ce terme pourrait être de quinze années, qui, rapprochées des trente ans requis pour la très-longue prescription, établiraient assez le privilége de la bonne foi sur la mauvaise foi, dès que l'une pourrait prescrire par un espace moitié moindre.

Suivant l'article 50 : « Il suffit (dans la prescription de dix ou vingt » ans) que la bonne foi ait existé au moment de l'acquisition. » C'est ce que décide le droit romain; mais en cette partie, nous l'avions abandonné : le droit naturel, qui oblige de rendre le bien d'autrui et défend de se l'approprier, nous avait paru préférable.

Article 51. Au mot *architecte*, il faut substituer celui d'*entrepreneur de bâtimens*, ou ceux de *maçon et charpentier*. Il n'y a que les maçons et charpentiers constructeurs d'un bâtiment, en un mot les entrepreneurs, qui soient garans des mal-façons; l'architecte n'est sujet à cette garantie que lorsqu'il est entrepreneur.

La jurisprudence avait admis une autre prescription de dix ans, relative à une autre espèce de garantie, celle due par les procureurs ou avoués, pour les nullités qui se rencontrent dans leurs procédures, et qui proviennent de leur fait : il conviendrait d'en parler.

Art. 53, 5.e *alinéa.* « Celle des domestiques *qui se louent à l'année...* » Il faut retrancher ces mots, *qui se louent à l'année.* C'est bien une des raisons qui font qu'on ne peut établir un espace moindre pour la prescription des gages des domestiques, puisque, dans les campagnes, les domestiques se louent ordinairement *à l'année;* mais, quand ils se seraient loués pour un moindre terme, ou qu'il n'y en aurait même aucun de convenu, il faudrait toujours un an pour prescrire contre eux, d'autant que le projet ne marque, à cet égard, aucun autre temps de prescription.

Art. 54. Après ces mots, *ou depuis la révocation desdits avoués*, il faut ajouter, *ou le décès de la partie qui les a constitués.* C'est ce que portait le réglement de 1692. Le mandat finit par le décès du constituant, comme par la révocation du constitué.

Le projet de Code ne parle de prescription qu'à l'égard des huissiers et avoués; il n'a rien dit des notaires. Il paraîtrait raisonnable d'étendre

LIVRE III. à ces officiers la prescription de cinq ans, qui est la plus longue de celles établies relativement aux avoués.

Il y a encore, à l'égard des officiers ministériels, une espèce de prescription ou de fin de non-recevoir, résultant de la maxime, *Pièces rendues, pièces payées.* Suivant cette règle, les huissiers, les avoués et les notaires sont non recevables à demander à leurs cliens le salaire des exploits dont ils ont remis les originaux, des procédures dont ils ont rendu les dossiers, et des actes dont ils ont délivré les expéditions. On aurait pu faire mention de cette fin de non-recevoir au titre *des Conventions en général*, parmi les présomptions de paiement; mais il faut en parler quelque part, et, à défaut d'un autre endroit, on peut la mettre ici.

Enfin, les avoués étant obligés par les réglemens d'avoir un livre-journal, sur lequel ils écrivent les paiemens qui leur sont faits par leurs parties, le défaut de représentation de ce journal forme encore contre eux une fin de non-recevoir.

Art. 57. « Les juges et avoués sont déchargés des pièces cinq ans » après le jugement des procès. » Le réglement de 1692 dit *trois ans* pour les juges; ce qui paraît plus juste, le juge n'ayant ces pièces entre les mains que momentanément, et n'étant pas, comme l'avoué, l'homme de la partie.

Le terme de *trois ans* indiqué pour la revendication dont parle l'article 60, est bon; mais il faut dire que la revendication pourra être faite en tout temps, si l'effet volé est entre les mains du voleur ou du recéleur, suivant la maxime, *Rei furtivæ æterna auctoritas esto.*

Il faudrait aussi ajouter quelque chose à l'article 61; ces mots, par exemple, après qu'il a été fait mention du marchand : « ou en » général d'une personne connue, et qu'on ne pouvait naturellement » soupçonner de vol. » Voyez *Domat*, liv. 3 du *Droit pub.*, titre VIII, art. 10.

Nous répétons, en finissant, l'observation plusieurs fois faite, que nous n'avons pas entendu relever les simples vices de rédaction, qui auront sans doute été aperçus par les rédacteurs eux-mêmes, ou qu'ils corrigeront aisément en relisant leur travail.

Les commissaires du tribunal d'appel séant à Paris,

TREILHARD, AGIER.

OBSERVATIONS
DU TRIBUNAL D'APPEL
SÉANT À RIOM,

Délibérées en séances générales, et rédigées par la Commission nommée, conformément à la lettre du Ministre de la justice du 12 germinal dernier, pour examiner le Projet de Code civil composé par ordre du Gouvernement, et faire sur les articles qui le composent, les observations qui seront jugées convenables.

SUR CE QUE LE PROJET EST INTITULÉ *PROJET DE CODE CIVIL.*

L'ARRÊTÉ des Consuls, tel qu'il est énoncé au commencement du discours préliminaire, semble n'avoir demandé que l'ordre et le plan d'un Code, et les bases, ou même simplement la discussion des principales bases, de la législation en matière civile : d'où l'on peut inférer que le vœu du Gouvernement était moins d'avoir un Code achevé dans un délai si court, que les fondemens et la méthode d'un Code à faire, et qui demanderait peut-être le travail et les méditations de plusieurs années. C'est au Gouvernement à juger si son but est rempli, et s'il convient d'intituler *Code civil,* ou simplement *Décrets préparatoires en matière de législation civile*, une collection de quelques principes généraux et de certaines décisions particulières, qui ne dispensera peut-être, en aucun cas, de recourir aux anciens Codes, soit romains, soit français.

SUR LE DISCOURS PRÉLIMINAIRE.

LA commission a douté si le discours préliminaire faisait ou non partie du Code (posé que le Code fût adopté).

DISC. PRÉL. Dans ce doute, elle s'est livrée à quelques réflexions sur ce discours, mais moins pour en discuter toutes les parties, que pour montrer que ce discours devait être réformé, composé même dans un autre plan, s'il devait en être placé un à la tête du Code, ou si celui-ci devait lui servir de préface.

Page VI, dernier alinéa. Ainsi, sur ce qui est dit *que les lois sont faites pour les hommes, et non les hommes pour les lois*, cette idée, qui peut éblouir d'abord, ne lui a point paru exacte et pourrait être dangereuse : car l'homme est né sous la loi, puisque la loi est antérieure à l'homme, en tant qu'elle est l'ordre, la sagesse et la justice de Dieu, qui a créé l'homme à son image; il est même fait pour vivre sous les lois politiques et civiles du Gouvernement où il plaît à Dieu de le placer, puisque, d'une part, il est destiné par sa nature à vivre en société, et que, de l'autre, les lois de son Gouvernement et de sa société doivent être formées sur les lois immuables de la nature, c'est-à-dire, sur ces lois d'ordre, de justice et de sagesse dont les commissaires eux-mêmes conviennent que les législateurs humains ne doivent être que les religieux interprètes. D'où il résulte que dire que l'homme n'est pas fait pour les lois, c'est presque dire que l'homme n'est pas fait pour Dieu, ou, ce qui est la même chose, qu'il n'est pas fait pour sa nature.

Page VIII, ligne 20. Ailleurs, il a paru à la commission qu'en parlant de Rome, *destinée, pour ainsi dire, à être la ville éternelle*, c'était probablement l'expression *universelle* que les commissaires avaient voulu employer, car l'idée d'éternité est indépendante de l'idée d'étendue de domination; et c'est sous ce dernier rapport que les commissaires paraissent avoir donné à entendre que les premières lois de Rome, d'abord suffisantes si elle fût éternellement restée ce qu'elle était alors, devinrent insuffisantes parce que sa domination s'étendit.

Page X, ligne 21. C'est une belle idée, et qui donne presque toute celle de la bonne composition d'un Code, que de dire que *c'est au magistrat et au jurisconsulte, pénétrés de l'esprit général des lois, à en diriger l'application.* Qui ne voit en effet que les lois sont aux conventions des hommes ce que les élémens sont à la composition des corps; qu'elles doivent être simples comme eux, et que c'est aux juges à discerner, dans les diverses conventions, les principes élémentaires auxquels elles se rapportent, et par lesquels elles doivent être jugées. DISC. PRÉL.

Page XI, 3.e alinéa. Mais alors pourquoi dire après, qu'*il serait sans doute desirable que toutes les matières pussent être réglées par les lois!* D'une part, ce desir n'est pas raisonnable, parce que la chose est impossible, à cause de l'infinie diversité des conventions ou des obligations qui peuvent naître des actions des hommes; de l'autre, cette variété infinie n'est pourtant que la combinaison de peu de principes simples et immuables, qui suffisent à tout régler, comme ils ont suffi à tout composer. Voyez comment les hommes sont gouvernés par un très-petit nombre de lois divines, d'où dérivent la règle de toutes leurs actions morales et civiles, et le système entier de leur conduite envers Dieu et envers les hommes!

Heureux le peuple à qui on pourrait faire le présent d'un code aussi simple, et malheur à celui pour qui on aurait tenté de tout décider par les lois! il serait vrai de dire alors qu'il n'aurait plus ni lois ni juges.

Ibid. ligne 1.re On peut rapporter au même sujet ce qui est dit, à la même page, sur le défaut ou la trop grande multiplicité de livres. Encore une antithèse brillante, mais dangereuse, par cela même que c'est une antithèse, parce que rarement les deux idées sont exactement vraies; et tout doit être exactement vrai dans tout ce qui appartient à un Code.

Jamais l'abondance de l'instruction ne l'a rendue plus difficile. Il est trop vrai qu'en général les hommes en abusent, et que le plus grand nombre n'y puise qu'une instruction vaine : d'abord parce qu'ils ne craignent rien tant que de réfléchir, et qu'ils trouvent plus commode de chercher dans les opinions des autres ce qu'ils trouveraient plus sûrement, mais plus péniblement, en eux-mêmes; qu'ils n'y cherchent même le plus souvent qu'une autorité pour justifier ou faire réussir ce qu'ils sentent qu'ils ne devraient pas desirer; c'est encore parce que hors de l'habitude des bonnes mœurs, on ne saurait avoir celle d'un sens droit; c'est enfin parce que, dans la fausse persuasion que tout est écrit, on aime à se croire dispensé de toute étude et de toute méditation : et c'est là le déplorable état où nous sommes réduits, et le funeste effet des dictionnaires ou des misérables compilations.

Le remède à ces maux est dans les mains du Gouvernement;

DISC. PRÉL. 1.° Des écoles publiques;

2.° Un ordre d'études bien réglé, et une grande sévérité à faire suivre ces études et cet ordre;

3.° Attachement, honneur, privilége aux bonnes mœurs; haine implacable aux mauvaises;

4.° Sur-tout scrupuleuse attention dans le choix des juges; car jamais il ne cessera d'être vrai que les juges doivent être les sages par excellence, choisis entre les plus capables et les plus vertueux, et que les meilleures lois, entre les mains de mauvais juges, sont l'arme la plus redoutable contre les citoyens et contre le Gouvernement lui-même.

Avec ces précautions nécessaires en toutes circonstances et en tout temps, on aura toujours à se féliciter de l'abondance des lumières, pour la facilité même de l'instruction.

Page XVII, ligne 6. « Or c'est à la jurisprudence que nous abandonnons les cas rares et extraordinaires, &c. »

C'est sûrement par inadvertance qu'on n'attribue ici à la jurisprudence que des cas rares et extraordinaires, après avoir dit, quelques lignes plus haut, que la jurisprudence était nécessaire dans le plus grand nombre des cas.

Pages XVII et XVIII. « Le droit naturel et le droit des gens ne diffèrent » point *dans leur substance*, mais seulement dans leur application. La » raison, en tant qu'elle gouverne indéfiniment tous les hommes, » s'appelle *droit naturel*, et elle est appelée *droit des gens* dans les relations » de peuple à peuple. »

Il a paru à la commission que le droit des gens n'était le droit des peuples entre eux, que parce qu'il était d'abord invariablement le droit de chaque peuple chez lui.

A la bonne heure qu'on confonde le droit naturel (considéré exclusivement comme droit humain) avec le droit des gens; mais qu'on ne dise pas qu'ils sont uns dans leur substance, et divers dans leurs rapports. Cette distinction, difficile à entendre, et qui ne le serait peut-être pas moins à expliquer, pourrait être tirée à de très-fausses conséquences.

Page XVIII, ligne 10. « En jetant les yeux sur les définitions que la

» plupart des jurisconsultes ont données de la loi, nous nous sommes » aperçus combien ces définitions sont défectueuses : elles ne nous » mettent point à portée d'apprécier la différence qui existe entre un » principe de morale et une loi de l'État. » DISC. PRÉL.

La commission a lu avec peine ce reproche fait aux jurisconsultes, qui ne le méritent pas : la loi n'étant autre chose que *règle commune, ordre ou défense de la part du pouvoir*, tout le monde sait ce que c'est, comme tout le monde sait ce que sont *pouvoir* et *force*.

Ce qu'il importait donc de définir et d'expliquer, c'était l'objet de la loi, et la raison de l'obéissance que tous lui doivent, non-seulement à cause de la force qui l'exige, mais sur-tout à cause du respect qu'elle mérite.

Aussi tous les jurisconsultes, et après eux les auteurs même du projet, confondent avec raison le droit et la loi; puisque le droit est la raison suprême, et que la loi ne saurait être contraire au droit.

Or les livres des jurisconsultes sont pleins des plus magnifiques et des plus vraies définitions du droit; et par conséquent de la seule définition qui convienne à la loi. *Jus est ars æqui et boni*. (ULPIAN. l. 1, *de justit. et jure.*)

Si donc le droit est réduit en art, il consiste nécessairement en préceptes : voilà donc aussi la définition de la loi, dès l'entrée même du Digeste.

Mais ailleurs on trouve tout-à-la-fois la définition générale du droit et la définition spéciale de la loi, en termes auxquels on ne saurait rien ajouter ni retrancher : c'est au siége même de la matière, liv. II, tit. III *de leg.* l. 1.re *Lex est commune præceptum, virorum prudentium consultum, delictorum quæ sponte vel ignorantiâ contrahuntur coercitio, communis Reipublicæ sponsio.*

Tout est renfermé dans cette définition : la cause efficiente, la matière, la fin, la puissance et l'autorité. *Papinien* n'a fait que copier les sages de l'antiquité. La loi suivante de *Marcien*, qui en a emprunté les termes de *Démosthène* et du philosophe *Chrysippe*, donne encore une explication plus étendue, non-seulement de la loi, mais de ce qu'elle doit être pour mériter ce caractère auguste. On ne saurait rien lire de plus juste ni de plus beau; il suffit d'y renvoyer : mais on en copiera au moins cette idée si philosophique et si vraie, *lex est donum Dei*; et on terminera cet article en observant que ce serait ôter à la loi sa véritable force,

DISC. PRÉL. que de séparer, dans la soumission qu'on lui doit, l'obligation morale de l'obligation civile.

Page XIX, ligne 3. « Le Code civil est sous la tutelle des lois » politiques ; *il doit leur être assorti.* »

La seconde partie de cette phrase ne saurait être conçue; et, présentée généralement, comme elle l'est, sans autre explication, elle paraît être le renversement des idées naturelles de ces deux choses, lois civiles, lois politiques.

Ibid. ligne 13. « Les affaires militaires, le commerce, le fisc, &c. » supposent des rapports particuliers qui n'appartiennent exclusivement » à aucune des divisions précédentes. »

Tout cela est matière d'administration, d'exécution, de protection, par conséquent de réglemens variables et transitoires, par conséquent du Gouvernement; il valait mieux le dire.

Page XXIII, dernier alinéa. « Ce n'est que dans ces derniers temps » qu'on a eu des idées précises sur le mariage............. Les idées » confuses qu'on avait sur l'essence et sur le caractère de l'union » conjugale, produisaient des embarras journaliers dans la législation » et dans la jurisprudence...................... Nous nous sommes » convaincus que le mariage, qui existait avant le christianisme ..... » ...., n'est ni un acte civil, ni un acte religieux, mais » un acte naturel, qui a fixé l'attention des législateurs, et que la » religion a sanctifié, &c. »

Puisque le monde s'est formé et se perpétue par le mariage, il est difficile de croire que personne n'avait encore su précisément ce que c'est.

Mais en quoi donc les idées qu'on a eues, jusqu'à nos jours, de l'essence et du caractère du mariage, sont-elles confuses ! Qu'on parcoure tous les livres connus, les docteurs sacrés et profanes, les lois de tous les peuples, les nôtres ; par-tout on verra qu'il est parlé du mariage avec la clarté, la dignité, la majesté qui conviennent à ce contrat, le plus saint comme le premier de tous.

Ne paraîtra-t-il pas aussi bien étrange que ce contrat, dicté par Dieu lui-même, lorsqu'après avoir créé l'homme il le sépara pour ainsi dire en deux sexes, comme pour le réunir ensuite à lui-même en l'unissant à la femme, ne soit pas un acte religieux ! La société des hommes, même sous le rapport politique, ne saurait être considérée comme une société de brutes, à qui il soit interdit de remonter à son origine; et puisqu'on ne peut s'empêcher de reconnaître que, par la loi de sa nature, l'homme est destiné à vivre en société, il semble raisonnable d'en conclure que toute société est nécessairement, et par son essence, autant morale que politique; qu'ainsi l'acte par lequel seul il existe des peuples et des états, ne saurait être considéré abstractivement de toute idée de religion. DISC. PRÉL.

Sans doute, cet acte est aussi un acte naturel, sous le rapport physique seulement, et c'est ce que les jurisconsultes romains n'ont pas négligé d'expliquer : mais hors de ce rapport, qui n'est pas fait pour occuper le législateur, c'est un acte certainement moral, et nécessairement encore un acte civil; car qui oserait dire qu'il est parvenu à concevoir l'état naturel de l'homme moral, hors de l'état de société, et, par conséquent, hors de l'état civil !

Page XXV et suiv. Suite d'idées sur le mariage.

Il est agréable de lire tout ce que les auteurs du projet nous disent à cet égard; on ne saurait mieux peindre, on ne saurait mieux écrire : mais le sujet est si grave, l'ouvrage d'un Code exige une composition si majestueuse et si sévère, il y a si peu de personnes, aujourd'hui surtout, qui sachent prendre le vrai sens de ce qu'elles lisent, il en est tant d'autres toujours prêtes à abuser de ce qu'elles ont lu, qu'il vaudrait mieux peut-être réserver ces magnifiques peintures à un ouvrage d'esprit et de pur agrément que de les placer à la tête d'un corps de lois.

Page XXIX, ligne 3. « Il résulte de ce que nous avons dit, que le » mariage est un contrat perpétuel par sa destination. Des lois récentes » autorisent le divorce; faut-il maintenir ces lois ! »

La perpétuité étant de l'essence du mariage, et le mariage étant le fondement de la société, c'est évidemment attaquer la société par ses fondemens, que de permettre que le mariage soit détruit dans son essence. On aura beau discourir avec élégance sur cette matière, tous les raisonnemens viendront échouer contre la conséquence immédiate de ces vérités reconnues. Il ne s'agit point ici des intérêts de Dieu,

DISC. PRÉL. mais de ceux de la société ; ce n'est pas une politique de théologiens qu'il s'agit d'établir, mais une politique de sages ; et un législateur qui, posant les règles de la société, en admet de subversives de la société, renonce manifestement à sa sagesse, et va contre son but.

En vain dit-on que « les lois ne doivent pas être plus parfaites que » les hommes à qui elles sont destinées ne peuvent le comporter. »

D'abord, il faudrait commencer par prouver, ce qui est impossible, que les hommes ne peuvent plus supporter les principes du mariage sans divorce.

2.° C'est la corruption des mœurs sociales qui a conduit au desir du divorce : or la loi qui se prête à cette corruption, invite, par cela même, à une corruption plus grande, dont l'accroissement devant être rapide en raison de l'espace déjà franchi et de l'impuissance de la loi à en arrêter le cours, menace la société d'une destruction infaillible et prochaine ; en sorte que, si le divorce eût été anciennement établi parmi nous, ce serait précisément aujourd'hui qu'il faudrait le supprimer.

3.° Si la loi n'a pas pour objet de rendre les hommes parfaits, au moins doit-elle tendre à les maintenir ou à les ramener dans la voie des mœurs. Il ne faut des lois aux hommes que parce que les hommes ont des passions ; et lorsqu'un peuple vieilli dans sa civilisation, perdu par le goût désordonné des jouissances, et las du frein qui l'a contenu, n'a plus les mœurs qui ont fait ses lois, tout est perdu, si des lois plus fortes ne rétablissent pas ses mœurs.

4.° Mais ce qu'il ne faut pas perdre de vue dans cette matière, c'est qu'elle concerne moins telle ou telle partie des mœurs, que la société en général ; et que la loi, faite sur-tout pour la conservation de la société, ne doit pas être en opposition avec les moyens essentiels de cette conservation. Qu'il y ait une religion dominante ou non, que divers cultes soient également tolérés (sans être autorisés) ; ce n'est pas de cela qu'il s'agit : le point capital est de ne permettre dans aucune ce qu'aucune n'ordonne ; ou plutôt, c'est de défendre absolument, et sans autre considération que celle de l'intérêt de la société, ce qui est contraire à la nature des choses, à la raison universelle qui constitue la loi, et au principe fondamental des sociétés, comme on défend les empoisonnemens, les meurtres et les incendies, non parce que la loi de Dieu les défend, mais parce que la loi naturelle constitutive de la société les condamne.

Eh quoi !

Eh quoi ! s'il se formait un nouveau culte, selon lequel il fût permis, d'après la doctrine des vingt-quatre vieillards dont parle *Pascal*, livre VI, *de tuer quelqu'un en trahison, pourvu qu'on ne le fît que pour obliger son ami et sans en recevoir de salaire*, faudrait-il donc aussi autoriser civilement cette abominable licence, pour s'accommoder à la liberté de ce culte ! Cet exemple hypothétique, auquel on pourrait en ajouter mille autres, suffit pour détruire ce faux principe de législation, qui fait admettre aujourd'hui le divorce, *parce qu'il se trouve lié*, dit-on, *parmi nous, à la liberté de conscience.* On peut se croire quitte du côté de sa conscience, sans être pour cela absous du côté de la loi civile ; et cela est vrai sur-tout par rapport au divorce, qui n'attaque pas seulement la morale, mais encore la société, et qui attaquerait encore la société par cela seul qu'il attaque la morale. DISC. PRÉL.

5.° Mais n'y a-t-il pas une sorte de contradiction, à paraître s'accommoder à la diversité des cultes, et à ne rien faire absolument en faveur du plus important et du plus commun de tous ! Puisqu'on dit *qu'il faut des lois pour tous les citoyens qui peuvent professer diverses religions*, pourquoi donc n'avoir pas fait une loi pour les catholiques qui ont le malheur d'avoir contracté des mariages mal assortis, pour qui il est indispensable d'interrompre cette société, ou de demeurer exposés, soit à un supplice perpétuel, soit au danger même d'y perdre la vie ! Au moins pour ceux-là, qu'en coûtait-il de rétablir les séparations de corps ! pourquoi la loi ne leur offre-t-elle pas le seul remède salutaire qu'ils ambitionnent ! pourquoi les force-t-elle à la cruelle alternative de souffrir des maux insupportables, ou de trahir leur religion, en embrassant un parti qui répugne à leur conscience et qui peut devenir inévitable dans leur faiblesse !

6.° On se fonde sur ce que la liberté des cultes est une loi fondamentale, et que la plupart des doctrines religieuses autorisent le divorce. Il est donc vrai que le culte catholique est libre aussi : or ce culte autorise les vœux religieux et perpétuels ; et cependant le Code ne les permet pas. Dira-t-on que c'est parce que les vœux sont contraires à la population, et par conséquent à l'intérêt de la société ! D'une part, il est évident par soi-même et il est avoué que le divorce nuit à la société ; de l'autre, l'opinion la plus commune de ces derniers temps était que les malheurs de la société venaient de l'excès même de sa population, et de ce qu'on n'avait plus, comme

DISC. PRÉL. autrefois, la ressource d'en détacher de nombreuses colonies. Mais sans entrer dans cette inutile dissertation, il suffit de rappeler ce que les auteurs du projet disent eux-mêmes en faveur du divorce, que « lorsqu'une nation est formée, on a assez de peuple. »

Dira-t-on encore que les vœux contrarient la nature ! Mais rien ne la contrarie plus que le divorce, de l'aveu aussi des auteurs du Code, qui ne peuvent s'empêcher de reconnaître que « le vœu de la per- » pétuité dans le mariage est le vœu même de la nature. » Quoi ! pour ne pas contrarier la nature, on ne permet pas les vœux religieux, quoique recommandés par la religion, dont le culte est libre ; et on ne craint pas de la contrarier dans le premier de tous ses vœux, et qui importe le plus à la société !

7.° Les auteurs du projet sont trop sages, pour avoir oublié de dire qu'il faut que les lois opposent un frein salutaire aux passions : mais comment concilier ce principe avec un projet de loi qui autorise la plus dangereuse révolte des passions contre *le vœu de la nature pour la perpétuité du mariage !*

Il leur est échappé de dire que « le célibat forcé dans lequel on » contraindrait deux époux malheureux de vivre, serait aussi funeste » aux mœurs qu'à la société. » Du côté de la société, ils ont déjà dit qu'elle prenait peu d'intérêt à ce célibat forcé ; du côté des mœurs, il serait difficile de montrer ce qu'elles auront à gagner à un libertinage destructeur, dont le divorce sera tout-à-la-fois l'effet et la cause. Ce n'est sûrement pas en favorisant les passions, qu'on peut *leur opposer un frein salutaire.*

On pourrait écrire des volumes sur le danger certain du divorce pour les mœurs et la société ; d'autres l'ont déjà fait, et leurs preuves sont demeurées sans réponse. Ce n'est pas, d'ailleurs, la tâche qu'on a à remplir : il suffit d'avoir énoncé son opinion, puisqu'on a dû le faire ; et on croit pouvoir dire que c'est le vœu le plus général des citoyens de l'arrondissement du tribunal. On ne s'est même si longtemps arrêté sur cette partie du discours, que parce que ce sera toute la réponse qu'on fera au chapitre du projet qui concerne le divorce ; et parce que les autres parties du discours sur lesquelles on aurait des observations à faire, doivent se retrouver dans le projet de Code, et que le temps presse, on se hâte, pour abréger, d'en venir à l'examen de ce projet.

LIVRE PRÉLIMINAIRE.

TITRE Ier

DÉFINITIONS GÉNÉRALES.

Du Droit et des Lois.

Art. 1.er « Il existe un droit universel et immuable, source de toutes » les lois positives; il n'est que la raison naturelle, en tant qu'elle » gouverne tous les hommes. »

Pourquoi *en tant qu'elle gouverne !* est-ce qu'elle ne les gouverne pas en tout et sur tout !

Même dans les connaissances acquises par l'expérience, même dans ses lois arbitraires, l'homme se sert ou doit se servir de sa raison, et ne peut rien faire de bon s'il le fait contre ses lumières naturelles.

La raison est inséparable de la nature de l'homme, puisque c'est elle qui le constitue essentiellement ce qu'il est. Il peut obscurcir cette lumière, en abuser parce qu'il est libre; mais il ne cesse pas plus pour cela d'être animal raisonnable, qu'il ne peut cesser d'être homme.

Ainsi, dire que la raison naturelle est la source de toutes les lois positives, *en tant que &c. [in tantum quantum, in eo quod]*, c'est limiter la puissance de la raison; c'est supposer qu'on peut faire des lois sans le secours de la raison, ou contre les lumières de la raison.

Si l'on avait pu croire que, par les mots *en tant que*, la commission eût entendu exprimer l'idée *parce que*, on n'aurait vu qu'une erreur dans l'expression, facile à rectifier, ou même de peu de conséquence: mais la suite prouve que l'erreur est dans la définition; car l'article 4 distingue le droit universel, ou la raison, des lois propres à chaque peuple, et de ses coutumes ou usages.

Art. 4. « Le droit intérieur ou particulier de chaque peuple se » compose *en partie* des lois qui lui sont propres, et en partie de ses » coutumes ou usages, qui sont le supplément des lois. »

Cependant les lois propres à chaque peuple, soit qu'on les lui ait données ou qu'il les ait adoptées, soit qu'il se les soit données lui-même par l'usage, ne sont ou ne doivent être que des lois déduites

LIV. PRÉL. de la raison ; et sans doute la définition des lois, dans un Code, doit être la définition des lois telles qu'il convient qu'elles soient.

Or, dire que *le droit intérieur ou particulier* de chaque peuple se compose *en partie* de la raison naturelle, c'est dire nécessairement que, dans les autres parties, il est ou peut être composé ou contre cette raison, ou au moins hors de cette raison ; ce qui est évidemment faux, contraire même à ce qu'on vient de dire, que la raison naturelle est la source de tout droit positif, et prouve combien on doit s'attacher à cette maxime de droit, *Omnis definitio in jure civili periculosa.*

Au surplus, on ne répétera point ici ce qu'on a dit sur le discours préliminaire, au sujet du droit *extérieur* ou *des gens*, défini par les articles 2 et 3. Il y a un droit des gens, un droit commun, qui est le même chez tous les peuples, et qui ne compose pas moins leur droit intérieur que l'extérieur. Il convient donc de réformer la définition ; et on ne saurait mieux faire que de s'en tenir à celle des Institutes de *Justinien.*

Art. 7. « La loi annonce des récompenses et des peines....... ;
» elle se rapporte.......... aux biens, pour l'utilité commune des
» personnes. »

La loi fait plus qu'annoncer ; elle établit, elle ordonne ; c'est elle-même qui récompense ou qui punit, *Legis virtus punire :* le magistrat, qui ne fait que l'appliquer, l'exécute, sans rien ordonner de son chef.

Ses rapports aux biens regardent l'utilité *respective* et non *commune* des personnes.

TITRE II.

DIVISION DES LOIS.

Art. 1.er « Les troisièmes règlent les rapports de l'homme avec la
» loi : cette partie de la législation est la garantie et la sanction de
» toutes les lois. »

L'essence de la loi est d'ordonner, permettre, défendre, de récompenser et de punir : ainsi celle qui établit des peines est une loi comme toutes les autres ; et toutes les lois sont saintes, *Leges sunt sacratissimæ :* aucune n'est la sanction des autres ; mais elles sont toutes sanctionnées par la puissance législative qui les établit.

Si par le mot *sanctionner* on entend *décréter*, *constituer*, *établir*, chaque loi est la sanction d'elle-même, en ce qu'elle ne souffre pas qu'on l'enfreigne. Ainsi la loi qui défend de donner par testament au-delà de ce qu'elle a réglé, n'a besoin, pour sa propre sanction, ni des règles d'ordre judiciaire, ni des lois criminelles, ni de celles de police, ni d'aucune de celles qui ont directement les mœurs ou la paix publique pour objet.

TITRE III.

DE LA PUBLICATION DES LOIS.

Art. 1.er « Les lois sont adressées aux autorités chargées de les » exécuter ou de les appliquer. »

Cet article suppose que l'envoi en sera fait aux tribunaux de première instance comme à ceux d'appel, puisqu'il est indispensable qu'ils les connaissent pour les faire exécuter.

Art. 2. « Les lois dont l'application appartient aux tribunaux, sont » exécutoires dans chaque partie du territoire de la République, du » jour de leur publication par les tribunaux d'appel. »

Mais alors pourquoi en ordonner l'exécution du jour de leur publication dans les tribunaux d'appel, où elles seront certainement publiées avant de pouvoir l'être dans plusieurs tribunaux d'arrondissement!

Il n'est pas juste que la loi oblige avant d'être connue, ou avant qu'elle ait pu moralement l'être; et puisqu'on fixe l'époque de son empire à la date de la publication dans les tribunaux, il est raisonnable que ce soit de la publication dans les tribunaux de première instance : 1.° parce que les tribunaux de première instance connaissent les premiers de l'exécution de la loi; 2.° parce qu'il est bien plus sûr que le *forum* de chaque tribunal de première instance sera fréquenté par les citoyens de son arrondissement, qu'il n'est sûr que celui des tribunaux d'appel le sera le même jour par des plaideurs de tout son territoire.

D'ailleurs le ministre, puisqu'il paraît que l'envoi sera fait dans tous les tribunaux par lui-même, sera, sans doute, assertioré de la publication par-tout, ou de la négligence d'y satisfaire.

Peut-être vaudrait-il mieux, pour la plus prompte exécution, et pour simplifier la correspondance du ministre, charger, comme autrefois, le commissaire des tribunaux d'appel, de l'envoi des lois à ceux des tribunaux d'arrondissement, qui seraient tenus de lui certifier la publication,

LIV. PRÉL. qu'à son tour il certifierait pour tous au ministre : ce serait d'ailleurs le seul moyen d'instruire les tribunaux d'appel, aussitôt qu'ils doivent l'être, du jour où a dû commencer l'exécution des lois dans leurs arrondissemens.

Art. 3. « Cette publication doit être faite, à peine de forfaiture, à » l'audience qui suit immédiatement le jour de la réception, par la » section qui est de service. »

L'envoi sera fait, sans doute, au commissaire ; il fallait donc dire *que la publication serait requise et ordonnée à peine de forfaiture respective.*

Il serait plus convenable de supposer la fidélité du magistrat que de prévoir sa forfaiture ; ce qui n'empêcherait pas de l'en punir, s'il s'y exposait.

Art. 4. « Les lois dont l'exécution et l'application appartiendraient » à-la-fois aux tribunaux et à d'autres autorités, leur sont respectivement adressées. »

Cet article suppose ce qui n'est pas démontré, qu'il peut y avoir des lois qu'il soit inutile aux juges de connaître, en ce qu'elles ne feront jamais la matière ou les motifs directs ou indirects de leurs jugemens.

TITRE IV.

DES EFFETS DE LA LOI.

Art. 9. « Les lois prohibitives emportent peine de nullité, quoique » cette peine n'y soit pas formellement exprimée. »

Tout ce qui est contraire à la loi, soit qu'elle ordonne ou qu'elle défende, devrait être nul ; sans cela c'est une loi désarmée, qui dégénère en simple conseil.

TITRE V.

DE L'APPLICATION ET DE L'INTERPRÉTATION DES LOIS.

Art. 10. « La distinction des lois odieuses et des lois favorables, » faite dans l'objet d'étendre ou de restreindre leurs dispositions, est » abusive. »

Il n'y a point de lois odieuses, ou considérées comme telles : on doit les regarder toutes comme justes, tant qu'elles sont en vigueur.

Mais des lois s'appliquent à des cas odieux ou favorables; et cependant elles ne les déterminent pas tous. C'est donc à l'équité du juge à discerner ce qui est plus ou moins susceptible de l'application de ces sortes de lois. Or, ce n'est que dans les cas douteux ou dans les cas semblables qu'on étend ce qui est favorable, ou qu'on restreint ce qui est odieux. Rien ne paraît plus raisonnable, et on ne comprend pas comment il sera possible au juge de renoncer à cette antique règle de droit si judicieuse et si belle, *Favorabilia amplianda, odiosa restringenda.* Il serait bon de dire en quoi elle est abusive, et d'en donner quelque exemple. Il vaut mieux supprimer l'article.

LIVRE I.er

DES PERSONNES.

TITRE I.er

Art. 5. « Les étrangers jouissent en France de tous les avantages du » droit naturel, du droit des gens et du droit civil proprement dit. »

Il est donc vrai qu'il y a un droit des gens, qui fait le droit commun de chaque peuple : cette vérité est si naturelle, qu'elle s'est placée là comme d'elle-même, nonobstant ce que les auteurs du projet en ont dit dans leur discours préliminaire.

Mais qu'est-ce que ce droit civil *proprement dit*, qu'on n'a encore distingué d'aucun autre ? Il semble que ces dernières expressions devraient être retranchées.

Art. 9 et 10. « Les étrangers revêtus d'un caractère représentatif » de leur nation, en qualité d'ambassadeurs, de ministres, d'envoyés, » ou sous quelque autre dénomination que ce soit, ne sont point assujettis aux lois civiles de la nation chez laquelle ils résident avec ce » caractère.

» Il en est de même de ceux qui composent leur famille, et de ceux » qui sont de leur suite.

» Ils ne peuvent être traduits, ni en matière civile, ni en matière » criminelle, devant les tribunaux de France. »

Ces articles appartiennent exclusivement au droit politique du Gouvernement, et ne paraissent pas devoir trouver place dans le Code civil, à moins qu'on ne croie devoir les publier pour que les citoyens évitent d'être induits en erreur. Mais alors n'y a-t-il pas des distinctions et des changemens à faire !

1.° Le privilége est personnel et non réel.

2.° Pourquoi *la famille* et *la suite !* le caractère ne passe pas la personne de l'ambassadeur et du ministre.

3.° Comment ne pas excepter les choses fournies pour le logement, la nourriture et l'entretien !

4.° Qui peut avoir le privilége de violer le droit public d'un pays et d'en troubler l'ordre, sans être assujetti à ses lois !

5.° Au moins, s'il en résultait dommage à un citoyen, le Gouvernement devrait déclarer publiquement qu'il se charge de l'indemnité : car le particulier ne doit pas souffrir du silence que lui impose en cette occurrence l'intérêt politique du Gouvernement ; et le Gouvernement, chargé seul de poursuivre la réparation de l'offense qu'a reçue la société, peut seul aussi faire réparer le dommage dû au particulier.

Art. 30 et 31. « Ceux qui ont été condamnés à une autre peine » emportant mort civile, sont privés des avantages du droit civil » proprement dit. Ainsi, par exemple, leur contrat civil du mariage » est dissous ; ils sont incapables d'en contracter un nouveau ; d'exer- » cer les droits de la puissance paternelle ; de recueillir aucune suc- » cession ; de transmettre à ce titre les biens qu'ils laissent à leur décès ; » de faire aucune disposition à cause de mort ; d'être tuteurs, ou de » concourir à une tutelle ; de rendre témoignage en justice ; ainsi que » le tout est expliqué dans les diverses parties du présent Code rela- » tives à ces actes du droit civil.

» Ils demeurent capables de tous les actes qui sont du droit naturel » et du droit des gens. Ainsi, par exemple, ils peuvent faire toutes » transactions commerciales, acheter, vendre, donner entre-vifs, » échanger ; faire tous baux à rente, ferme ou loyer ; emprunter ; pour- » suivre une injure ou un délit. »

Sur les art. 30 et 31, on se bornera à deux réflexions principales : l'une, que le mariage et la puissance paternelle sont, au moins autant qu'aucun autre acte, des actes du droit des gens primitifs : ce sont même plutôt des actes de ce que nous avons appelé plus haut *lois naturelles ;* tandis que presque tous les contrats commerciaux, les baux à rente et ceux

ceux à ferme semblent plus appartenir au droit civil qu'à tout autre : d'où il résulte qu'en paraissant conserver à ceux qui sont morts civilement, les droits naturel et des gens, on les en prive réellement ; et qu'en voulant les priver des avantages du droit civil, on les leur conserve cependant en plus grande partie.

D'autre part, si ces hommes ainsi morts civilement ne transmettent pas à titre de succession les biens qu'ils laissent à leur décès, que deviennent donc ces biens ! à quel titre leurs héritiers les prennent-ils ! quels sont ces biens ! sont-ce tous les biens dont ils sont saisis au temps de leur mort civile ! leur succession n'est donc pas ouverte au moment de cette mort ! ne seront-ce que les biens qu'ils auront pu acquérir depuis jusqu'à leur mort naturelle ! comment pourra les recueillir l'enfant qui ne sera pas héritier, puisqu'il n'y aura pas de succession !

Il est facile de voir d'où procède, à cet égard, l'erreur des auteurs du projet, si on se rappelle ce qu'ils ont dit dans leur discours préliminaire *(pages 60 et suivantes)* sur le droit de succéder ; et c'est ici le lieu de réfuter cette erreur importante, l'une des plus dangereuses qu'on puisse insérer dans un Code.

Ils ne doutent point que *le droit de propriété en soi ne soit une institution directe de la nature :* puis, venant au droit de succéder, ce n'est presque qu'à titre de *convenance* et d'*équité* qu'ils laissent les biens du défunt à sa famille ; ils vont même jusqu'à dire « qu'à parler exac-
» tement, aucun membre de cette famille ne peut réclamer ces biens
» à titre rigoureux de propriété ; *d'où ils concluent* qu'on ne voit
» d'abord, sur ces biens rendus vacans par la mort du propriétaire,
» d'autre droit proprement dit que le droit même de l'État. » A la vérité, ils conviennent que ce droit *n'est ni ne peut être un droit d'hérédité ;* ils en font *un simple droit d'administration et de gouvernement ;* et ils terminent par dire *que l'État ne succède pas, et qu'il n'est établi que pour régler l'ordre des successions.*

Si les auteurs du projet eussent eu le temps de méditer ces propositions, ils en auraient aisément aperçu la fatale conséquence, et même toutes les contradictions qu'elles offrent entre elles. Car il n'y a pas de milieu : ou ce droit de succéder est une émanation directe du droit de propriété, aussi naturel par conséquent que cet autre droit l'est lui-même ; ou il ne dérive que de la loi civile, qui pourra, sans injustice, le faire cesser quand elle voudra ; et alors ils auraient eu tort de dire que l'État n'a ni ne peut avoir un droit d'hérédité, qu'il ne succède pas, qu'il n'est établi que pour régler l'ordre des successions. Si, au contraire, le droit de succéder est, comme celui de propriété, une institution directe de la nature, il ne saurait être vrai ni que l'État donne le droit de succéder, ni qu'il a un droit d'administration sur les biens des successions. Eh ! qui ne voit qu'en effet le droit de succéder vient de cette association naturelle des pères et des enfans, ou, à défaut de ceux-ci, de l'association qui existait entre le défunt ou ses auteurs, et les auteurs des collatéraux qui lui succèdent; que la perpétuité des familles y entretient la perpétuité de la propriété ; et que, jusqu'au dernier qui la recueille, elle conserve sa première origine, et semble, pour ainsi dire, s'être toujours continuée sur la même tête, comme le dernier descendant de la famille tient à son premier auteur et s'identifie avec lui.

D'après ces idées aussi simples que certaines, il est évident que ce n'est pas la loi qui donne le droit de succéder ; car on ne donne que ce qu'on a, et, de l'aveu même des auteurs du projet, dans leur propre système, jamais le droit de succéder aux fortunes privées n'a fait partie des prérogatives attachées à la puissance publique.

TITRE II.

DISPOSITIONS GÉNÉRALES.

Art. 4. « Déclaration et consentement par soi ou par un fondé » de procuration. »

Exceptez au moins les mariages, que, sans doute, vous ne voulez pas qu'on puisse contracter par procureur.

Art. 6. « Témoins choisis par les déclarans. »

Si l'officier ne les connaît pas, ne sera-t-il pas même nécessaire de les lui faire attester ! et si on lui suppose de faux témoins, si le déclarant lui-même est une personne supposée, où sera la garantie de l'officier contre les faussaires, et celle de la société contre l'officier !

Art. 11. « Amende de cent francs. »

C'est une peine bien legère pour des fautes plus graves peut-être que le faux, puisqu'elles peuvent rendre impossible de le constater.

Art. 14. « Transmission par les héritiers. »

L'officier saisi des trois registres meurt dans le courant de l'année; voilà ses héritiers maîtres de ces trois registres jusqu'à la nomination de son successeur : qu'est-ce qui garantit ce dépôt livré ainsi à l'imprudence, peut-être à l'infidélité des héritiers, ou même de quelques valets ou autres personnages faciles à corrompre pendant l'absence des héritiers ! Ce dépôt, sur lequel repose la sûreté des familles, n'est-il donc pas assez précieux pour mériter qu'à la mort de l'officier il soit mis sous les scellés, à la diligence du juge de paix, ou même retiré incessamment par lui en en dressant procès-verbal !

Mais pourquoi supposer que l'officier public peut tenir dans sa maison privée, des registres publics et aussi intéressans ! il n'en est pas ainsi des autres registres d'administration. Est-il donc dû moins d'intérêt à la société dans une partie que dans l'autre !

Art. 18. « Foi des extraits conformes aux registres. »

Il faut supprimer *conformes aux registres*, ou dire, *à moins qu'on ne prouve qu'ils ne sont point conformes aux registres ;* sans cela la phrase n'aurait plus de sens. En effet, si les extraits ne font foi qu'autant qu'ils sont conformes aux registres, ce ne sont plus ces extraits qui font foi, mais les seuls registres, puisque, dans le sens de la phrase, il faudra toujours les consulter; car pour obliger à les consulter, il suffira de cet argument simple : « Il n'y a que l'extrait *conforme au* » *registre* qui fasse foi suivant la loi; or le juge ne peut savoir le » fait que cet extrait est conforme au registre, sans connaître le registre; » donc il faut qu'il voie d'abord le registre pour accorder ensuite » foi à l'extrait. »

Art. 19. « Si les registres sont perdus, ou qu'il n'y en ait jamais » eu, la preuve en est reçue tant par titres que par témoins; et, en » l'un ou l'autre cas, les mariages, naissances et décès peuvent être » justifiés tant par les registres ou papiers domestiques des père et mère » décédés, que par témoins; sauf à la partie de vérifier le contraire. »

Comment supposer qu'il y a eu un mariage sans qu'il y ait eu des registres! et comment admettre la preuve du mariage par témoins ou par des papiers domestiques ! Les mœurs, le droit public s'y opposent; jamais de telles preuves n'ont été admises que pour les

LIVRE I.er naissances et les décès, parce que ni les enfans ni les morts ne se font inscrire : mais ceux qui se marient veillent eux-mêmes à ce qu'il en soit fait un acte porté sur des registres, puisque eux et leurs témoins doivent y signer, et ne peuvent pas ignorer s'ils l'ont fait ou non.

Art. 25, 2.e *alinéa.* « Et par le père, s'il est présent. »

Il faut ajouter, *et s'il sait signer;* car on n'entend pas, sans doute, que le défautde signature du père fasse obstacle à la confection des doubles.

Il faut dire encore que, s'il n'est pas marié, sa déclaration doit être signée de lui, ou répétée dans une procuration faite au lieu où le navire aborde, et remise en même temps que le double à l'officier de ce lieu. (Argument de l'article 26 ci-après.)

Art. 26. « Déclaration du père, *signée de lui.* »

On aime à croire que ce n'est pas sans dessein qu'ici les auteurs du projet veulent que la déclaration du père soit *signée de lui;* sans quoi il serait trop facile, et trop funeste au repos des familles et au bien de l'État, de supposer à un bâtard le père qu'on voudrait : mais qu'on le fasse donc mieux sentir, et qu'on dise, dans la dernière phrase de l'article, *que la procuration qu'on ne fait que permettre, est un acte nécessaire dans le cas où le père ne sait signer;* qu'on exige du moins que ce père, ignorant dans l'art d'écrire, se fasse assister dans sa déclaration devant l'officier public, par deux témoins qui garantissent et l'identité de sa personne et le fait de sa déclaration; ce que ne feraient pas les témoins de l'acte de naissance, qui sont appelés pour certifier un autre fait, et qui ne voudraient peut-être pas certifier le fait de la déclaration du soi-disant père, ou qui même, venant là de la part de la mère, ne seraient peut-être pas assez hors de soupçon pour mériter la même confiance que des témoins spécialement appelés par le père pour le fait particulier de sa déclaration de paternité.

Art. 31 et 35. « Publication dans le lieu, &c. »

Erreur. Suivant le modèle, c'est *devant la porte* extérieure et principale de la maison commune : or, la porte du lieu n'est pas le lieu ; et ce qu'on doit faire *devant la porte du lieu* ne peut pas être fait dans le lieu ; ce n'est pas non plus à la porte de la municipalité que se tiennent les séances municipales.

Même réflexion pour l'affiche qui doit être posée, non à la porte du lieu des séances, mais à la porte extérieure de la maison municipale.

Art. 68. « Officier responsable des altérations qui peuvent survenir » aux registres pendant qu'ils sont en sa possession. »

Il est donc convenable qu'il y ait procès-verbal de l'état dans lequel ils sont remis au successeur ; car comment prouver sans cela que les altérations ont été commises pendant qu'il en était en possession ! à moins qu'on n'ajoute qu'elles sont présumées de ce temps, s'il ne prouve le contraire.

Page 22. Modèle d'acte de mariage.

Ajoutez qu'on fera mention de l'état de veuvage, si les époux ou l'un d'eux s'y rencontrent, et des noms, prénoms, &c. des personnes dont ils sont veufs.

TITRE III.

DU DOMICILE.

Art. 4 et 5. « Domicile (des autres individus) fixé au lieu de leur » *établissement* principal.

» L'intention suffit pour le conserver : il faut l'intention et le fait » pour l'acquérir ou le perdre. »

A quoi reconnaîtra-t-on le domicile ! Cette veuve a quitté le domicile de son mari, et s'est fixée, pendant six mois, dans un autre lieu ; au bout de six mois encore dans un autre ; et là comme là est son établissement principal : on voit bien le fait de l'habitation réelle, mais rien qui marque l'intention ; cependant, pour constituer le domicile, il faut, comme le disent très-bien les auteurs du projet, le fait et l'intention ; et l'intention sans le fait suffit pour la conserver jusqu'à intention contraire.

Art. 8. « Le domicile des majeurs en service, ou chez un artiste ou » un commerçant, est là où ils demeurent. »

Quid des mineurs émancipés, ou des majeurs qui étudient en école publique ! Leur résidence fait-elle leur domicile ! non, suivant l'art. 1.er ; pourquoi n'en pas parler, pour dire qu'ils ont le domicile de naissance !

Art. 10. « Celui qui n'a aucun domicile actuel, peut être cité soit » à son dernier domicile, soit au lieu de sa résidence de fait. »

Cet article, comme beaucoup d'autres, appartient exclusivement au Code judiciaire.

Mais, puisqu'il est là, à quoi encore reconnaîtra-t-on que cet individu n'a aucun domicile actuel ? et pourquoi ne pas l'expliquer en cet endroit, où le citoyen doit trouver sa leçon et sa règle ?

Quid aussi de celui dont le nouveau domicile est absolument ignoré, ou que feindra d'ignorer celui qui veut le citer ! Il n'en sera pas moins vrai qu'il a un domicile actuel, et que ce n'est que celui qui n'en a pas qu'il est permis d'assigner au lieu de son dernier domicile ou à celui de sa résidence ; il faut donc, au moins, ajouter le mot de l'ordonnance de 1667, *connu*, et dire : « Celui qui n'a aucun domicile » actuel ou connu. »

TITRE IV.

DES ABSENS.

Art 3. « Témoins parens. »

Il semble, au contraire, que ce sont les parens spécialement qu'on devrait exclure, en même temps qu'il faudrait les avertir tous, autant que faire se peut, par l'affiche de l'acte de notoriété, à la porte du juge, durant quinzaine avant l'envoi en possession : car il est à remarquer que ce sont les parens eux-mêmes qui seront intéressés à cacher l'existence de ce malheureux absent ; et que, suivant l'antique proverbe, *que les absens ont toujours tort*, il y aura, le plus souvent, une ligue de famille contre lui.

Art. 9. « Possession provisoire donnée aux parens, qui sont au » degré successif. »

Quels parens ! sont-ce les successibles à l'époque de l'absence, ou les successibles à celle de l'envoi en possession ! On dit qu'ils seront envoyés en possession des biens qui appartiennent à l'absent *au jour de son départ* : on considère donc le temps du départ, et par conséquent les héritiers successibles à cette époque ; mais alors il fallait le dire. Alors, il faut dire aussi, comme l'ancienne jurisprudence, qu'après cinq ans du jour du départ ou des dernières nouvelles, l'absent est réputé mort, respectivement à ses héritiers, du jour des dernières nouvelles ou du jour de sa disparition. Alors, encore, il faut réformer l'article 6 du chapitre II, par lequel on ne présume l'époque de sa mort qu'après cent ans, sans quoi on n'entendra plus rien ni à cet article, ni aux articles subséquens. LIVRE I.er

Art. 13. « Après dix années de l'envoi en possession, l'absent qui » revient ne recouvre pas les fruits ; on lui donne seulement une » somme convenable pour ses premiers besoins. »

Contradiction avec l'article 11. Puisque les parens ne sont que dépositaires, comment peuvent-ils garder ! pourquoi ce dépôt, si ce n'est pour l'intérêt de l'absent et par respect pour la propriété, comme on donne un tuteur au mineur, un curateur à l'interdit, et pour être fidèle à la protection que la loi doit à tous ! On tourne donc contre l'absent ce qui n'est introduit qu'en sa faveur ; car, encore une fois, le dépôt est un acte essentiellement conservatoire. Si l'absent était présent, il serait maître de faire de son *bien* ce qu'il voudrait ; or, ce qu'on fait durant son absence, on ne le fait que par *la* présomption de ce qu'il ferait le mieux pour son intérêt ; et, au contraire, l'article dispose contre lui.

Au moins, qu'on ne fasse gagner les fruits aux parens qu'à l'époque où on leur fait gagner le fonds ; sans que cependant il soit dans l'intention de la commission d'approuver cette dernière disposition, qu'elle se réserve d'examiner ci-après.

Art. 14. « Point de prescription de la propriété pendant la pos- » session provisoire ; mais après trente ans de l'envoi provisoire en pos- » session, les parens peuvent demander la propriété incommutable. »

Cet article paraît intolérable ; car, par la même raison que le parent n'est que séquestre et ne peut gagner les fruits, il ne peut non plus gagner le fonds : mais ce qui est plus intolérable, c'est que cela s'opère par le fait de la loi. Qu'un homme se mette en possession du bien d'un autre, et en acquière la propriété par trente ans de jouissance utile, cela est dans l'ordre, parce qu'une si longue jouissance, sans plainte ni interruption, fait présumer un titre ou une convention, et parce que, d'ailleurs, il n'a dépendu que de l'ancien propriétaire d'y pourvoir, *Vigilantibus jura subveniunt ;* mais lorsque la loi vient se mettre à la place de l'absent pour veiller elle-même à ses intérêts, il est sans exemple, et contre tous les principes, qu'elle ne s'en entremette que pour le dépouiller.

LIVRE I.er Il y a, de plus, contradiction évidente entre cet article et l'art. 11, qui dit que l'envoi en possession provisoire *n'est qu'un séquestre et un dépôt de pure administration, qui rend comptable envers l'absent s'il reparaît.*

Art. 25. « Pétition d'hérédité et autres droits réservés aux parens » du chef de l'absent jusqu'à la prescription. »

Cet article est obscur; on aurait dû, au moins, ajouter à cette réserve, *à la charge, par les représentans ou ayans-cause, de prouver l'existence.*

Mais comment concilier tout cela avec l'article 6 ! Que ne nous a-t-on dit, dans cet article 6, que la vie de l'homme n'était présumée de cent ans que par rapport au mariage ! Il paraît inexplicable qu'on nous donne cette présomption comme générale et pour tous effets, et que, dans les conséquences, on ne lui laisse aucun effet.

Art. 28. « Le nouveau mariage contracté pendant l'absence et sans » la certitude de la mort de l'absent, ne sera pourtant pas dissous, » si l'absent ne reparaît point, ou ne réclame point par un procureur » muni de la preuve de son existence. »

Contradiction avec l'art. 27, qui ne permet d'admettre un nouveau mariage que sur la preuve positive du décès, à moins que l'absent ne soit parvenu à sa centième année accomplie. Toujours aussi des conséquences contraires aux principes : il n'y aura pas une femme qui ne se remarie après cinq ans d'absence, en changeant de domicile ; et alors que deviennent l'intérêt social, celui des mœurs et celui des enfans !

Art. 30. « Enfans mineurs de l'absent mis sous la surveillance de la » mère, qui doit leur faire nommer un subrogé tuteur. »

L'article ne fixe point d'époque. Est-ce après cinq ans ! on doit l'induire du mot *absent*, et de la définition qu'en donne le projet. Mais quand on lit l'article suivant, on voit que par *absent* on entend aussi celui qui a disparu, et que, six mois après cette disparition, on ordonne l'assemblée de famille.

Sera-ce donc six mois après la disparition du mari, quand la mère existe !

La femme fait-elle les fruits siens !

Si

Si les enfans sont majeurs au temps de l'absence, jouiront-ils aussitôt, exclusivement à la mère!

TITRE V.

DU MARIAGE.

Art. 3. « C'est un contrat dont la durée est, dans *l'intention* des » époux, celle de la vie de l'un d'eux. »

Si sa durée n'est que dans l'intention, pourquoi a-t-on dit que sa perpétuité était dans la volonté de la nature! L'intention est un penchant de l'ame qui la fait tendre vers un objet éloigné : ici, il s'agit d'un objet présent, d'une volonté qui doit être ferme et constante comme celle de la nature, et que la loi ne doit jamais permettre de révoquer, pas plus qu'elle ne peut révoquer les lois naturelles et fondamentales de la société. Eh! qui a dit aux auteurs du projet qu'il était toujours dans l'intention des époux que leur contrat durât jusqu'à la mort de l'un d'eux! Ce n'est pas à eux qu'il faut apprendre qu'il y a le plus souvent une grande différence entre ce qui est et ce qui doit être; qu'il y a plus d'intentions désordonnées que d'intentions droites : et puisque la raison naturelle est la source de toutes les lois positives, puisque cette raison gouverne tous les hommes, et que cependant il faut des lois pour les contraindre à se soumettre à ce gouvernement, il s'ensuit donc que les lois positives ne sont nécessaires que parce que les intentions tendent sans cesse à contrarier les lois naturelles.

Ne semble-t-il pas que, dans ce Code, où les règles d'ordre et de justice qui tendent à maintenir la société en paix, doivent toujours être en religieuse harmonie avec les principes des mœurs, on raisonne du plus saint de tous les engagemens naturels et sociaux, comme on en traite dans un roman! qu'on le fasse toujours commencer par l'amour! Principe bien dangereux pour les mœurs, et bien faux en lui-même: car si rien n'est plus commun que la passion, rien n'est plus rare que l'amour; il l'est peut-être plus que l'amitié.

Mais qu'a de commun le sentiment des époux avec celui des amans! Comment la nature, qui veut la perpétuité des mariages, se serait-elle méprise sur leur principe, en les fondant sur une passion que le

LIVRE I.er temps a bientôt usée, et qui ne ferait autre chose du mariage que ce qu'est l'union des deux sexes dans les animaux !

Comment les auteurs du projet, d'ailleurs si éclairés et si judicieux, n'ont-ils pas aperçu la contradiction choquante dans laquelle ils tombaient, en déplaçant le vœu de perpétuité, qu'ils ont d'abord sagement mis dans *la nature*, et qu'ils ne supposent plus ici que dans *l'intention* des époux !

On ne peut rapporter cette erreur qu'à la persuasion où ils ont été qu'ils n'étaient pas libres de proscrire le divorce, et à la violence qu'ils ont faite à leur propre sentiment : car, pour lier le divorce à leurs principes, il a fallu oublier que la volonté constante de la nature y résistait, et faire dépendre le contrat, de la volonté ambulatoire des hommes, ou d'un penchant mal éclairé, soumis lui-même à un penchant contraire, qui, faisant cesser le premier contrat, devait en légitimer un autre.

Dans cette fatale illusion, ils n'ont pas vu qu'au temps où nous vivons, et plus encore, peut-être, pour les temps qui se préparent, si le Gouvernement n'y pourvoyait avec fermeté, le mariage ne serait plus désormais qu'un commerce de prostitution, où il serait d'autant plus sûr que l'idée de *perpétuité*, dans le long éloignement qu'elle présente, n'entrerait jamais dans l'intention des époux, qu'au contraire l'idée du divorce y viendrait d'une manière plus prochaine ; en sorte que l'effet naturel du divorce serait tout-à-la-fois de rendre les mariages communément plus faciles, dans la perspective commode de pouvoir les rompre, et de les rompre ensuite avec la même facilité qu'on les aurait contractés.

Eh ! qu'on ne croie pas que c'est avoir remédié à ce danger, que d'avoir embarrassé les voies du divorce : 1.° la difficulté qu'on a cru y mettre n'est qu'apparente ; 2.° cette difficulté même, ne servant qu'à irriter le desir d'user de la permission, fera aisément vaincre tous les obstacles, et finira par faire une nécessité indispensable de ce qui, sans cela, n'eût été qu'une fantaisie passagère.

Art. 11. « Si l'un des deux est mort, ou s'il est dans l'impos-
» sibilité de manifester sa volonté, le consentement de l'autre suffit,
» bien qu'il ait contracté un second mariage. »

Jamais le consentement de la mère ne devrait suffire, bien moins encore de la mère remariée, pas même celui du père qui a convolé : car, dans ce cas de convol, ce sera presque toujours le beau-père ou la belle-mère qui disposera de ces malheureux enfans. On paraît ne s'être attaché qu'à l'importance du consentement ; mais il aurait fallu voir aussi l'abus d'autorité ou le danger de la séduction, et ordonner un conseil de famille pour ce cas, comme pour celui de l'art. 12.

Art. 15. « Permis à l'enfant de vingt-un ans de passer outre au » mariage, nonobstant que la famille s'y soit refusée dans une première » assemblée, et qu'elle ait persisté dans une seconde. »

N'est-il pas étonnant qu'on n'assemble cette famille que pour lui faire injure ? On l'appelle, on la consulte, comme formant une assemblée de protecteurs et de sages ; et c'est à l'étourdi qu'on donne la préférence d'opinion.

Art. 40. « Mariage à réhabiliter, au cas de simple omission des » formalités prescrites par les articles 21, 22, &c. »

Il faut donc effacer l'article 21, puisque cet article déclare nul, et qu'ici on ne prescrit que la réhabilitation.

Art. 47. « Action criminelle contre l'officier public qui n'aurait » rédigé l'acte de mariage que sur une feuille volante.

» Même action contre les deux époux, s'ils ont concerté ce délit, » ou contre un seul s'il n'y a que lui qui y ait concouru.

» Faculté à l'un des deux de l'exercer contre l'autre. »

C'est aller bien loin que d'autoriser la plainte contre les époux : on doit s'attendre que jamais, en pareil cas, il n'y aura de plainte contre l'officier sans qu'elle soit aussi dirigée contre eux ; ce qui présente beaucoup d'inconvéniens et nul motif d'utilité ; car il sera toujours certain, par le fait même, que le délit est personnel à l'officier, et presque jamais que les époux en soient intentionnellement coupables, à moins qu'ils n'en abusent pour désavouer leur mariage et tromper la foi publique, ou faire perdre l'état civil à leurs enfans.

Il y a lieu, au moins, à supprimer l'action d'un des deux époux contre l'autre, parce que c'est trop oublier l'honneur du mariage, et les conduire à la nécessité du divorce, si le divorce est adopté.

LIVRE I.er Art. 51. « Obligation des époux, de nourrir, entretenir et élever » leurs enfans. »

Il faut ajouter, *chez eux seulement;* sans quoi un enfant pourrait oser agir contre ses parens, pour les contraindre, sous prétexte d'éducation, à lui fournir les alimens et frais nécessaires hors de leur maison; ce qui serait un sujet de révolte et de scandale public.

Art. 53 et 54.

Il est bon de répéter que ces articles ne concernent que les alimens dus aux père et mère par les enfans, et que les enfans les doivent hors de chez eux.

Art. 56. « Obligation des époux, de ne pas disposer, à titre gratuit, » de la totalité de leurs biens, au préjudice de leurs enfans. »

Article déplacé, étranger à l'essence du mariage, et absolument inutile en lui-même. Ce n'est pas le sujet d'une loi, puisque c'est la conséquence et le résultat d'autres lois qu'on trouve en leur lieu.

Art. 57. « Puissance des pères et mères sur leurs enfans. »

Autre article inutile, parce qu'on ne traite pas, en cet endroit, de la puissance paternelle. Ce qu'on en dit là est une simple réflexion, et non une loi; encore est-ce une réflexion tronquée, car le père a aussi cette puissance sur son bâtard, et il est d'ailleurs convenu qu'elle vient de la nature.

TITRE VII.

DE LA PATERNITÉ ET DE LA FILIATION.

Art. 9. « Si le mari est décédé sans avoir fait le désaveu, mais » ayant encore la faculté de le faire aux termes de l'article 7, la » légitimité de l'enfant peut être contestée par tous ceux qui y ont » intérêt. »

Dans quel délai les intéressés pourront-ils contester la légitimité! auront-ils six mois, comme les avait le père présent! n'auront-ils que ce qui manquera à l'accomplissement des six mois, déduction faite de ce qui s'en est écoulé du vivant du père! par exemple, n'auront-ils que vingt-quatre heures, s'il ne manque que cela aux six mois! Il fallait l'expliquer.

Art. 33. « Effet de la reconnaissance, dans la succession de celui » qui l'a faite. »

Article inutile et de sens équivoque. Il est parlé plus haut de la reconnaissance du père et de la mère, comme nécessaire pour produire effet; il est même dit que celle du père seul, non avouée par la mère, n'en produit aucun, ni à l'égard de l'un, ni à l'égard de l'autre : et ici, le sens littéral de l'article ne suppose que la reconnaissance de l'un des deux, et qui cependant produit effet contre le déclarant.

TITRE VIII.

DE LA PUISSANCE PATERNELLE.

DISPOSITION GÉNÉRALE.

Art. 1.er « Droit fondé sur la nature, *confirmé* par la loi, qui donne » au père ou à la mère la surveillance de la personne et l'administration des biens de leurs enfans, &c. »

Définition fausse, contradictoire, dangereuse.

La loi ne confirme point les droits de la nature; elle les exprime, elle les reconnaît, elle les protége. « Le législateur exerce moins une » autorité qu'un sacerdoce. » *(Discours préliminaire, pag. 6, dernier alinéa.)*

Le droit de confirmer suppose puissance; c'est le droit de donner de la stabilité à ce qui en manque, de la force à ce qui n'en a point par soi.

Or, c'est renverser les idées que de dire que la loi positive a puissance sur la loi naturelle, et que la loi naturelle n'a ni stabilité ni force. La loi positive n'est que le produit de la loi naturelle: celle-ci soumet ou doit soumettre à son autorité les gouvernemens des peuples, les actions et les volontés des hommes.

C'est ce qu'on trouve avoué dès l'entrée du Code *(livre préliminaire)*, où on est forcé de dire que *la raison naturelle* est un droit existant par soi, et que le droit *est la source de toutes les lois positives*, en tant qu'il est *universel.* Or, il y a erreur à dire que le principe est confirmé par sa conséquence, et la cause par son effet.

Et il y a contradiction à mettre à côté du principe qui commande, une puissance supérieure qui confirme : l'effet montre la cause, comme les cieux publient l'existence de Dieu. Le peintre ne confirme pas la fleur qu'il a représentée. Et puisqu'on convient que les lois positives ne sont que la copie exprimée du droit ou de la raison universelle, il

LIVRE I.er y a manifestement contre-sens à dire que la loi confirme la raison, tandis qu'au contraire c'est la raison qui, de son autorité universelle et irrésistible, peut et doit confirmer la loi.

Sans doute, ici, il n'y a qu'abus de mots; mais si les mots doivent peindre exactement les idées, c'est sur-tout dans un ouvrage public, et en quelque sorte élémentaire, qui instruit et qui commande, qui est destiné à être la lumière et la règle de tous, et dont l'autorité irréfragable impose un respect religieux.

Et déjà le danger de cette fausse expression se fait bientôt sentir dans l'explication qu'on donne tout de suite de la puissance paternelle, qu'on borne au droit de *surveillance* et d'administration, et qu'on suppose donnée aux pères par la loi; c'est là sur-tout qu'on voit la funeste conséquence d'un abus de mots, par un abus plus intolérable des choses.

Quoi! le père n'a qu'un droit de surveillance sur la personne de ses enfans, et il ne l'a que par la loi! la loi peut donc le lui ôter! Cette autorité, la première et le type de toutes les autres, ne serait pas une autorité existante par elle-même, une autorité de commandement et de correction, comme celle des gouvernans sur les sujets à gouverner!

Qui ne sait que la société n'est autre chose qu'un assujettissement continu des personnes à d'autres, et de celles-ci à la règle qu'elles doivent faire observer! Et puisque cette règle est l'expression des lois immuables de la nature, quelle loi plus universelle, plus impérieuse, plus indépendante de la volonté des hommes, que celle qui assujettit les enfans à leurs pères, *Filii, obedite parentibus per omnia;* que cette loi sacrée qui transmet aux pères l'autorité de Dieu lui-même, et qui est le fondement de toutes les autorités qui gouvernent sur la terre!

Eh! comment a-t-on pu allier ces deux mots, *puissance* et *surveillance!* La puissance est-elle sans action! la surveillance est-elle autre chose qu'attention! Le gardien surveille les fruits, et n'en dispose pas; le concierge surveille les prisonniers; la garde, les malades; et ils ne leur commandent pas. Est-ce là toute la puissance du père! ce ne serait pas seulement celle du mari sur sa femme, pas même celle du maître sur ses domestiques.

Cette surveillance n'est pas celle seulement du physique des enfans; c'est aussi et c'est principalement celle des mœurs, qui commencent à se former dès les premières habitudes de la vie. Mais le père aura beau surveiller; si la règle n'est pas dans ses mains pour ordonner, corriger et punir, si à chaque instant il doit compte de sa surveillance à un autre, si sa puissance n'est que de nom, que pourrez-vous attendre des enfans qu'il n'aura pu élever ! et qu'aurez-vous fait, que déplacer un droit naturel et légitime, pour créer un droit factice, funeste à la société, et désavoué universellement par la raison ?

Mais alors que devient ce que l'on a dit, que *toutes les lois positives prennent leur source dans le droit naturel !*

Que devient la magistrature domestique, la plus essentielle comme la première de toutes, et dont toutes les autres ne sont que l'image !

N'a-t-on pas reconnu cette magistrature dans le discours *(p. XLVI)* !

N'a-t-on pas rendu hommage à son gouvernement, qu'on appelle le *gouvernement de la famille*, et dont on a dit qu'il est le chef *(ibid)* ! *Familiæ appellatione et ipse princeps familiæ continetur.*

Ainsi, pour n'avoir pas voulu dire ce qui est, en parlant de sa puissance, on a été forcé de conclure en sens contraire de ce qu'on avait déjà dit.

On a soumis l'autorité du droit naturel à celle des lois positives, qui ne font qu'en dériver, contre cette maxime de tous les temps, de tous les peuples, et de tous les codes, que le droit civil ne doit point déroger au droit naturel, *Jus civile naturali non derogat.*

On a, par un renversement inoui, mis la surveillance de la loi à la place de l'autorité naturelle du père, et cette autorité à la place de la surveillance de la loi.

Otons donc aux pères, ôtons-leur tous leurs enfans dès le berceau pour les confier à une éducation publique; ou gardons-nous de leur rien ôter de la puissance qu'ils ont naturellement sur leurs enfans.

Ou donnons des règles à tous les pères pour vêtir, loger et alimenter leurs enfans, tant en santé qu'en maladie, comme nous le faisons dans les hospices de charité, ou laissons-leur, à plus forte raison, toute la puissance qu'ils tiennent de la nature, pour éduquer aussi leurs ames et former leurs mœurs selon leur jugement, qui vaut mieux que le nôtre, et leur tendresse, qu'une puissance plus forte que nous leur a inspirée.

Faisons des lois pour régler la puissance des tuteurs, des curateurs, qui n'en ont aucune par eux-mêmes, et ne peuvent avoir que celle que la loi civile leur donne : n'en faisons pas pour les pères, à qui les enfans sont assujettis par un droit indélébile, par un droit qui nous assujettit nous-mêmes; et que notre Code enfin ne soit pas le premier livre où les enfans prendront leur première leçon de désobéissance et d'indocilité.

En vain dirait-on que de fait on n'a rien retranché de la puissance légitime des pères; c'est ce que nous examinerons après.

Mais cela fût-il vrai, il ne l'est pas moins que la règle ci-dessus, également fausse et dangereuse, reste écrite, et que cette règle empoisonnée empoisonnera les esprits et les cœurs.

Et prenez garde que le texte est qualifié *Disposition générale;* qu'ainsi c'est une véritable règle de droit qu'on a entendu faire : rappelons-nous qu'une règle de droit n'est autre chose que la proclamation de ce qui est, *Regula est quæ rem quæ est breviter enarrat;* rappelons-nous que la chose qui est, renferme essentiellement en elle et la cause qui la fait être ce qu'elle est, et les droits qui y sont attachés, *Rei appellatione et causæ et jura continentur;* et jugeons, d'après cela, du danger de laisser subsister une déclaration qui dit la chose qui est, autre qu'elle n'est en effet.

Eh ! qu'était-il besoin de toutes ces nouveautés ! Ne sait-on pas qu'en droit toute règle est pernicieuse, *omnis definitio in jure civili periculosa!* ne suffit-il pas de dire ce qu'ont dit ces hommes si puissans en sagesse et en raison, ces hommes si justement vantés par les auteurs du projet, *La puissance paternelle est le droit naturel qui appartient aux pères sur leurs enfans!* puis de cette règle générale on fera découler les lois qui en sont la conséquence.

Art. 4. « L'ordre d'arrestation doit exprimer la durée de la dé-» tention. »

Exprimer la durée de la détention, c'est trop en montrer le terme à l'enfant révolté; il sera moins occupé de la punition que du temps auquel elle doit finir, et plus résigné à la souffrir qu'à se corriger : c'est l'effet de l'orgueil, qui endurcit jusque dans les peines dont on connaît la durée. Il vaudrait mieux ne rien exprimer à cet égard dans l'ordre, et laisser à l'officier de police d'abréger ou de prolonger la détention suivant la nature des faits, et après avoir consulté le préposé à la maison de correction, le père et même la famille si besoin est; car si, par exemple, le fils a attenté aux jours de son père, exposera-t-on ce père à recevoir nécessairement au bout d'un an son fils devenu plus

plus furieux par sa détention, plus avisé par le dessein de vengeance qu'il aura sans cesse médité et nourri ! LIVRE I.er

Art. 12. « Le père, constant le mariage, a, jusqu'à la majorité de » ses enfans non émancipés, l'administration et la jouissance des biens » qui leur adviennent, autres &c. »

Pourquoi ne pas laisser subsister l'usage des pays nombreux, soit de droit écrit, soit coutumiers, qui donne au père, pendant la vie de l'enfant, l'usufruit de ses biens maternels et adventifs ? Le droit de Paris doit-il faire le droit de toute la France ? Il n'y a pas d'exemple qu'on se soit mal trouvé jusqu'ici de ce droit des pères dans les pays où il a lieu; et au contraire il est prouvé que par-tout ce sont les familles de l'État les mieux gouvernées et dont il a le plus à se louer. On ne saurait trop faire pour les pères, qui sont les vrais colons de la société.

Au moins qu'on conserve au père l'usufruit qui lui est acquis durant la minorité de son enfant, dans le cas où cet enfant viendrait à décéder pendant cet usufruit.

Art. 16. « La disposition officieuse ne peut être faite que par acte » testamentaire. La cause y doit être spécialement exprimée : elle doit » être juste, et encore subsistante à l'époque de la mort du père et de » la mère disposans. »

C'est trop de retrancher l'exhérédation ; c'est l'arme la plus naturelle et la seule puissante qu'on puisse laisser aux pères : elle n'est pas dangereuse ; à peine, dans une aussi grande société, en voit-on quelques exemples dans le cours de plusieurs siècles. Ce n'est pas lorsque tous les liens ont été relâchés qu'il faut les relâcher encore : peut-être ne viendra-t-on jamais à bout de les resserrer comme il conviendrait de le faire.

Au moins serait-ce assez d'avoir dit que la disposition officieuse ne peut être faite que par acte testamentaire, sans ajouter *que la cause doit être exprimée, qu'elle doit être juste, et sur-tout qu'elle doit être encore subsistante au décès.* C'est tout ôter au père que de ne pas lui laisser le droit de juger souverainement des mœurs de son fils, que personne ne peut connaître mieux que lui.

C'est de plus offenser le public et les mœurs, que de mettre le fils aux prises avec la mémoire de son père, et encore ce fils en procès

LIVRE I.er avec ses propres enfans, pour faire décider, ou au gré des juges ou à la disposition de témoins souvent suspects, de la justice du jugement porté par l'aïeul : car si ce jugement n'est pas susceptible d'être soumis aux tribunaux, pourquoi dire qu'il doit être juste, puisqu'il sera présumé l'être de droit! et pourquoi exiger que la cause soit exprimée, si, l'étant, elle est toujours présumée juste! Eh! qui mieux que ce père sait ce qui convient à sa famille!

Mais n'est-ce pas détruire le peu de bien qu'on lui réserve de faire, que de vouloir que la cause de la disposition officieuse soit encore subsistante à l'époque du décès! Qu'a-t-on voulu dire par-là!

Faut-il que la dissipation se soit perpétuée jusqu'au décès par des actes répétés! ou ne faut-il pas que le fils ait déjà réparé par une bonne conduite le mal de sa mauvaise administration! ou suffit-il qu'il ait donné, depuis un certain temps, des preuves d'ordre et de sagesse! Depuis quel temps! quelles preuves! S'il a tellement dissipé qu'il n'ait plus rien, s'il ne trouve plus à emprunter, s'il n'a plus de quoi jouer ou entretenir ses débauches, sera-ce merveille qu'il ne répète plus les actes de sa dissipation et qu'il paraisse sage par nécessité!

S'il a été assez hypocrite pour se retenir dans son penchant ou mieux cacher ses désordres aux approches de la mort de son père, sera-t-il absous pour cela! le père aura-t-il été injuste pour avoir été plus clair-voyant et plus sage!

La dissipation est un vice du naturel; on ne s'en corrige que par un retour efficace vers la morale (ce qui n'entre point dans les considérations de la loi civile), ou par l'impuissance absolue de jouir: et alors, ou il n'est plus temps de se disposer à l'ordre, ou tombant dans l'excès contraire, plus dangereux peut-être que la dissipation, le dissipateur devient avare jusqu'à l'abrutissement.

Mais enfin il sera donc toujours sûr qu'une disposition officieuse engendrera toujours un procès, ne fût-ce que pour savoir si la cause subsistait au temps de la mort; et on donnera d'autant moins de confiance à la disposition officieuse du père, que son testament sera d'une date plus éloignée de l'époque de son décès, quoiqu'il fût bien naturel de présumer qu'il n'aurait pas manqué lui-même de le révoquer aussitôt qu'il aurait reconnu l'amendement de son fils.

Ne doit-on pas plus de confiance à ce jugement du père qu'à celui du fils, qu'à celui même des juges, étrangers aux mœurs domestiques de cette famille ? Et cependant, si le fils a approuvé la disposition du père en s'y soumettant, ou si elle a été confirmée par les tribunaux sur l'attaque que le fils lui aura livrée, tout est consommé et pour toujours : en vain le fils deviendra plus sage (et peut-être la possession d'une ample fortune aurait produit ce miracle) ; n'importe, il n'y aura plus de retour pour lui à la propriété ; il n'aura pas l'avantage de l'interdit pour prodigalité. D'où vient cette différence ?

Dira-t-on que c'est par respect pour le jugement d'un tribunal qui aura consacré cette interdiction testamentaire ? mais le jugement qui interdit le prodigue n'en mérite pas moins. Veut-on que ce soit respect pour le testament du père qui a donné lieu à ce jugement ? mais alors pourquoi le soumettre à des discussions judiciaires, et incertaines autant qu'inévitables ? Pour un père qui pourrait avoir ainsi disposé par méchanceté ou par prévention, cent autres l'auront fait avec sagesse, discernement et regret ; et néanmoins on assujettit le jugement de tous à la même épreuve, aux mêmes hasards, aux mêmes dangers ; et pour éviter le trop léger inconvénient d'un fils qui aura été injustement réduit par son père à l'usufruit de ce qu'il aurait dû avoir en propriété, on ouvre la porte à mille inconvéniens majeurs en police sociale et en bonne administration de gouvernement.

Art. 18. « Si tous les descendans de l'enfant dissipateur décèdent » avant lui, il rentre de plein droit dans la nue propriété dont il avait » été privé, quant aux immeubles seulement qui se trouveront exister » en nature dans la main du dernier de ces descendans. Lesdits des- » cendans ne peuvent disposer à cause de mort, au préjudice de ce » droit de retour. »

Sans doute il doit être entendu que tous ces descendans seront morts sans enfans : il serait mieux de l'exprimer.

Il conviendrait aussi que cette propriété ne fût qu'en dépôt entre les mains des enfans, du vivant du père : cela est d'autant plus nécessaire, que ces enfans ne seront retenus par aucun frein. L'autorité d'un père dissipateur, qui n'a point de propriété à transmettre, est bien faible ; d'autre part, il y a bien peu à compter sur les soins que devra à ses enfans ce père déréglé, qui n'aura jamais assez de ses revenus pour sa dissipation : alors les enfans, manquant de tout, ne le regarderont plus que comme un usufruitier à charge ; et ce père, à son tour, irrité de ne pouvoir dissiper davantage, ne verra que des ennemis dans ses enfans, devenus propriétaires de sa fortune malgré lui.

Dans cet état de guerre domestique, les usuriers, les faux amis, le besoin, persuaderont aisément à ces enfans de vendre leur nue propriété; d'où il arrivera, 1.° qu'ils seront ruinés avant même d'avoir joui; 2.° qu'ils s'abîmeront dans les débauches, par la funeste facilité d'y satisfaire; 3.° que, contre le vœu de l'article, ils ne laisseront, à leur mort, aucune propriété que le père puisse recueillir: en sorte que, pour avoir voulu les sauver de la dissipation de leur père, on les perdra eux-mêmes et de mœurs et de biens.

Mais, en supposant qu'au milieu de tant de sujets d'inconduite, ils soient assez sages pour ne pas consumer leur subsistance par anticipation, il faut au moins pourvoir à ce que le retour au père ne soit pas rendu illusoire par les conseils que des parens intéressés ne manqueront pas de donner aux enfans, de dénaturer leurs propriétés en les vendant pour en acheter d'autres. Il faudrait donc dire que les nouvelles propriétés demeureront subrogées de plein droit aux anciennes qui auront été vendues, jusqu'à concurrence de la valeur de celles-ci.

Art. 19. « L'usufruit laissé à l'enfant dissipateur peut être saisi » par les créanciers qui lui ont fourni des alimens depuis sa jouis- » sance.

» *Les autres créanciers*, soit antérieurs, soit postérieurs à l'ouverture » de la succession, ne peuvent saisir l'usufruit, si ce n'est dans le » cas où il excéderait ce qui peut convenablement suffire à la sub- » sistance de l'enfant dissipateur. »

Sans doute *ces autres créanciers* antérieurs à l'ouverture de la succession ne sont toujours que des créanciers personnels du dissipateur: il eût été bon de l'énoncer; il ne s'agit que de dire: « Les autres » créanciers *de cet enfant dissipateur*. »

Bon que ces créanciers ne puissent saisir au préjudice de la subsistance de ce dissipateur; mais le pourront-ils au préjudice de la subsistance de ses enfans, s'il en a! Ne doit-on pas plus d'égards à ces enfans qu'aux usuriers qui ont prêté à leur père! Ne paraît-il pas convenable qu'après ces mots, *ce qui peut convenablement suffire à la subsistance de l'enfant dissipateur*, on ajoute, *et à celle de ses enfans, s'il en a!*

Dans tous les cas, on doit, en bonne règle, ordonner la publication du testament, quant à la disposition officieuse.

Art. 20. « Les créanciers ne peuvent attaquer la disposition officieuse, qu'autant qu'elle a été faite sans cause légitime ou non » exprimée. »

Article à supprimer, par les réflexions qu'on a déjà faites, et parce que les mœurs et le bien public demandent qu'on réprime l'audace de cet enfant qui n'a pas craint d'emprunter sur l'espoir de la succession de son père, et la cupidité de ces infames usuriers qui ne lui ont prêté que par le desir de dévorer d'avance cette succession.

TITRE IX.

DE LA MINORITÉ, DE LA TUTELLE ET DE L'ÉMANCIPATION.

Art. 16. « Le tuteur nommé par le père ou la mère, doit l'être par » acte de dernière volonté, ou par déclaration faite soit devant le juge » de paix, soit devant un notaire. »

Rédaction à corriger. Dans notre langue, la conjonction *soit* est le plus souvent copulative, et équivaut à celle-ci, *tant là que là ;* il serait mieux de dire tout simplement, *ou par déclaration qui sera faite devant le juge de paix ou devant un notaire, &c.* La répétition de la disjonction *ou* n'a rien de choquant, dès qu'elle est nécessaire.

Art. 17. « Cette déclaration est, à peine de nullité, signée du juge » de paix, de son greffier, du déclarant, du notaire et de deux té» moins. »

Autre vice de rédaction, qu'on peut corriger ainsi : « Cette décla» ration, si elle est faite devant le juge de paix, doit être signée » &c.; et si elle est faite devant notaire, elle doit l'être &c.; le tout » à peine de nullité : et si le déclarant ne sait pas signer &c. »

Art. 38. « Lorsque le mineur, domicilié en France, possède des » biens dans les colonies, ses parens qui y résident, et, à leur défaut, » ses voisins et amis, s'y assemblent en conseil de famille, pour pro» céder au choix d'un tuteur.

LIVRE I.er » Il en est de même à l'égard du mineur domicilié dans les colonies » qui possède des biens en France; ses parens qui y résident, et, à » leur défaut, ses voisins et amis, s'y assemblent en conseil de fa- » mille, pour procéder au choix d'un tuteur. »

1.re Partie. Qui est-ce qui donnera avis dans la colonie, de la mort qui occasionne la tutelle ? qui est-ce qui provoquera dans les colonies ce conseil de famille ?

2.e Partie. De même, comment les voisins et amis le sauront-ils en France ? qui les excitera, si ce n'est pas leur zèle, et d'où leur viendra ce zèle ? quels sont les voisins, si le mineur a divers biens, si ces biens sont à-peu-près d'égale importance, s'ils sont situés en différens ressorts ?

Si ces voisins n'ont pas la preuve en main du décès du parent du mineur, les admettra-t-on à provoquer une tutelle sur de simples ouï-dire ? évincera-t-on avec cela un fondé de pouvoir ?

L'article, il est vrai, a pu paraître difficile; mais celui-ci est illusoire. Ne peut-on pas présumer que le Gouvernement établira en France un procurateur général pour les affaires des colonies, et dans les colonies un procurateur général pour leurs affaires de France, et chargera les juges respectifs de donner avis à ce procurateur général, qui le transmettrait à celui du lieu de la personne ou des biens, d'après lequel avis ce juge serait tenu d'agir d'office ?

Art. 46. « La loi dispense de la tutelle, 1.° &c. »

Pourquoi donc pas les juges ordinaires, tant de première instance que d'appel ? Il ne s'agit point de privilége, mais de justice égale où il y a égalité d'intérêt public. Les juges d'appel, sur-tout, sont tirés des divers départemens qui forment l'arrondissement du tribunal; comment vouloir qu'avec une fonction publique, journalière, pénible, qui les applique sans cesse à l'audience, ou aux délibérés, ou au cabinet, ils puissent exercer une autre fonction publique, importante sans doute, mais beaucoup moins que celle qu'ils exercent déjà ? Faudra-t-il qu'après avoir abandonné leurs foyers, leurs affaires, le soin de leurs propriétés, l'éducation de leurs enfans, pour servir le public, ils quittent le public pour gérer les biens des autres, ou qu'ils payent, à gros frais, un commis-tuteur dont ils sont responsables ? Les hommes nécessaires aux tribunaux ne sont pas assez communs, sur-tout en ce moment, pour qu'on n'eût pas à regretter ceux qu'une tutelle forcerait à renoncer au service public.

Art. 70. « Tout ce que le conseil de famille n'aura pas jugé à » propos de conserver, sera vendu, à la diligence du tuteur, en pré- » sence du subrogé tuteur, par enchères et après des affiches ou publi- » cations, dont le procès-verbal de vente fera mention. »

Le conseil de famille pourra être d'avis de vendre l'universalité du mobilier : or, une universalité de mobilier est comparée par les lois à un immeuble. D'ailleurs, une succession peut être toute composée de mobilier : il convient donc d'ajouter ici ce qui est dit à l'article 84 ci-après, sur la nécessité de faire attester les affiches par le juge de paix.

Art. 71. « Les père et mère auxquels les articles 5 et 6 ci-dessus » accordent la jouissance des biens du mineur, sont dispensés de » vendre les meubles, s'ils aiment mieux les conserver pour les re- » mettre en nature.

» Audit cas, ils sont tenus d'en faire faire à leurs frais une estimation, » à juste valeur, par un expert qui sera nommé d'office par le tribunal » de première instance; et ils seront tenus de rendre la valeur esti- » mative de ceux des meubles qu'ils ne pourraient pas représenter en » nature.

» Le père ou la mère qui perd la jouissance, d'après les art. 11, » 12 et 14 ci-dessus, est obligé de faire vendre les meubles qu'il » avait conservés en nature. »

La seconde partie de cet article est inutile et dangereuse. Inutile, parce qu'elle ne se pratiquera jamais, si ce n'est quand on aura dessein de frauder; et par cela même elle est dangereuse, car on ne la pratiquera qu'autant qu'on aura l'espoir de gagner sur des objets précieux qu'on ne voudra pas rendre. Il sera presque toujours facile d'intéresser un expert d'office, sans responsabilité et sans contradiction. Il vaut mieux que le père ou la mère demeure obligé de tout représenter, ou laisser au mineur la faculté d'allouer ou de contester le prix des objets qu'on ne représentera pas, que d'introduire une formalité qui ne peut être bonne qu'à engager dans des frais frustratoires le père ou la mère, qui s'en vengera sur le mineur.

LIVRE I.er La dernière partie ne peut subsister comme elle est. On y confond la privation de la tutelle, avec la perte de la jouissance. Certes le père et la mère à qui la tutelle est ôtée suivant l'art. 14, n'ont plus le droit de faire vendre le mobilier des mineurs; ce soin doit être laissé au tuteur qui leur sera subrogé. A la bonne heure qu'ils soient tenus d'administrer jusqu'à cette nouvelle nomination, parce que, dans l'intervalle, l'administration ne doit pas être suspendue : mais il n'y a aucun péril à conserver le mobilier pendant ce peu de jours, et il y en aurait beaucoup à le laisser vendre par le père ou la mère destitués.

Art. 76. « La succession qui a été répudiée par le tuteur avec » l'autorisation du conseil de famille, peut être reprise, soit par le » tuteur avec pareille autorisation, soit par le mineur devenu majeur, » dans le cas seulement où elle n'aurait été acceptée par aucun autre. »

Quel article redoutable pour le mineur! Combien de fois des intrigans qui s'entendraient avec un tuteur et avec un conseil tout composé d'étrangers, par exemple, dans la succession d'un banquier, d'un négociant de Paris ou de toute autre grande ville où le défunt n'avait aucun parent qui connût sa fortune, viendraient à bout de persuader une répudiation funeste, qui cependant sera irrévocable!

Eh! à propos de quoi! On a dit, dans l'article précédent (et assez mal-à-propos peut-être), que le mineur ne pourrait jamais accepter que sous bénéfice d'inventaire; en quoi on a pourvu à ses intérêts, beaucoup plus qu'à sa délicatesse, et à l'honneur qu'il doit à son parent : mais enfin, voilà du moins son intérêt à couvert. Pourquoi, en voulant le protéger du côté de cet intérêt, lui donner moins de faveur qu'à cet autre héritier avide et cauteleux qui aura surpris sa répudiation pour le dépouiller! ne vaudrait-il pas mieux dire, au contraire, que, par la raison de l'article précédent, aucune succession ne pourra être répudiée pour le mineur!

Art. 77. « La donation faite au mineur ne peut être acceptée par » le tuteur qu'avec l'autorisation du conseil de famille; et dans » ce cas, elle a vis-à-vis du mineur le même effet que contre un » majeur. »

Pourquoi cette autorisation de conseil! L'ordonnance de 1731, l'une des plus sages et des plus réfléchies qui aient été faites sous l'ancien l'ancien Gouvernement, dispense expressément de tout avis de parens, et ne demande que l'acceptation du tuteur ou du curateur, ou du père ou de la mère, ou de tout autre ascendant, même du vivant du père et de la mère. Chez les Romains il suffisait d'une autorisation bien moins grave ; l'esclave pouvait accepter pour le mineur.

Aucune raison ne peut justifier la disposition de cet article, qui blesse évidemment les intérêts du mineur, au lieu de les protéger ; car le plus souvent il aura des donations à recevoir de parens collatéraux, au préjudice d'autres parens successibles comme lui ; jamais il ne parviendra à se faire autoriser par le conseil de famille.

On dit que la donation autorisée par le conseil aura le même effet contre le mineur que contre un majeur : mais la simple acceptation du tuteur produit cet effet ; et cet effet n'a rien de fâcheux ni pour le mineur, ni pour le majeur, puisqu'ils ne sont jamais tenus au-delà de la valeur des choses données, et que le pis qui puisse leur arriver est que la libéralité soit illusoire. L'ordonnance, *Ricard*, la jurisprudence et les lois romaines avaient extrait sur cette matière tous les fruits de la sagesse humaine ; on ne peut que s'égarer en s'en écartant.

Art. 101. « Tout traité sur la libération du tuteur n'est valable » qu'autant qu'il est passé avec le mineur devenu majeur, sur un » compte rendu en la forme ci-dessus. »

La forme ci-dessus comprend-elle aussi la nécessité de faire apurer ce compte par le juge de paix, comme cela est exigé dans l'article précédent ? La forme du compte est autre chose que le jugement de ce compte rendu ; et si on ne pouvait traiter qu'après ce jugement, autant vaudrait dire qu'il n'est jamais permis de traiter, puisque l'acquiescement à un jugement ne saurait être regardé comme un traité.

Art. 102. « Ceux qui ont concouru aux délibérations prises par le » conseil de famille pendant le cours de la tutelle, ou qui ont dû » concourir auxdites délibérations comme y ayant été dûment appelés, » sont garans et responsables de l'administration du tuteur, en cas » d'insolvabilité seulement, soit que le tuteur fût insolvable au jour » de sa nomination, soit qu'il ne le soit devenu que depuis, sauf ce » qui est dit au titre *des Hypothèques.*

LIVRE I.er « Cette responsabilité n'est pas solidaire, et elle ne peut être exercée » contre les voisins ou amis. »

Il paraît impossible d'admettre un article contraire à tout usage et à toute raison de droit et d'équité, qui, pour le moindre conseil sur une chose passagère et de la plus petite conséquence, rend des parens garans non-seulement de l'événement de ce conseil, mais encore de l'universelle administration du tuteur; un article qui jetterait la désolation dans toutes les familles, le trouble dans toutes les propriétés, et qui, pour une faveur excessive accordée à l'intérêt d'un mineur, pour un danger très-éventuel, infiniment rare et fort douteux, ferait que par-tout où il y aurait une tutelle, les familles entières seraient regardées, dans le commerce des affaires, comme des familles pestiférées, avec lesquelles personne n'oserait former des alliances ou faire aucun autre contrat.

Mais pourquoi, d'ailleurs, les parens même qui auraient concouru à la nomination du tuteur en seraient-ils garans, sauf ce que dit *Domat* du cas de dol et de malversation, comme si on avait nommé un tuteur apparemment insolvable! ce serait introduire une nouveauté effrayante dans presque tous les pays coutumiers, et qui, même pour le pays de droit écrit, n'a pas de fondement réel dans les lois romaines bien méditées, comme l'a fait voir l'avocat général *Talon* dans son plaidoyer rapporté par *Bardet*, tome II, p. 582.

Art. 107. « Le mineur émancipé peut recevoir un capital mobilier. »

L'art. 109 ne permet point au mineur émancipé de s'engager au-delà d'une année de son revenu, et le 110 lui interdit la disposition de ses meubles. N'est-il pas inconséquent de lui permettre, dans celui que nous examinons, de recevoir et par conséquent de dissiper un capital mobilier qui peut être bien au-dessus d'une année de son revenu ou de la valeur de ses meubles; qui même peut composer toute sa fortune, comme il arrivera souvent parmi les gens d'art, négoce ou trafic? Sans doute, la faveur de la libération ne doit pas permettre de la rendre plus difficile vis-à-vis le mineur que vis-à-vis le majeur; mais, sans retarder la libération du débiteur, on pourrait pourvoir autrement à l'intérêt du mineur, en ordonnant la consignation des capitaux jusqu'à emploi fait par conseil de famille.

RÉFLEXIONS GÉNÉRALES SUR LE TITRE DES *MINORITÉS, TUTELLES, &c.*

AU surplus, on remarque, contre tout ce titre *des Minorités et Tutelles,* que les conseils de famille, et les frais qu'ils doivent occasionner, sont beaucoup trop multipliés.

On a trop considéré les familles comme riches ou aisées, peut-être parce que le travail s'est fait à Paris, et qu'on s'est trop circonscrit dans ce qu'on voit autour de soi ou dans ce qu'on a l'habitude de voir. Les paysans, les ouvriers, les artisans, les familles indigentes sont les plus nombreuses, celles où il y a communément plus d'enfans, dont les pères, exposés à plus de dangers, à plus de maladies, avec moins de secours, rendent les tutelles plus fréquentes : on ne viendra jamais à bout de distraire les parens de leurs occupations, de leur travail nécessaire, pour assister, souvent à des jours fort incommodes, souvent avec des frais de voyage qu'ils ne pourront pas fournir, à des conseils aussi fréquens ; forcés de ne calculer que par leurs besoins présens, ils s'inquiéteront peu d'une responsabilité future ; et cette responsabilité même sera une pépinière de procès, par lesquels on ruinera plusieurs familles pour l'intérêt le plus médiocre d'une minorité.

Si on est réduit à des voisins, ce ne sera plus que des voisins officieux; ou ces voisins, de même classe que les parens, et aussi nécessiteux qu'eux, refuseront de venir.

Les mineurs eux-mêmes consumeront ou verront consumer une grande partie de leur fortune par des formalités établies pour mieux la leur conserver.

Ne devrait-on pas, ou statuer en général que tout se ferait sans frais ni de papier, ni de justice, ni de droit de fisc, ou l'ordonner, au moins, pour les fortunes médiocres, à l'arbitrage du juge de paix! L'État est le premier tuteur des mineurs.

TITRE X.

CHAPITRE I.er

DES MAJEURS.

Art. 1.er « La majorité est fixée à vingt-un ans accomplis. »

Eh! plutôt, hâtons-nous de revenir à la règle des vingt-cinq ans : il n'est que trop vrai, comme on l'a dit dans le discours préliminaire, que mille causes concourent aujourd'hui à prématurer la jeunesse ; et c'est une raison de plus de l'abandonner plus tard à elle-même. Qu'est en effet cette raison précoce, sans expérience, sans lumières, presque débile, à côté d'une volonté impétueuse, mue par des passions violentes, qui, pour nous servir encore des expressions du discours, font *que trop souvent la jeunesse tombe dans la caducité au sortir même de l'enfance !*

Que ce *ressort donné aux ames* vienne, comme le disent les auteurs du projet, de l'esprit de société et d'industrie plus généralement répandu, ou qu'il vienne, comme on le croit plus vrai, du relâchement des mœurs et de la discipline publiques, et de l'absence de toute morale que les nouveaux disciples d'*Épicure* sont parvenus à ruiner ; il n'en est pas moins inconcevable qu'il ait échappé aux auteurs du discours de dire que ce fatal ressort *suppléait aux leçons de l'expérience, et disposait chaque individu à porter plutôt le poids de sa propre destinée.*

Ne sait-on pas que tout a son période marqué dans la nature ; que la raison n'arrive pas un moment plutôt, parce qu'on aura été lancé de meilleure heure dans le tourbillon social, avant même que l'esprit ait pu s'y former aucune idée ; et qu'on deviendra encore moins raisonnable avant le temps, parce que de funestes habitudes de licence auront devancé le temps des passions !

Mais ce n'est pas parce qu'on n'est point encore raisonnable à vingt-un ans qu'il faut retarder l'effet de la majorité jusqu'à vingt-cinq ; car, au commencement même de notre civilisation, la minorité ne s'étendait pas au-delà de vingt-un ans : c'est parce que ce premier âge, où la raison ne fait que poindre, étant environné de plus de dangers, il a besoin de plus de secours ; ce qui fit bientôt sentir la nécessité d'attendre une plus grande maturité pour livrer le jeune homme à ses propres forces ; et nous ne pouvons que nous préparer des regrets, en méprisant l'autorité des siècles et la sagesse de ceux qui nous ont précédés.

CHAPITRE II.

DE L'INTERDICTION.

Art. 18. « Commission rogatoire, &c. »

Il ne peut y avoir de *commission rogatoire d'un tribunal d'appel à un tribunal de première instance.*

Art. 24. « Les actes antérieurs ne seront annullés qu'autant qu'il » résultera de la procédure sur laquelle l'interdiction aura été pro- » noncée, que la cause en existait à l'époque où les actes contestés » ont été faits. »

Ce tiers, qui n'a rien su de cette interdiction, se trouvera-t-il jugé nécessairement et irrévocablement sans avoir été entendu ! Il semble qu'on doit lui réserver ses défenses ; par exemple, le droit de tierce opposition au jugement d'interdiction : car il serait possible que l'interdit se fût entendu avec sa famille tout exprès pour annuller un acte qu'il n'aurait pu attaquer autrement.

Art. 25. « Après la mort d'un interdit, &c. »

Il faut ajouter, *ou d'une personne prétendue sujette à l'interdiction.*

Art. 39. « Le mineur émancipé contre qui on provoque l'inter- » diction, sera assisté du curateur aux actions immobiliaires, *qui aura » été nommé lors de son émancipation.* »

On a oublié qu'on ne lui faisait pas nommer de curateur lors de son émancipation, mais seulement s'il avait à plaider pour une action immobiliaire : il faut donc dire à l'article 106, chapitre *de l'Émancipation*, qu'on doit lui donner ce curateur aussitôt qu'il est arrivé à l'âge de devenir émancipé.

ADDITION À CE CHAPITRE.

C'ÉTAIT ici le lieu de parler de l'interdiction pour cause de prodigalité ; et cependant on n'en dit rien. Ce n'est sûrement qu'une omission ; car, quoique par le droit de propriété on entende celui d'user et d'abuser, on ne pense pas que les auteurs du projet se soient laissé surprendre à cette définition, jusqu'à en conclure que la loi n'est pas intéressée aux excès du prodigue, qui, méprisant toute règle, et abusant de sa raison, corrompt les mœurs publiques et préjudicie aux intérêts d'autrui : l'imbécille, maltraité par la nature, doit être secouru par l'humanité; le prodigue, insultant à la raison par ses désordres, et à la société par sa mauvaise conduite, doit être contenu par la loi.

TELLES sont les réflexions qui nous sont survenues, à l'examen rapide de ce premier livre du projet ; nous les avons exprimées librement, comme nos lumières et notre conscience nous l'ont suggéré, persuadés que nous ne pouvions mieux honorer l'intention du Gouvernement et le travail des auteurs du projet.

Nos occupations ne nous ont pas permis d'aller plus vîte ni plus loin, ni de dire tout ce que nous aurions eu à remarquer sur ce que nous avons parcouru; comme le temps n'a sûrement pas permis aux auteurs du projet de mûrir, autant qu'il aurait dû l'être, un ouvrage aussi important, le plus difficile qu'on puisse confier à des hommes, et cependant confié aux hommes qui étaient les plus capables de le rendre parfait.

FAIT et arrêté à la chambre du conseil, le tribunal assemblé, ce 14 fructidor, an 9 de la République française, une et indivisible. A la minute ont signé REDON, président, BEAULATON, CATHOL, MANDET, BONARME, TIOLIER, BRANCHE, TURRAULT, FARRADESCHES-GROMONT, BARRET-DUCOUDERT, LANDOIS, COINCHON, LAFONT, juges, et TOUTTÉE, substitut du commissaire du Gouvernement.

Certfié conforme. A Riom, le 17 Fructidor an 9.

REDON, *président.*

L. ARMAND, *commis-greffier.*

OBSERVATION ESSENTIELLE sur l'article 52, Chapitre III, Titre VI, Livre III du projet de Code civil. = De l'effet des hypothèques contre le tiers détenteur, &c.

CET article 52 autorise le tiers détenteur sur lequel on saisit, à requérir la discussion (par le créancier) des autres biens qui sont encore dans la possession du principal obligé, d'où il suit qu'il ne peut exiger la discussion des biens qui, depuis son acquisition, auraient été aliénés par le débiteur.

Ce système présente les conséquences les plus funestes.

Je suppose que l'obligé, lorsqu'il contracta la dette, possédait vingt immeubles, qu'il a depuis aliénés successivement; le créancier, si cela lui plaît, ou si le premier des immeubles vendus par son débiteur est à sa convenance, pourra faire saisir et vendre sur le tiers détenteur ce premier immeuble vendu; ce tiers détenteur, s'il ne veut pas ou ne peut pas acquitter la dette, et si son débiteur ne possède plus aucun immeuble, ou s'il n'en possède plus à suffire pour le paiement de ladite dette, sera obligé de laisser saisir et vendre son fonds, sauf son recours sur les acquéreurs postérieurs à lui : à son tour il pourra saisir et vendre le second acquéreur, qui fera de même saisir et vendre les fonds du troisième ; et ainsi de suite, jusqu'à ce que les immeubles desdits vingt acquéreurs aient été l'un après l'autre saisis et vendus; et cela souvent pour une dette qui eût pu être acquittée par le prix du dernier fonds aliéné par le débiteur.

Il serait facile d'éviter ce progrès et ce circuit de saisies et de ventes, ainsi que les frais dévorans qui en résultent; il suffirait d'autoriser le tiers détenteur saisi à exiger (à ses périls et risques, et en donnant caution) la saisie et vente des fonds vendus depuis son acquisition par l'obligé, et qui étaient hypothéqués à la dette.

Nous avions en Normandie un réglement de 1666, vulgairement connu sous le nom de *placités*, dont l'article 131 est ainsi conçu :

« Le créancier peut saisir, par décret, les immeubles hypothéqués » à sa dette, possédés par le tiers acquéreur, et ne peut être obligé » de faire auparavant la discussion des biens de son débiteur ni de » ses héritiers, si mieux n'aime le tiers acquéreur bailler déclaration

LIVRE III. » des bouts et côtés des héritages possédés par le débiteur ou ACQUÉ» REURS POSTÉRIEURS DE LUI, *pour être adjugés par décret à ses* » *périls et fortune, et bailler caution de faire payer le saisissant de sa dette,* » *en exemption des frais du décret.* ».

La dernière partie de cet article est fort sage; et il paraîtrait convenable d'insérer dans le nouveau Code une disposition équivalente.

FOUQUET, *commissaire près le tribunal d'appel.*

LIVRE II.

DES BIENS, ET DES DIFFÉRENTES MODIFICATIONS DE LA PROPRIÉTÉ.

TITRE I.er

De la Distinction des Biens.

CHAPITRE I.er

DES IMMEUBLES.

Art. 10. Expliquer si *le croît* et les animaux destinés à *l'engrais*, livrés au métayer par le propriétaire, doivent être réputés *immeubles*, ainsi que les bestiaux destinés à *la culture.*

CHAPITRE III.

DES BIENS DANS LEUR RAPPORT AVEC CEUX QUI LES POSSÈDENT.

Art. 29. Ajouter, *ou sections de commune.*

TITRE II.

De la pleine Propriété.

SECT. II. *Du Droit d'accession sur ce qui s'unit et s'incorpore à la chose.*

DIST. 1.re *Du Droit d'accession relativement aux choses immobiliaires.*

Art. 15. Il serait à desirer qu'on insérât dans le Code civil les règles relatives à la largeur du marche-pied dont il est parlé dans cet article, au lieu de renvoyer aux réglemens.

Art. 19. Il est juste que les particuliers qui, à l'époque de la publication du Code civil, se trouveront en possession de quelques îles ou îlots formés dans les lits des rivières navigables ou flottables, soient maintenus dans leur possession (quand bien même elle ne serait pas suffisante pour opérer la prescription), si elle est fondée sur des causes légitimes.

LIVRE II. Art. 22. Expliquer à qui doivent appartenir les vieux chemins abandonnés, lorsque l'on ouvre une nouvelle route.

TITRE III.

De l'Usufruit, de l'Usage et de l'Habitation.

CHAPITRE I.er

DE L'USUFRUIT.

SECT. I.re *Des Droits de l'usufruitier.*

Art. 15, 16 et 17. Expliquer si l'usufruitier a des droits sur l'accroissement que les bois taillis ont reçu pendant son usufruit, et à quel âge les bois doivent être réputés futaies.

Art. 18. L'usufruitier doit-il également remplacer les bêtes à corne ou à laine qui périront pendant sa jouissance, soit qu'il s'agisse de l'usufruit d'un *troupeau* ou d'un *nombre déterminé de têtes de bétail.*

SECT. II. *Des Obligations de l'usufruitier.*

Art. 27. L'équité exige que la vente des denrées, celle des meubles, la collocation du prix et l'adjudication des baux à ferme, lorsqu'il y aura lieu d'y procéder, ne puissent être faites qu'en présence de l'usufruitier, ou après l'avoir dûment appelé.

Le bail de caution pour les immeubles ne devrait même pas être exigé indistinctement.

Art. 31. La reconstruction des gros murs de refend, le rétablissement des escaliers, et autres semblables reconstructions, ne devraient pas être classés parmi les réparations *d'entretien*, ni être à la charge de l'usufruitier.

Art. 34. Expliquer quelles sont les charges qui peuvent être imposées sur la propriété pendant la durée de l'usufruit, avec l'effet de restreindre les droits de l'usufruitier.

Art. 36. Il serait plus équitable et plus conforme aux principes de la matière, d'autoriser le propriétaire, qui ne pourrait avancer les sommes nécessaires pour l'acquit des dettes, à vendre une partie du fonds assujetti à l'usufruit, l'usufruitier dûment appelé.

Art. 37. Déclarer que lorsque les procès intéressent tout-à-la-fois la propriété et l'usufruit, l'usufruitier devra y contribuer en proportion de son intérêt.

SECT. III. *Comment l'Usufruit prend fin.*

Art. 45. Il n'y aurait pas d'inconvénient de réserver à l'usufruitier la faculté de rétablir le bâtiment à ses frais, sans espoir de restitution.

CHAPITRE II.

DE L'USAGE ET DE L'HABITATION.

Art. 46. L'humanité semble exiger que l'usage et l'habitation ne se perdent pas par la mort civile. Mais il paraît juste de déclarer que le droit d'habitation établi par l'un des époux en faveur du survivant, cessera par le convol de celui-ci à de secondes noces, s'il existe des enfans du premier lit.

Art. 47. Le droit d'usage est établi le plus souvent sur des objets de *première nécessité*, et en faveur d'individus placés dans la classe *indigente.*

Ce serait le rendre illusoire que d'assujettir l'usager à donner caution.

Art. 56. Il sera difficile de faire une juste application de cet article, si la quotité des fruits que l'usager a droit de prendre n'est pas clairement déterminée.

Dans la plupart des pays, ces droits se réduisent souvent à la faculté de prendre des fruits des arbres, de la poirée dans les jardins, et autres semblables dont la valeur est trop modique pour mériter une appréciation.

TITRE IV.

Des Servitudes ou Services fonciers.

CHAPITRE I.er

DES SERVITUDES QUI DÉRIVENT DE LA SITUATION DES LIEUX.

OBSERVATION GÉNÉRALE.

Il conviendrait de régler, dans le Code civil, tout ce qui a trait aux servitudes en général, et notamment à celles mentionnées dans

LIVRE II. ce chapitre, au lieu de renvoyer à des lois ou réglemens particuliers qui pourraient se faire attendre long-temps.

CHAPITRE II.

DES SERVITUDES ÉTABLIES PAR LA LOI.

SECT. II. *Des Servitudes établies par la loi, ou pour l'utilité des particuliers.*

Même observation que sur le commencement du chapitre I.er

§. I.er *Du Mur et du Fossé mitoyens.*

Art. 13. Un seul corbeau suffira-t-il pour faire présumer la non-mitoyenneté ? ou bien faudra-t-il en poser dans toute la longueur du mur ?

Cet éclaircissement est d'autant plus nécessaire, qu'à Toulouse, par exemple, la non-mitoyenneté n'est présumée que d'une extrémité du mur jusqu'au corbeau.

Art. 21. Il conviendrait d'ajouter que celui qui s'opposerait à des ouvrages qui ne lui portent aucun préjudice, serait tenu de payer les frais de l'expertise.

Art. 24. Ajouter, « ou lorsqu'il n'y a pas de levée, s'il paraît que le » fossé n'a été fait que pour l'utilité d'un seul. »

Le fossé devrait aussi être présumé non mitoyen, lorsqu'il reçoit les eaux d'un seul des héritages qu'il sépare, et appartenir au propriétaire du fonds inférieur.

Il serait à propos de déterminer la distance qui doit être laissée entre le fossé ou la haie et l'héritage voisin.

Celle relative au fossé devrait être égale à sa profondeur.

Même observation à l'égard des arbres qui seraient plantés, et eu égard au préjudice que les différentes espèces peuvent occasionner.

Expliquer si l'on peut acquérir, par la prescription, le droit de conserver les arbres qui ne se trouvent pas à la distance requise;

Si le voisin peut obliger le propriétaire à les émonder lorsqu'ils sont à la distance prescrite, et à quelle hauteur.

Déterminer la distance du fonds voisin à laquelle le propriétaire pourra construire un mur sur son terrain, soit dans les villes, soit à la campagne.

§. II. *De la Distance et des Ouvrages intermédiaires requis pour certaines constructions.*

Art. 27. Il serait essentiel de déterminer, dans le Code civil, la distance qui doit être laissée, lorsque le voisin construit les ouvrages dont il est parlé dans cet article.

§. III. *Des Vues sur la propriété de son voisin.*

Art. 29. Définir les expressions, *à fer maillé* et *verre dormant*, et fixer la dimension des ouvertures des grilles ou des barreaux.

Toutes les coutumes qui renferment les mêmes dispositions que cet article, réservent au voisin la faculté de rendre inutiles les jours de coutume, en bâtissant contre.

Art. 33. Il y a, dans la première disposition de cet article, une faute qu'il est important de corriger.

D'après les annotateurs de la coutume de Paris, sur l'article 202, la distance doit être comptée *de la face du dehors du mur ou pan de bois où est la vue ;* c'est-à-dire, depuis le parement *extérieur*, et non depuis le parement *intérieur.*

Sur le 2.e membre. Si ce dernier mur n'est pas mitoyen, l'intervalle devrait se compter jusqu'à son parement *extérieur.*

Si, n'étant pas mitoyen dans le principe, il l'est devenu depuis, les vues existantes devraient subsister.

Quant à celles qui pourraient être pratiquées à l'avenir, on observerait les précédentes dispositions.

Lorsque le droit des vues droites ou obliques est acquis par titre ou par possession, à quelle distance le voisin pourrait-il bâtir?

OBSERVATION GÉNÉRALE.

Il serait à désirer qu'on ajoutât à ce titre un réglement général relatif aux anciennes servitudes, dont il est si longuement traité dans le droit romain et dans les coutumes ; telles, par exemple, que les servitudes de lumière, de prospect, et autres.

§. V. *Du Droit de passage.*

Art. 35. 1.° L'indemnité devra-t-elle avoir lieu dans le cas de la

LIVRE II. possession, pendant trente ans, du passage de nécessité ? Il conviendrait de limiter à cet égard la disposition de l'article 42.

2.° La longueur et les difficultés du chemin (comme, par exemple, s'il fallait traverser une rivière pour aboutir au fonds enclavé de tous les autres côtés) ne devraient-elles pas suffire pour établir *la nécessité* du passage sur le fonds du voisin ?

3.° Lorsque le fonds sur lequel le passage est réclamé et le fonds enclavé auront appartenu au même propriétaire, le passage sera-t-il dû sur la partie de ce fonds que le propriétaire a conservée ?

CHAPITRE III.

DES SERVITUDES ÉTABLIES PAR LE FAIT DE L'HOMME.

SECT. I.re *Des diverses espèces de Servitudes qui peuvent être établies sur les biens.*

Art. 38. Les communes ne devraient-elles pas avoir la même faculté ?

Art. 39. L'énumération contenue dans cet article paraît incomplète.

Il y a des servitudes qui ne peuvent être considérées ni comme *urbaines*, ni comme *rurales*.

Telles sont celles qui sont établies pour l'agrément de la personne, et qui sont dues par la chose à la personne.

SECT. II. *Comment s'établissent les Servitudes.*

Art. 42. Voyez la première note sur l'article 35.

Art. 43. Il serait plus conforme à l'équité et à l'intérêt public, que les servitudes qui ne sont pas établies par la loi, ne pussent s'acquérir que par titre, et qu'on eût adopté en ce point les dispositions de la coutume de Paris, dont la sagesse est généralement reconnue.

La sûreté dont chacun a droit de jouir dans sa maison, exige que dans tous les cas où il existe des vues sur la cour du voisin, elles soient à fer maillé et verre dormant, et à la hauteur prescrite par les réglemens.

SECT. IV. *Comment les Servitudes s'éteignent.*

Art. 58. Expliquer quelles sont les servitudes qu'on perd par *le non-usage*, et celles qu'on ne perd qu'à la suite *d'un acte contraire.*

Art. 59. Même observation que sur l'article 43.

LIVRE III.

TITRE I.er

Dispositions générales.

Art. 1.er, n.° 4. Les obligations résultant d'un délit pourraient être comprises dans cette classification.

Art. 2. Déterminer les cas dans lesquels les biens seront regardés comme vacans, et les formalités qu'il faudra observer pour l'envoi en possession.

Il serait à desirer qu'on insérât dans le code les règles relatives à la faculté de chasser et de pêcher, au mode d'acquérir la propriété des effets jetés dans la mer, et sur-tout à l'invention d'un trésor.

TITRE I.er

Des Successions.

CHAPITRE I.er

SECT. I.re *De l'ouverture des Successions.*

Art. 3 et 4. Les dispositions de l'art. 3, portant que la mort civile est encourue à l'égard du condamné par contumace, du jour *de l'exécution du jugement*, paraît en contradiction avec celle portant que les biens sont restitués à ceux de ses parens qui étaient habiles à lui succéder *à l'époque du jugement.*

Cette dernière disposition et celle de l'art. 4, d'après laquelle (en cas de représentation ou d'arrestation du condamné par contumace) la mort civile n'est encourue *que du jour du jugement contradictoire*, est aussi en opposition avec celle portant que la succession n'est ouverte, d'après le même article, que du jour de *l'exécution de ce second jugemenc*, et dévolue aux parens du condamné habiles à lui succéder *à cette époque.* On ne conçoit pas que l'époque de *l'ouverture* de la succession puisse être autre que celle de la mort civile; elle serait néanmoins antérieure si l'article 3 subsistait, et postérieure si l'article 4 n'était pas réformé.

Cette observation fortifie celle sur l'article 28 du titre I.er du livre I.er

Au lieu des mots, *à l'époque du jugement*, à la fin de l'art. 3, lire, *à*

LIVRE III. *cette époque;* c'est-à-dire, de *l'exécution;* et au lieu de ceux-ci, *du jour de ce jugement contradictoire*, de l'art. 4, lire, *du jour de l'exécution du jugement.*

Art. 6. Limiter la disposition de l'art. 6 aux *fruits perçus* par les agens de la République.

Art. 10. Fixer le sens des expressions, *d'âge à-peu-près égal*, et déterminer l'espace de temps, qui ne changera rien à cet égard à l'inégalité de l'âge.

SECT. II. *De la Saisine légale des héritiers.*

Art. 13. On préviendrait des procédures dispendieuses, en étendant cette disposition aux héritiers testamentaires et aux légataires à titre universel, qui devraient être saisis, de plein droit, de la quotité disponible.

CHAPITRE II.

DES QUALITÉS REQUISES POUR SUCCÉDER.

Art. 18. La contradiction qui paraît exister dans les dispositions de cet article, en ce qu'il porte que les successions qui sont échues au condamné avant l'*exécution du second jugement*, peuvent être réclamées par ceux de ses parens qui se trouvent être ses héritiers de droit *à l'époque du second jugement*, fortifie nos observations sur les art. 24 et 25 du titre I.er du liv. I.er, et sur les articles 3 et 4 du présent titre;

Car il implique que celui qui est mort civilement, *du jour du second jugement*, puisse recueillir et transmettre des successions échues à une époque postérieure.

Art. 20. L'humanité sollicite quelques modifications aux dispositions de cet article, en faveur des contumax qui seraient ensuite reconnus et déclarés innocens.

Il serait à desirer que la disposition de cet article fût, du moins, limitée aux fruits *perçus.*

Art. 22. Ajouter, « celui qui a empêché, par violence ou voie de » fait, de faire une disposition, et celui qui a supprimé une disposition » déjà faite. »

Art. 23. Il y a aussi de grandes raisons pour étendre la même exception aux frères et sœurs.

CHAPITRE

CHAPITRE III.

DES DIVERS ORDRES DE SUCCESSIONS.

SECTION I.re

Dispositions générales.

Art. 27. La division illimitée de la succession entre les deux lignes paternelle et maternelle, établie par cet article, nécessitera des généalogies très-compliquées ; elle donnera lieu à des procès fréquens, dans le cas où un parent à un degré trop éloigné pour faire obstacle à la libre disposition de la totalité des biens, mais qui néanmoins se trouve le plus proche dans *sa ligne*, sera appelé à recueillir la succession en concours avec un autre parent plus proche, même au premier degré, mais d'une ligne différente.

Il serait plus simple et plus juste de limiter la division entre les deux lignes, aux parens qui se trouvent dans le degré qui fait obstacle à la libre disposition de la totalité des biens.

SECT. III. *Des Successions des descendans.*

Art. 39. Sur les termes *et par tête ou souche, lorsqu'ils reviennent par représentation.* La rédaction du second membre de cet article serait plus claire, si elle était ainsi conçue :

« Ils leur succèdent par égales portions, *et par tête*, lorsqu'ils » viennent tous de leur chef;

» Par *tête et par souche*, lorsque les uns viennent de leur chef, et » les autres par représentation;

» Par *souche*, lorsque tous viennent par représentation. »

Art. 41. Il est injuste d'admettre les enfans du second lit ou d'un lit ultérieur, à succéder concurremment avec les enfans d'un lit antérieur, aux biens que le père ou mère de ceux-ci (qui a convolé à de secondes ou ultérieures noces) a recueillis de la libéralité du premier époux, père ou mère de ces mêmes enfans.

Sans doute que les auteurs du projet ayant consacré le principe que la loi n'admet aucune différence dans la nature ou l'origine des biens pour en régler la succession, ont craint de paraître en contradiction avec ce même principe : mais l'équité réclame une exception en

LIVRE III. faveur des enfans du premier lit, qu'on ne devrait pas priver de cette partie de biens de leur père ou mère prédécédé.

La raison politique et l'intérêt des époux la sollicitent également; en effet, la disposition de cet article pourrait détourner les conjoints de se faire des libéralités dans la crainte qu'une partie de leurs biens ne passât à des enfans d'un second lit, au préjudice de leurs propres enfans.

SECT. IV. *De la Succession des ascendans.*

Art. 43. Sur le dernier *membre* de cet article. Il est injuste d'adjuger la moitié de la succession à des collatéraux, quelque éloignés qu'ils soient, au préjudice de l'ascendant, même en premier degré de l'autre ligne.

Le principe adopté par la loi du 17 nivôse était plus équitable; il convient de modifier cette disposition.

§. II. *De la Succession des ascendans, dans le cas où le défunt laisse des frères et sœurs, ou des descendans d'eux.*

Art. 46. L'équité exige que la disposition de l'art. 46 soit modifiée. Il est injuste que les ascendans se voient exclus, par des collatéraux, de rentrer même dans les biens dont ils s'étaient dépouillés en faveur de leur descendant prédécédé.

SECT. V. *Des Successions collatérales.*

Art. 49. Supprimer le mot *germain*, qui présente une contradiction entre l'article 49 et l'article 50.

CHAPITRE IV.

DES DROITS DES ENFANS NATURELS, ET DE LEUR SUCCESSION.

SECTION I.re

Art. 58. On devrait restreindre cette disposition à ce qui a été donné à l'enfant pour son *établissement et en majorité*, à moins que ce qui lui a été donné, pendant sa minorité, n'ait tourné à son profit.

SECT. II. *Des Droits des Enfans naturels, adultérins ou incestueux.*

Art. 66. Il pourrait arriver que la quotité des alimens accordés par cet article à l'enfant adultérin ou incestueux, soit plus forte que le revenu de la portion de chacun des *enfans* légitimes, lorsque ceux-ci seront en nombre.

On préviendrait cette inégalité, en fixant les alimens de l'enfant adultérin ou incestueux, à la valeur égale au revenu de la part qu'il aurait eue, s'il n'eût été qu'enfant naturel, non adultérin ou incestueux.

SECT. III. *De la Succession aux biens des enfans naturels.*

Art. 73. La limitation aux descendans des frères et sœurs légitimes ou naturels, est injuste.

La République ne devrait être appelée à la succession, qu'en défaut de tous les parens de l'enfant naturel, à quelque degré qu'ils soient.

SECT. IV. *De la Succession dévolue à la République.*

Art. 78. 1.° Fixer un délai de six mois, au moins, avant lequel l'envoi en possession ne pourra avoir lieu, sauf les actes conservatoires qui pourront être faits dans l'intervalle.

2.° Expliquer si la République sera tenue de rendre compte des fruits au parent qui se représenterait dans un délai déterminé, et après l'envoi en possession.

3.° Enfin, déterminer l'époque après laquelle la République pourra prescrire la propriété.

CHAPITRE VI.

DE L'ACCEPTATION DES SUCCESSIONS.

Art. 82. La disposition de cet article paraît extraordinaire ; elle donnera lieu à des procédures inutiles, et empêchera la culture des biens en prolongeant la vacance de la succession.

Il est plus naturel qu'en cas de refus de quelques-uns des héritiers, les autres puissent accepter *à leurs périls et risques*, et que les portions de ceux qui répudient, accroissent à ceux qui accepteront.

SECT. II. *De la Renonciation aux Successions.*

Art. 91. Expliquer si, dans le cas de cet accroissement, l'héritier pour partie pourra, malgré son acceptation préalable, répudier la totalité

LIVRE III. de la succession qui accroît à sa portion, par la répudiation des autres cohéritiers, et si les créanciers de la succession pourront s'opposer à la répudiation de *la totalité* en offrant de restreindre leur action proportionnellement à la quotité dont ce cohéritier était originairement tenu.

Jusqu'à présent, le cohéritier et les créanciers ont respectivement joui de ces droits dans les pays de droit écrit.

Art. 92. Il serait à propos de déclarer si, dans le cas de cet article, les enfans de chacun des héritiers renonçans, succéderont par têtes ou par *souches*, soit en ligne directe, soit en ligne collatérale.

La disposition qui exclut la *représentation*, et celle portant que les enfans viennent *de leur chef* remplacer ceux dont la renonciation fait vaquer le degré, jettent une obscurité qu'il importe de faire cesser.

SECT. III. *Du Bénéfice d'inventaire, et des effets et des obligations de l'héritier bénéficiaire.*

DISTINCT. 1.re *Du Bénéfice d'inventaire.*

Art. 101. Au lieu des mots, *du jour de la succession*, lire : *du jour de l'ouverture de la succession.*

DISTINCT. 2. *Des effets du Bénéfice d'inventaire, et des obligations de l'héritier bénéficiaire.*

SECT. IV. *Des Successions vacantes.*

Art. 121. Expliquer dans quel cas la succession sera réputée vacante, *si*, les héritiers du premier degré ayant tous répudié, on pourra nommer un curateur à la succession vacante sans avoir préalablement comminé les héritiers du deuxième degré d'avoir à accepter ou répudier.

CHAPITRE VII.

DU PARTAGE ET DES RAPPORTS.

Art. 134. Régler les formes de l'opposition.

SECTION II. *Des Rapports.*

Art. 157. Les termes, *par préciputs et hors part*, pourraient faire douter si ces deux expressions sont exigées cumulativement.

Art. 167. Sur le *deuxième membre de cet article*. Cette disposition présente l'inconvénient de rendre la propriété incertaine pendant un temps illimité.

DISTINCT. 2. *A quelle Succession doit se faire le Rapport.*

Art. 169. Il arrive souvent qu'un père donne tant de son chef que de celui de sa femme, ou pour tous *droits paternels et maternels*, sans expliquer ce qu'il donne de son chef.

Si le donataire est obligé de rapporter toute la somme ou tout l'effet donné, il se trouvera frustré de ce qui lui avait été donné du chef maternel, tant que sa mère vivra.

Il serait donc à propos de fixer les doutes dans les cas 1.° où le père a constitué une dot, tant pour droits paternels que maternels après la mort de la mère, sans déterminer ce qu'il donne du chef maternel;

2.° Dans le cas d'une pareille constitution, lorsque le père ou la mère sont intervenus dans le contrat;

3.° Lorsque le père seul a constitué la dot pour droits paternels et maternels, sans que la femme, encore vivante, y soit intervenue.

DISTINCT. 5. *De la manière dont les Rapports doivent être faits.*

Art. 186. Cette disposition paraît injuste à l'égard des créanciers, dans le cas où leur débiteur ne prendrait sa portion qu'en effets mobiliers : on peut mettre tant de précipitation dans le partage, que son intervention sera impossible.

Lui réserver la faculté d'attaquer le partage fait en fraude de ses droits.

Art. 195. Cette expression, *devient le créancier*, est vague, et fait douter si le légataire est subrogé de plein droit aux droits et hypothèques des créanciers qu'il a payés.

Art. 203. Expliquer si la dernière disposition de cet article exclut les créanciers de la faculté de se pourvoir par rescision du partage, par la voie de la lésion, en exerçant les actions de leur débiteur.

Art. 206. Si l'hypothèque privilégiée doit avoir lieu, à quelque époque que l'acte privé ait été reconnu, la restriction contenue dans cet article est sans objet.

LIVRE III. Dans le cas contraire, ce serait mal à propos que cette hypothèque serait qualifiée privilégiée.

SECT. V. *De la Rescision en matière de partage.*

Art. 214. On pourra abuser de la disposition de cet article, et donner à des actes de partage les apparences et les formes d'une vente de droits successifs, pour se mettre à l'abri de l'action en rescision.

TITRE II.

Des Contrats ou des Obligations conventionnelles en général.

CHAPITRE I.er SECT. II. *Du Consentement.*

Art. 21. Ajouter, ceux qui n'ont pas l'usage de la raison, quoique non encore interdits.

Art. 22. Les héritiers ou ayant-cause devraient être admis à attaquer les engagemens contractés par leurs auteurs, mineurs, interdits, ou femmes mariées, du moins lorsque le mineur est mort avant la majorité, l'interdit, dans son état d'interdiction, et la femme mariée, dans les liens du mariage; et sur-tout à suivre l'action intentée par leur auteur.

Même observation, et à plus forte raison à l'égard de leurs créanciers.

CHAPITRE II.

DE L'EFFET DES OBLIGATIONS.

SECT. I.re *De l'Obligation de donner.*

Art. 38. D'après la disposition de l'art. 38, il peut arriver qu'un homme de mauvaise foi vende son bien, par un premier acte passé dans un pays éloigné.

Qu'il le revende ensuite, et que le deuxième acquéreur de bonne foi, qui n'a pas pu avoir connaissance de la première vente, soit exposé à être évincé pendant tout le temps requis pour la prescription.

Il serait essentiel de concilier l'intérêt du premier acquéreur, et la préférence qui est due au prêmier acte avec l'intérêt des tiers, et la faveur qu'il convient de donner au commerce des immeubles.

On pourrait peut-être atteindre ce but, en ne donnant au premier acte de vente l'effet de transporter la propriété sur la tête de l'acquéreur, qu'autant qu'il aurait fait afficher son contrat dans l'auditoire du tribunal de première instance *de la situation des immeubles vendus*, dans le délai, et pendant le temps qui sera déterminé, le contrat devant avoir son effet du jour de sa date, au moyen de l'accomplissement de ces formalités.

Par ce moyen, ou tout autre qu'on pourrait lui substituer, le public pourrait être instruit de la vente, on éviterait les fraudes, les immeubles se vendraient plus avantageusement et avec plus de facilité ; au lieu que l'incertitude dans laquelle la disposition de cet article jettera les acquéreurs sur le sort de leur propriété, avilira les biens-fonds, et en rendra l'aliénation très-difficile.

Art. 51. Expliquer si les intérêts des fermages, baux à loyer, ou restitution des fruits, seront dûs, année par année, du jour de la demande des fermages &c., ou seulement du jour de la condamnation, ou enfin en vertu d'un jugement portant liquidation et condamnation.

Il est sur-tout important de lever les doutes à l'égard de la demande en restitution des fruits, qui n'est que l'accessoire et la suite de la demande en délaissement.

SECT. IV.

Art. 61. Même observation que sur l'article 22.

Art. 62. Il n'y aurait pas d'inconvéniens à étendre cette disposition aux actes simulés faits en fraude des créanciers.

CHAPITRE III.

DES DIVERSES ESPÈCES D'OBLIGATIONS.

SECT. I.re *Des Obligations conditionnelles.*

Art. 69. On désirerait un exemple de la condition purement potestative, dont il est parlé dans cet article.

Il y a une nuance entre les conditions qui dépendent de la nue volonté sans être jointes à un fait, et celles qui sont simplement potestatives et jointes à un fait qu'il est libre au débiteur d'accomplir ou non : comme par exemple, je promets cent francs à Pierre si je vais à Paris. Il serait essentiel d'expliquer cette différence, soit pour l'admettre, soit pour la rejeter.

SECT. III. *Des Obligations alternatives.*

Art. 88. La rédaction du troisième membre de cet article serait plus claire si l'on ajoutait ce qui suit :

« Ainsi, lorsque le choix appartenait au créancier, il peut demander » dans le premier cas, ou le prix de la chose qui est périe par la faute du » débiteur, ou celle qui existe.

» Dans le deuxième cas, si les deux choses promises sont péries » l'une et l'autre par la faute du débiteur, le créancier pourra de- » mander le prix de celle qu'il voudra. »

SECT. V. *Des Obligations dividuelles et individuelles.*

DISTINCT. 2. *Des effets de l'Obligation divisible.*

Art. 113. Il semble que le n.° 4 de cet article confond le cas où l'une seulement des deux choses promises alternativement est indivisible, avec celui où les deux choses sont indivisibles ;

Qu'il confond encore le cas où le choix appartient au débiteur avec celui auquel il appartient au créancier.

Art. 127. Sur le n.° 1.er. Déterminer les circonstances et les marques auxquelles on pourra reconnaître *l'intention* des parties, que le paiement ne puisse se faire partiellement.

Restreindre cette disposition au cas où il a été stipulé que le paiement ne pourrait se faire que pour le total et non pour parties.

CHAPITRE IV.

DE L'EXTINCTION DES OBLIGATIONS CONVENTIONNELLES.

Art. 128. La demande en nullité ne peut éteindre l'obligation, qu'autant qu'elle est accueillie par un jugement en dernier ressort, ou qui a acquis l'autorité de la chose jugée.

Lire, *par la déclaration de nullité.*

Art. 130. Ajouter une seconde exception à l'égard du paiement volontaire d'une dette fondée sur une obligation purement naturelle, qui ne donne point d'action en justice.

Art. 134. On préviendra beaucoup de difficultés, en expliquant si le débiteur pourra payer valablement entre les mains de l'huissier porteur de commission.

Art. 136. Il n'est pas juste que le débiteur qui a payé son créancier, au préjudice d'une opposition ou saisie-arrêt faite en ses mains

par

par un tiers, ne puisse pas répéter ce qu'il a payé à son créancier direct, après qu'il a été obligé de payer une seconde fois au saisir-faisant. LIVRE III.

On devrait, du moins, expliquer s'il aura une action pour répéter de son créancier ce qu'il aura payé, *à sa libération*, au saisir-faisant, soit qu'il ait obtenu ou non la cession des droits et actions de celui-ci.

Il ne faut pas que le créancier originaire profite deux fois de la même chose ou de la somme due.

Art. 139. Ajouter, *ou après qu'il a été mis en demeure*, à moins que les détériorations n'eussent dû pareillement avoir lieu, quoique la chose eût été remise au pouvoir du créancier.

Cette disposition paraît juste, même dans le cas où la chose aurait péri, par cas fortuit, *après la demeure.*

Art. 142. La copulative *et*, insérée dans cet article, semble exiger cumulativement que celui qui paye ait *eu droit* d'obtenir et ait obtenu la cession des droits et actions du créancier.

Il serait en opposition avec l'article 143, à l'égard des codébiteurs ou cautions, puisque ce dernier article porte « que ceux qui sont tenus » d'une même dette *pour d'autres* ou *avec d'autres*, sont subrogés de » plein droit aux droits et actions du créancier, sans qu'il soit nécessaire » que cette cession ait été par eux requise. »

Substituer la disjonctive *ou* à la copulative *et.*

DISTINCT. 3. *De la Consignation et des Offres de paiement.*

Art. 140 et 150. Sur le deuxième membre, *au domicile.* L'offre faite au domicile ne devrait être valable, lorsqu'elle n'a pas été faite en parlant à la personne, qu'autant que le débiteur aurait sommé le créancier de se trouver, à un jour fixe, dans son domicile, à l'effet d'y recevoir les offres.

Art. 151, n.° 6. La disposition du n.° 6 peut faire naître des difficultés, dans le cas où les contractans n'ont pas élu ou indiqué un domicile dans le lieu où le paiement doit être exécuté; par exemple, si l'on a promis de livrer *en foire* d'une telle *ville.*

Ce cas peut se présenter fréquemment, et devrait être prévu.

SECT. V. *De la Compensation.*

Art. 176. Ajouter, *ou qui seraient susceptibles d'une prompte liquidation.*

LIVRE III. Art. 182. Cette disposition est extrêmement sévère.

SECT. VII. *De l'Extinction ou de la Perte de la chose due.*

Art. 185. La classification de l'art. 185 dans le titre *des Conventions*, et l'obligation de restituer le prix, semblent indiquer que la décision contenue dans le dernier membre de l'article, concerne le débiteur d'un corps certain auquel il a été volé.

Dans ce cas, il serait injuste qu'il fût tenu indistinctement du vol ou de la perte de la chose volée, quelle qu'en fût la cause.

SECT. IX. *De l'Action en nullité ou en restitution contre les Conventions.*

Art. 197, *deuxième membre.* 1.° L'article laisse à desirer ce qu'on entend par ces mots, *lorsqu'elle se trouve dans l'acte même.*

Expliquer si cette disposition doit être restreinte au seul cas où la lésion se démontre par l'acte même; par exemple, si le mineur a fait quittance de 1000 francs pour 900 francs.

2.° Pour prévenir les procès et les frais que pourrait occasionner la lésion la plus modique, fixer le sens des termes *la moindre lésion*, et déterminer une quotité de la valeur de l'objet au-dessous de laquelle on ne pourra admettre l'action en restitution.

3.° Dans le cas où la vente des immeubles a été faite *sans formalités*, par le mineur lui-même, expliquer s'il pourra se pourvoir pendant trente ans, ou seulement dans le délai des actions rescisoires;

Et s'il ne faut pas distinguer entre la vente *sans formalités*, consentie par le *tuteur*, et celle faite par le *mineur.*

Art. 203. Expliquer si la simple *exécution* en majorité de l'acte passé en minorité, aura le même effet que la *ratification.*

Il faut distinguer entre la réception du capital entier et les à-comptes, entre ceux-ci et la réception des intérêts, rentes et pensions ou autres prestations.

CHAPITRE V.

DE LA PREUVE DES OBLIGATIONS, ET DE CELLE DU PAIEMENT.

SECT. I.re *De la Preuve littérale.*

DISTINCTION 2.

Art. 216. L'expression *gens de la campagne* paraît trop vague.

DISTINCT. 4. *Des Copies de Titres.*

Art. 225 et 226. Les expéditions en forme délivrées par le notaire recevant ou détenteur, devraient faire foi en justice, comme par le passé, lorsque l'original est perdu, sans qu'il fût besoin de compulsoire parties présentes ou dûment appelées.

Si ces articles subsistaient, l'état et la fortune des citoyens dépendraient des caprices des notaires, qui, en supprimant le titre original, pourraient anéantir les droits les mieux acquis.

DISTINCT. 5. *Des Actes récognitifs et confirmatifs.*

Art. 228. Il suivrait de la première disposition de cet article, que les actes récognitifs les plus multipliés, suivis de leur exécution, ne suppléeraient pas le titre primordial.

Cette législation serait injuste, et contraire aux principes reçus jusqu'à ce jour.

SECTION II. *De la Preuve testimoniale.*

OBSERVATION GÉNÉRALE.

Les difficultés qui se sont élevées à l'égard du faux *énonciatif ou intellectuel*, et sur la question de savoir si la preuve en est recevable, exigeraient qu'il y fût pourvu par une disposition particulière.

SECTION V, DISTINCT. 1.re *De l'Affirmation litis-décisoire.*

Art. 259. Modifier cette disposition, dans le cas où la preuve contraire à l'affirmation se trouve établie par un écrit découvert depuis la prestation du serment, et retenu par le fait de la partie qui n'a gagné son procès qu'au moyen de l'affirmation.

TITRE III.

Des Engagemens qui se forment sans conventions, ou des Quasi-contrats et Quasi-délits.

SECT. I.re *Des Quasi-contrats.*

Art. 15. Il est juste d'accorder les intérêts des dépenses *nécessaires et utiles* pour la conservation de la chose, à celui qui devient comptable de la restitution des fruits.

SECT. II. *Des Quasi-délits.*

Art. 17. Les mots, *si on l'ignore*, peuvent faire douter s'ils s'appliquent à celui qui a jeté, ou à l'appartement dont la chose a été jetée.

Lire, *si on ignore de quel appartement la chose a été jetée.*

Sur le mot *solidairement.* Excepter ceux qui logent dans des appartemens qui ne donnent pas sur la rue, et ceux qui sont absens.

Art. 20, *dernier membre.* L'expression *délit* est impropre, inapplicable au cas dont il s'agit, et doit être supprimée.

Le maître devrait être déchargé, en abandonnant l'animal qui a causé le dommage; sauf le cas où on peut l'imputer à son imprudence.

TITRE IV.

De la Contrainte par corps.

Art. 1.er n.° 9. Il y a même raison d'étendre cette disposition aux colons partiaires et chepteliers, à raison des bestiaux qui leur ont été confiés, quand même le bail ne contiendrait pas la stipulation de la contrainte par corps.

Art. 5. La peine de la forfaiture ne peut être infligée aux tribunaux sans injustice, du moins à l'égard des juges qui auront été d'un avis contraire.

Elle ne peut recevoir son application, puisque les jugemens passent à la majorité des voix, et qu'il n'est pas fait mention *des noms des opposans.*

Cette disposition est, en outre, déplacée et injurieuse, et rappelle le régime révolutionnaire.

TITRE V.

Du Cautionnement.

CHAPITRE II.

DE L'EFFET DU CAUTIONNEMENT.

SECT. I.re *De l'effet du Cautionnement entre le créancier et la caution.*

Art. 7. Régler le mode d'exécution de la contrainte par corps.

LIVRE III.

TITRE VI.

Des Priviléges et Hypothèques.

CHAPITRE I.er

DES PRIVILÉGES.

SECT. I.re *Priviléges sur les Meubles.*

OBSERVATION GÉNÉRALE.

LA classification des créances privilégiées mentionnées dans cette section, n'est pas aussi méthodique qu'on pourrait le desirer.

Art. 8, n.° 3. Ce privilége devrait avoir lieu *sur les fruits* appartenant aux colons partiaires, à raison des avances à eux faites pour leur nourriture, ou pour faciliter l'exploitation, sauf le privilége à raison des sommes dues pour les semences, et les frais de récolte ;

Et sur le prix des bestiaux et autres choses mobiliaires, à concurrence des avances faites pour leur conservation.

Sur le même n.° 3. *Suivant les usages des lieux :* il serait à propos d'introduire des règles uniformes dans toute la France, sauf à prévoir les exceptions dans les cas extraordinaires ; par exemple, à l'égard des loyers des boutiques, pendant la durée de certaines foires.

Sur le n.° 5. Il serait plus simple que le délai pour revendiquer les effets mobiliers non payés, fût le même que celui de dix jours accordés dans le n.° 3 de ce même article, au propriétaire de la maison ou ferme, pour revendiquer les meubles qui garnissaient la maison ou la ferme. La différence de deux jours n'est pas importante pour l'exercice de l'action, et ne fait que compliquer les idées.

Les séquestres devraient avoir le même privilége sur les fruits soumis à leur séquestration, pour les avances par eux faites pour leur perception &c.

Art. 9. Le Code sera incomplet, si l'on n'explique pas sommairement, en quoi consiste le privilége, à raison des contributions, ainsi que l'ordre dans lequel il s'exerce ; ce qui n'empêche pas qu'on ne comprenne les mêmes règles dans les lois administratives.

LIVRE III.

SECT. II. *Privilèges sur les Immeubles.*

Art. 10, n.° 2. Expliquer si le cessionnaire pour partie du prix, venant en concours avec le vendeur lui-même, sera alloué avant, concurremment, ou après le vendeur.

N.° 3. Ajouter : « Pour le retour des échanges sur les immeubles » donnés par celui à qui le retour est dû. »

N.° 4. Les architectes devraient passer avant le vendeur, à concurrence seulement de l'augmentation que la chose a acquise par les constructions ou réparations.

SECT. III. *Privilèges qui s'étendent sur les Meubles et les Immeubles.*

Art. 11. Il ne suffit pas de fixer les privilèges, il faudrait encore déterminer l'ordre dans lequel le privilège doit avoir lieu. Si les auteurs du Projet ont entendu que les privilégiés doivent être alloués suivant l'ordre dans lequel ils sont classés dans le Projet, la classification est injuste, et contraire aux principes suivis jusqu'à présent ; par exemple, les frais de la dernière maladie, qui se trouvent placés en 8.e rang, dans la 1.re section, ont été de tous les temps alloués immédiatement après les frais funéraires, et devraient obtenir la 3.e place dans l'ordre qu'on a suivi.

CHAPITRE II.

DES HYPOTHÈQUES.

SECT. II. *De l'Hypothèque légale.*

Art. 19. Cet article ne parle que de la femme *commune* et de celle *séparée de biens* par son contrat de mariage.

On ne conçoit pas pourquoi il n'est pas parlé dans le Projet, de l'hypothèque de la femme à raison de sa dot, de l'augment, de l'année de viduité, des habits de deuil, &c.

Cette lacune est d'autant plus extraordinaire que le Projet permet toutes sortes de stipulations dans les contrats de mariage.

Supprimer les termes *commune*, et ceux-ci *séparée de biens.*

Art. 21. La disposition de l'article 21 est extraordinaire ; l'hypothèque ne devrait avoir lieu, à l'égard des mariages contractés en pays étranger, que du jour du report et de la transcription de l'acte de célébration sur le registre public du domicile de la partie, prescrits par l'article 27 du titre V du livre I.er

Art. 29. On ne conçoit pas pourquoi l'hypothèque n'aurait lieu, à l'égard des jugemens par défaut, que du jour de la signification, comme s'il pouvait dépendre du débiteur de reculer la date de l'hypothèque, en ne se présentant pas. LIVRE III.

SECT. III. *De l'Hypothèque judiciaire.*

Art. 34. La rédaction de cet article pourrait être plus exacte; l'expression *ordonnée* paraît s'appliquer à la vente, tandis qu'elle devrait s'appliquer au supplément, ce qui rend la disposition inintelligible.

Art. 35. Même observation que sur l'article 29.

Art. 36. Ces formalités paraissent inutiles, et sont gênantes pour les créanciers.

L'hypothèque sur les biens personnels de l'héritier devrait avoir lieu, à l'égard de l'héritier pur et simple, du jour qu'il a accepté la succession, ou fait acte d'héritier.

SECT. IV. *Des Hypothèques conventionnelles.*

Art. 46. 1.° L'expression *toute contre-lettre* est impropre. Il conviendrait de la remplacer par celle-ci, *les contre-lettres.*

La disposition de cet article contrarie le principe établi par les articles 40 et 41 du même titre.

Le nouvel acte quoique dérogatoire à un précédent, ne constitue pas moins une obligation qui doit avoir son entier effet à compter de sa date, dès qu'elle a été passée en forme authentique.

Au surplus, les conditions exigées pour la validité de la contre-lettre passée en forme authentique, sont trop difficiles, et peuvent être impossibles à remplir.

Il pourrait arriver que la minute du premier contrat fût adirée, que la représentation en fût refusée en cas d'absence, ou d'empêchement du notaire détenteur, ou de vacance de son office, ou bien qu'elle se trouvât au pouvoir d'un notaire de Paris, tandis que les parties seraient à Toulouse à l'époque de la nouvelle convention. La considération prise de l'adiration de la minute s'applique au registre de l'enregistrement.

La deuxième condition a l'inconvénient de livrer le sort de la contre-lettre, quoique revêtue des formalités prescrites, à la merci du tiers, déjà nanti d'une expédition du premier contrat.

LIVRE III. Et la troisième offre celui non moins grave de subordonner la validité de la contre-lettre au plus ou moins d'exactitude de la part du receveur de l'enregistrement.

D'après ces considérations l'article est inutile ; il y est suffisamment pourvu par les articles 40 et 41.

OBSERVATION PARTICULIÈRE.

L'expérience a prouvé qu'il est indispensable de rapporter sans délai la disposition de la loi relative au timbre, qui défend d'écrire plusieurs actes sur le même papier ; et d'exiger au contraire que les actes et jugemens soient écrits de suite, et sans aucun blanc, sur des registres paraphés et numérotés. C'est le seul moyen d'empêcher qu'on ne puisse supprimer les actes.

Art. 48. Ajouter, « ou du jour du jugement rendu en France qui » les déclarerait exécutoires, ou portant hypothèque. »

AUTRE OBSERVATION.

Il serait à propos de fixer l'époque à laquelle la procuration emportera hypothèque soit en faveur du mandant, soit en faveur du mandataire, dans le cas où l'acceptation du mandat a lieu lors de la procuration, et dans celui où l'acceptation n'a lieu que postérieurement.

CHAPITRE IV.

DE L'EXTINCTION DES PRIVILÉGES ET HYPOTHÈQUES.

Art. 75. On pourrait ajouter, « par la résolution du droit de celui » qui a constitué l'hypothèque, et par l'extinction de la chose. »

SECT. I.re *De l'extinction des Priviléges et Hypothèques par la renonciation du Créancier.*

Art. 76. Expliquer si dans le cas prévu par cet article, l'acquéreur sera subrogé aux droits du créancier qui a consenti à la vente, ou si l'hypothèque de ce créancier se trouve simplement anéantie par ce consentement tacite.

Si l'acquéreur n'était pas subrogé aux droits et hypothèques du créancier qui a consenti à la vente, il en résulterait (contre les termes de cet article) que la renonciation profiterait aux autres créanciers, et non à l'acquéreur : par exemple, supposons que l'hypothèque de ce premier créancier, qui a renoncé, absorbe toute la valeur de l'immeuble vendu ; si le bien rentrant dans la distribution, les autres créanciers peuvent faire valoir leurs hypothèques au préjudice de l'acquéreur, la renonciation tacite du créancier qui a consenti à la vente, profitera aux autres créanciers.

Il paraît juste que, dans le cas de distribution, le créancier renonçant soit alloué en son rang, mais que néanmoins son allocation cède au profit de l'acquéreur. S'il en était autrement, l'acquéreur ne profiterait pas de la renonciation tacite du créancier qui a consenti à la vente.

SECT. II. *De l'extinction des Priviléges par la prescription.*

Nota. Le Projet laisse à desirer les règles relatives à la matière de la subrogation aux hypothèques, ainsi que celles concernant la cession et transport de ces mêmes droits, soit que la subrogation soit expresse, soit qu'elle soit tacite et légale.

TITRE VII.

Des Lettres de ratification.

Art. 1.er La distribution du prix de la vente, ordonnée par cet article, en faveur des créanciers privilégiés et hypothécaires, semble annoncer que la vente rend tous les capitaux exigibles. Il serait utile d'expliquer s'il doit en être de même à l'égard des capitaux des rentes constituées, et si le créancier pourra en exiger le remboursement contre l'acquéreur.

CHAPITRE I.er

DE L'EFFET DES LETTRES DE RATIFICATION.

Art. 4. *Sur le dernier alinéa.* Expliquer si dans le cas de la nullité du contrat, ou de l'éviction de l'acquéreur, les créanciers qui auront obtenu leur paiement seront tenus de rembourser ce qu'ils auront reçu.

Art. 9. Cet article sera obscur, si l'on n'explique pas quelles sont les voies de droit que le successeur à titre universel doit prendre pour acquérir sa libération, vu sur-tout que les articles 192 et 193 du titre *des Successions* décident que les immeubles échus à chacun des

LIVRE III. cohéritiers demeurent grevés, sauf le recours de chacun d'eux contre les autres cohéritiers.

Art. 10. Il doit en être de même dans le cas d'une licitation entre coassociés ou communistes.

CHAPITRE II.

DES OPPOSITIONS DES CRÉANCIERS.

SECT. I.re *De l'Effet des Oppositions.*

Art. 14. Le délai des oppositions est trop court; il devrait durer autant que l'action hypothécaire, c'est-à-dire pendant dix ans.

Le renouvellement ne peut être utile qu'au fisc.

Art. 15. Cette disposition est trop rigoureuse, et tiendrait le comptable et ses cautions dans un état perpétuel d'interdiction.

Elle est encore plus injuste à l'égard de l'acquéreur, qui doit être autorisé à opposer la prescription.

SECT. II. *Des Créanciers qui sont tenus de faire Opposition.*

Art. 17. Désigner ceux qui seront tenus de faire opposition pour l'interdit contre son tuteur.

Art. 22. L'opposition du propriétaire devrait profiter à l'usufruitier.

Que deviendraient les intérêts de la créance échus pendant la durée de l'opposition faite par le propriétaire?

Art. 24. Le Projet ne prévoit pas les règles à suivre dans la distribution du prix de la vente, à l'égard de l'opposition qui n'aura d'autre objet que celui de conserver une hypothèque éventuelle résultant de la garantie.

SECT. III. *De la Forme des Oppositions.*

Art. 28. Indiquer le tribunal devant lequel l'action doit être intentée contre le créancier qui a fait des oppositions.

Art. 30. Les tuteurs et autres administrateurs n'ayant pas le pouvoir d'aliéner, ne devraient être autorisés à donner le consentement à la radiation des oppositions faites au profit de ceux dont ils administrent les biens, à l'égard des créances formant des *capitaux*, qu'avec l'autorisation du conseil de famille.

Art. 31. Au lieu d'exiger que celui qui requiert la radiation soit tenu de justifier de sa qualité, lorsqu'il aura signé les actes portant consentement à la main-levée, comme représentant l'opposant, l'article devrait déclarer que celui qui requiert la radiation justifiera de la qualité *de ceux qui ont consenti à la main-levée*, ou de ceux qui ont signé les actes mentionnés en l'article 30, comme représentant les opposans ou comme chargés de leurs procurations.

Pour prévenir les difficultés que pourraient faire les conservateurs, il conviendrait d'indiquer la forme en laquelle la qualité doit être justifiée, et d'énoncer s'il suffira d'exhiber ou de signifier au conservateur les actes contatant la qualité, ou s'il faudra encore les lui remettre.

Art. 32. Expliquer si l'obligation imposée par cet article de notifier le jugement *au domicile élu*, exclut la faculté de faire la signification *au vrai domicile* de l'opposant, à l'effet de faire courir utilement le délai après lequel il n'est plus permis de se pourvoir, et s'il faudra donner copie du jugement au conservateur.

Art. 35. Il n'y a pas de raison pour interdire à la partie la faculté d'appeler dans le délai ordinaire de trois mois.

Il serait d'ailleurs extraordinaire qu'après avoir appelé du jugement, et signifié l'appel à la partie, même dans le mois, elle en fût déchue pour ne l'avoir pas notifié, dans le même délai, au conservateur.

Dans le cas où le jugement rendu en dernier ressort serait attaqué par la voie de la cassation ou de la requête civile, quel sera l'effet du jugement qui cassera, ou de celui qui entérinera la requête civile, à l'égard des droits acquis à des tiers dans l'intervalle?

Art. 37. Il serait injuste que l'acquéreur n'eût pas, dans tous les temps, la faculté de poursuivre la radiation des oppositions inutiles.

CHAPITRE III.

Du Dépôt du Contrat au greffe, et de l'Affiche.

Art. 38. Outre la mention du dépôt dans le registre à ce destiné, le greffier devrait être tenu de délivrer un récépissé du contrat.

Art. 41. On devrait du moins excepter le cas où il s'agit d'un corps de domaine situé dans plusieurs arrondissemens, et restreindre la disposition qui ordonne la ventilation, au cas où les immeubles situés dans divers arrondissemens sont indépendans les uns des autres; puisque,

LIVRE III. suivant l'article 13, l'opposition faite audit cas, au bureau des hypothèques dans l'arrondissement duquel sont situés les bâtimens d'exploitation, s'étend sur les immeubles qui en font partie, quoique situés dans un autre arrondissement.

Art. 45. On n'a pas prévu le cas où le vendeur n'élirait pas le même domicile ou n'en élirait aucun.

Il faudrait déclarer qu'audit cas, les procédures pourront être faites contre lui, au domicile qu'il avait le jour de la vente, ou au domicile précédemment élu.

CHAPITRE IV.

Des Enchères et Surenchères.

Art. 50. Lorsqu'il y a d'autres avantages stipulés par le vendeur, il est juste d'en ajouter le montant ou la valeur au prix principal, et que quotité de l'enchère soit relative à cet entier prix.

Art. 51. Il ne devrait pas y avoir lieu aux enchères, lorsque le prix est suffisant pour payer tous les créanciers opposans. Il serait bon d'expliquer si dans le cas de la vente d'un fonds appartenant à plusieurs *par indivis*, le créancier de l'un des vendeurs pourra enchérir pour le tout;

Si l'acquéreur pourra être contraint à délaisser le tout;

Si de son côté il pourra obliger l'enchérisseur à prendre l'entier immeuble.

Art. 56. La disposition qui restreint l'enchère aux immeubles situés dans le ressort du tribunal où se poursuivent les lettres de ratification, est injuste, lorsqu'il s'agit d'un seul corps de ferme, dont les biens se trouvent dans divers arrondissemens; car il y a lieu de présumer que l'acquéreur n'eût pas acheté une portion.

L'article 56 ne peut être maintenu qu'à l'égard des divers immeubles indépendans les uns des autres; mais lorsque les immeubles, situés dans plusieurs arrondissemens, font partie d'un seul corps de domaine, il devrait suffire de prendre des lettres de ratification dans le bureau de l'arrondissement de la situation des *bâtimens d'exploitation*, puisque d'après l'article 13 de ce titre, il suffit que l'opposition soit faite audit cas dans ce même bureau.

Art. 60. Prévoir les cas où il n'y aurait pas eu d'enchères pendant le le délai prescrit. Il paraît convenable de les recevoir dans cette hypothèse, jusqu'au sceau des lettres de ratification.

Art. 61. On devrait expliquer qui profitera de la surenchère, supposé qu'elle excède ce qui est dû;

Si l'acquéreur pourra demander une indemnité au vendeur, soit qu'il délaisse l'immeuble au dernier enchérisseur, soit qu'il fasse surenchère lui-même.

Art. 62. Il est important de fixer le délai dans lequel l'enchérisseur doit effectuer le paiement du prix de l'immeuble, et de déterminer,

1.° Quelles sont les sommes qu'on doit regarder comme légitimement déboursées;

2.° Si l'acquéreur qui a commis des dégradations ou vendu des bois, &c., en devra compte à l'adjudicataire;

3.° Si l'adjudicataire ne payant pas dans le délai, il faudra user de saisie sur sa tête, ou faire ouvrir la folle enchère;

Même question à l'égard de l'acquéreur, à qui l'immeuble est adjugé;

4.° De quel jour l'acquéreur devra compte des fruits;

Il paraît juste qu'il les gagne jusqu'au jour de l'adjudication;

5.° Si les créanciers de l'acquéreur pourront, en exerçant ses droits, user de la faculté qu'il a de retenir l'objet vendu, s'il ne veut pas le conserver lui-même;

6.° Si le fermier peut être évincé par l'enchérisseur (cela serait injuste); si dans le cas de l'affimative il pourra demander des dommages, et contre qui.

CHAPITRE VI.

Des Fonctions et de la Responsabilité des Conservateurs des Hypothèques.

Art. 73. Ajouter à la fin de l'article : *sauf néanmoins le recours du conservateur contre le vendeur.*

CHAPITRE VII.

De l'Ordre et de la Distribution du Prix entre les Créanciers.

Art. 82. *Sur le 2.e membre.* L'acquéreur ne devrait être tenu de consigner qu'autant qu'il en serait requis par l'une des parties intéressées.

LIVRE III. Art. 84. Même observation que sur les articles 41 et 56.

Nota. Il conviendrait de décider si l'acquéreur pourra, après avoir déposé son contrat, renoncer aux lettres de ratification ;

S'il aura encore cette faculté dans le cas où il y aurait eu des enchères;

Si, après avoir obtenu les lettres de ratification, il pourra se dispenser de payer les créanciers, en délaissant l'objet vendu.

TITRE VIII.

De la Vente forcée des Immeubles.

CHAPITRE I.er

SUR QUI LA SAISIE RÉELLE PEUT ÊTRE FAITE.

Art. 4. Sur la fin de cet article. Celui qui a des droits de propriété sur un immeuble n'en doit pas être dépouillé, pour avoir négligé de s'opposer avant l'adjudication.

Art. 10. L'autorisation du mari à l'égard de la femme majeure et non commune, est une formalité inutile et gênante, lorsqu'il ne s'agit que des biens libres de la femme.

Il conviendrait d'autoriser le juge à nommer d'office le tuteur, dans le cas où les parens refuseraient de s'assembler.

CHAPITRE II.

SUR QUELS TITRES ET POUR QUELLES DETTES ON PEUT SAISIR RÉELLEMENT.

Art. 11. Sur les mots *titre exécutoire.* Il s'est élevé des doutes sur la question de savoir si la loi du 6 octobre 1791, qui autorise les notaires à délivrer les actes en forme exécutoire, est applicable à ceux passés antérieurement à cette loi. Il serait bon de faire connaître si l'on pourra saisir en vertu de ces actes.

Art. 12. Formalité inutile, et frais perdus.

CHAPITRE III.

DISPOSITIONS COMMUNES À TOUTE LA PROCÉDURE SUR LA VENTE FORCÉE.

Art. 21. D'après cet article, il serait à la disposition de l'avoué du saisi d'arrêter toutes les poursuites; ce qui annonce la nécessité de suppléer à son refus, de remplacer ou de supprimer la formalité du *visa*. LIVRE III.

Art. 22. Les nullités de forme ne devraient vicier les actes postérieurs à l'acte nul, qu'autant qu'ils ne seraient pas indépendans de l'acte irrégulier, et qu'ils ne sauraient subsister sans lui : il paraît que tel est le sens de l'article ; mais il pourrait être autrement interprété.

Art. 23. « Au jour indiqué par la loi ». L'article ainsi qu'il est conçu, annoncerait que l'appel ne devrait pas être reçu, si la citation n'avait pas été donnée précisément au jour indiqué par la loi.

Il peut cependant arriver qu'une partie ignore la véritable distance des lieux, ou que, par d'autres motifs, elle cite à un trop court ou à trop long délai, ce qui ne doit pas opérer la déchéance de l'appel.

On préviendrait tous les subterfuges, en déclarant que l'appel ne sera pas reçu, s'il ne contient citation devant le tribunal, pour y voir statuer, dans un délai déterminé, sauf à la partie adverse à l'anticiper s'il y a lieu.

Art. 25. Expliquer si la voie de l'opposition sera interdite au poursuivant.

Dans le cas où elle lui serait ouverte, la procédure ne devrait pas être suspendue.

CHAPITRE IV.

FORMALITÉS DE LA SAISIE RÉELLE.

SECT. I.re *Du Procès-verbal de Saisie réelle.*

Art. 31. L'omission ou la désignation inexacte des noms des colons partiaires qui exploitent les biens, ne devrait pas entraîner la nullité de la saisie réelle, si ces noms n'étaient pas connus, pourvu que d'ailleurs les objets saisis fussent bien désignés, &c.

Art. 33. Substituer les *adjoints* du juge de paix aux *assesseurs* qui n'existeront plus lors de la publication du Code.

Art. 34. Cet article devrait déclarer si le défaut de signification du procès-verbal de la saisie réelle au saisi, *dans les délais fixés*, opérera la nullité de la saisie.

Supprimer les dernières dispositions de l'article depuis les mots *auquel cas*, comme tendant à multiplier, sans objet, les frais et les

LIVRE III. longueurs, et attendu que les créanciers sont dispensés par l'article 27 de ce titre, d'énoncer le montant de leurs créances.

SECT. II. *De l'Enregistrement, de la Publication et de l'Affiche de la Saisie réelle.*

Art. 38 et 39. Si les dispositions de ces articles sont de rigueur, et si leur inexécution doit entraîner nullité du procès-verbal de la saisie réelle, il serait convenable d'infliger une peine au greffier, en cas de contravention ou de négligence.

Art. 40. Même observation que sur l'article 31.

Art. 41. Même observation que sur l'article 39.

Art. 43. Pareil extrait devrait être affiché aux portes des maisons d'exploitation, soit qu'elles soient habitées par des *colons partiaires*, ou par des *maîtres-valets* ou *serviteurs à gages.*

Art. 44. Expliquer si la connaissance du délit prévu par cet article, doit appartenir au tribunal correctionnel ou au tribunal civil devant lequel l'instance de distribution est pendante.

Art. 50. Il n'y a pas de raison pour ne pas remplir, dans le cas de la saisie additionnelle, les formalités exigées par la section II, aussi bien que celles prescrites par la section I.re

SECT. III. *Du Séquestre et des Baux.*

Art. 55. Désigner le tribunal compétant pour connaître du trouble apporté au séquestre par le débiteur saisi.

Art. 57. La voie de l'appel devrait être autorisée contre le jugement qui arrête le compte, lorsqu'il s'agit de plus de 1,000 francs, mais sans retardation des poursuites.

Il devrait aussi être permis de prendre communication du compte pendant un court délai.

Art. 60 et 61. Il y a trop de rigueur à soumettre le fermier au paiement du prix total du bail, faute par lui d'avoir négligé de faire la déclaration exigée par ces articles.

Art. 63. La faculté accordée par cet article au séquestre, de vendre les fruits pendans par les racines, sans aucune formalité de justice, peut occasionner beaucoup de fraudes.

Art. 64. La mention faite au procès-verbal d'adjudication ne paraît pas suffisante ; il serait à propos que chaque publication au bruit du tambour fût constatée par un procès-verbal particulier.

Art. 66. Dans le cas où l'obligation imposée au fermier de payer six mois d'avance n'aurait pas été mentionnée dans le cahier des charges, il suffirait qu'elle fût portée dans le procès-verbal d'adjudication.

Sur les termes *en la manière accoutumée.* Régler la forme en laquelle la caution devra être reçue, ou s'en référer à celle qui sera réglée par le code judiciaire. Dans tous les cas, le poursuivant et le saisi devraient y être appelés.

Art. 67. Cet article devrait prévoir le cas où l'enchère ne sera pas portée à concurrence de la moitié de la mise à prix.

Art. 69. Ajouter la restriction *si tant la saisie dure*, sur-tout lorsque la saisie prend fin par le paiement que fait le débiteur saisi.

Il suffirait, dans ce cas, que le fermier judiciaire continuât l'exploitation pendant l'année commencée.

Art. 70. Il peut y avoir du danger à s'en remettre au séquestre sur la nécessité des réparations.

On ne devrait du moins l'autoriser à faire de réparations s'élevant à 150 francs, qu'autant que cette somme n'excéderait pas la valeur du quart des fruits du bail.

Le poursuivant et le saisi devraient encore en être prévenus par une dénonciation.

Art. 72. Cette disposition est injuste, et blesse les droits de la propriété.

CHAPITRE V.

DES OPPOSITIONS ET DE L'ORDRE.

SECTION Ire

DISTINCTION 1.re

Art. 89. Cette disposition est d'une injustice révoltante à l'égard du propriétaire en tout ou en partie de l'immeuble saisi, qui ne serait pas débiteur.

Art. 92. Cet article ouvrira la porte à beaucoup de fraudes.

La disposition sur-tout qui porte qu'après la mort de l'avoué de l'opposant, les poursuites seront continuées au domicile de cet avoué, est injuste et inadmissible. En effet les poursuites ne peuvent être faites qu'avec une personne vivante. Il est extraordinaire qu'elles puissent être

LIVRE III. signifiées à un domicile qui sera peut-être abandonné de suite après la mort de l'avoué.

DISTINCT. 2. *Des Oppositions à fin d'annuller ou de distraire.*

Art. 93. Les dispositions de cet article sont subversives de tout droit de propriété, et ne sauraient subsister dans le Code d'une nation civilisée.

On ne peut exiger que celui dont on saisit mal-à-propos la propriété, soit obligé, quoiqu'il ne doive rien, de s'opposer, avant l'adjudication, à une saisie dont il est même possible qu'il ne soit pas instruit.

Il ne doit être permis, dans aucun cas, d'exproprier irrévocablement celui qui n'est pas débiteur.

La troisième disposition est encore plus injuste, en ce qu'elle refuse d'admettre l'opposition postérieure au congé d'adjuger.

Art. 94. Le tiers qui ne doit rien et dont la chose a été injustement saisie, doit non-seulement être reçu à s'opposer en tout état de cause, mais encore être admis à poursuivre la nullité de la vente, avec des dommages et intérêts, même après l'adjudication, et pendant tout le temps de la prescription..

Art. 95. L'opposition à fin d'annuller doit suspendre les poursuites de la saisie réelle.

Celle à fin de distraire devrait les suspendre à l'égard des objets dont la distraction est demandée.

Art. 96. D'après les motifs ramenés dans les précédentes observations, il est évident que le délai de quinzaine pour appeler est trop court. La signification de jugemens aussi importans devrait être faite à la personne de l'opposant, ou à son vrai domicile, notamment lorsque son avoué est décédé.

Art. 97. « *Il est passé outre à l'adjudication.* » Cette disposition, quoiqu'elle présente une moindre injustice que les précédentes, est cependant attentatoire aux droits de la propriété.

Ces droits doivent être respectés, soit qu'il s'agisse de la totalité des biens compris dans une saisie, soit que l'opposition ne frappe que sur une partie des objets saisis.

DISTINCT. 3. *Des Oppositions à fin de charge.*

Art. 103. Cet article fait ressortir toute l'injustice des précédens.

SECT. II. *De l'Ordre entre les créanciers.*

DISTINCT. 1.re *Règles générales sur l'Ordre.*

Art. 119. L'intérêt des créanciers intermédiaires paraît s'opposer à ce que les dépens soient alloués au même rang que le capital.

DISTINCT. 2. *Des formalités de l'Ordre.*

Art. 128. Les créanciers opposans devraient être reçus dans tous les cas, à produire leurs titres jusqu'à l'adjudication, et même postérieurement, sauf à faire supporter les frais à ceux qui auraient différé de produire.

Art. 131 et 132. Le délai fixé par ces articles pour former des réclamations, et la forme en laquelle elles sont portées à l'audience, ne répondent pas à l'importance des questions qui peuvent s'élever à la suite d'un procès-verbal d'ordre.

On devrait au moins déclarer que le délai péremptoire ne s'applique qu'aux réclamations à faire devers le greffe, et réserver aux opposans la faculté d'intervenir à l'audience pour y faire juger leurs réclamations, à leurs frais, et sans espoir de répétition.

Art. 134. L'appel devrait suspendre au moins l'adjudication, lorsque la majorité des créances est contestée.

CHAPITRE VI.

DU CONGÉ D'ADJUGER, ET DE L'ADJUDICATION.

Art. 136 et 137. L'article 136 veut que le jugement qui prononce le congé d'adjuger soit rendu sans citation préalable.

L'article 137 parle de plusieurs jugemens et suppose des citations.

Expliquer de quels jugemens l'article 137 entend parler, sans quoi ces deux articles seraient en contradiction.

Art. 146. Le jugement qui aura admis ou rejeté les moyens de nullité, peut être injuste : la faculté d'en appeler, s'il est contradictoire, ou de l'attaquer par la voie de l'opposition, s'il est par défaut, ne doit pas être interdite aux parties intéressées.

Art. 149. Puisque l'article autorise le renvoi sans nouvelle affiche et sans nouvelle publication, il n'y aurait pas d'inconvénient à permettre une affiche surabondante, si les enchères sont trop modiques.

Art. 163. Le Projet devrait prévoir le cas où il y a lieu à la

LIVRE III. garantie, le délai dans lequel elle devra être exercée, et expliquer si elle pourra être dirigée contre le poursuivant, contre le saisi, ou contre les créanciers qui auront reçu.

Art. 164. Si le jugement d'adjudication est injuste, si le tribunal a violé les formes prescrites par les lois; par exemple, relativement au nombre des feux, à la quotité des enchères et autres semblables, il n'y a pas de raison pour faire exception aux règles ordinaires, et refuser aux parties intéressées la faculté de l'attaquer par la voie de l'appel, ou de la cassation lorsqu'il est en dernier ressort.

Interdire ces deux voies, c'est accorder au tribunal qui prononce l'adjudication, la liberté de s'élever au-dessus de toutes les règles, de négliger les formalités les plus importantes, et de disposer arbitrairement de la fortune des citoyens.

CHAPITRE VII.

De la Forme du paiement du prix de l'Adjudication.

Art. 168. D'après cet article, on pourrait déclarer la folle enchère contre l'adjudicataire, faute de versement de la part du dépositaire entre les mains duquel l'adjudicataire aurait consigné; ce qui serait injuste.

CHAPITRE VIII.

De la Vente sur simple publication.

Art. 170. Le bref délai dont il est parlé dans cet article, ne devrait pas être soumis au caprice ou à l'impatience du poursuivant; il devrait être au moins de trois jours.

Le Projet ne dit pas si le jugement qui déclare la saisie valable, devra être signifié au saisi, et si celui-ci pourra en appeler.

Art. 174. Cette fin de non-recevoir est trop rigoureuse, sur-tout à l'égard d'un défaillant.

Art. 175. Si l'on n'a fait qu'une remise, si l'on a manifestement violé d'autres formalités impérieusement ordonnées, comment pourra-t-on remédier à ces contraventions, si l'on ne peut se pourvoir ni par appel, ni par cassation!

Art. 176. Mauvaise rédaction; on ne voit pas à quoi se rapportent les termes, *elle peut être adjugée.*

Art 178. Si la vente sur publications ne purge pas les priviléges et et les hypothèques, on ne trouvera jamais des enchérisseurs, puisque l'adjudicataire pourrait être dépossédé dès le lendemain de l'adjudication par les créanciers non payés.

Il faudrait au moins, en établissant cette règle, permettre à l'adjudicataire de prendre des lettres de rescision, et postposer l'ordre des créanciers à l'expédition de ces lettres.

Nota. Il n'a été rien dit dans ce titre sur les saisies des fruits, les saisies-arrêts, et autres saisies mobiliaires.

Il n'y est pas question non plus de la préférence entre les divers créanciers saisissans : ces objets méritent qu'on leur assigne des règles particulières.

REMARQUES sur ce Titre.

Le grand nombre d'observations qu'on vient de faire sur ce titre, indiquent assez qu'il a besoin d'être entièrement refondu, ou plutôt, qu'il doit être remplacé par un nouveau projet.

En effet, les droits de la propriété y sont entièrement méconnus;

Les intérêts du débiteur, les droits des tiers propriétaires, ceux des créanciers y sont sacrifiés à la sûreté de l'adjudicataire;

Les formalités y sont et trop multipliées, et trop rigoureuses;

Il donne trop de latitude à l'attribution et au pouvoir des tribunaux de première instance, non-seulement en ce qu'ils prononceraient en dernier ressort, quelque considérable que soit l'objet de la contestation ; mais encore en ce qu'il les soustrait à la censure du tribunal de cassation, quelque importantes que soient les formalités qui pourraient avoir été violées, du moins en ce qui concerne les parties intéressées.

TITRE IX.

Des Donations entre-vifs, et du Testament.

CHAPITRE I.er

DE LA CAPACITÉ REQUISE POUR DONNER OU POUR RECEVOIR.

Art. 4. La preuve de la captation ou suggestion devrait aussi être admise, lorsqu'elles ont été accompagnées de dol ou de fraude.

Art. 5. Il n'y a point de motifs pour priver le mineur émancipé, de la faculté de donner par testament l'entière portion disponible.

Art. 7. La défense de donner entre-vifs sans l'autorisation du mari, devrait être restreinte à la femme commune en biens.

LIVRE III. Art. 14. Il n'y aurait pas d'inconvéniens à faire une exception à l'égard des libéralités modiques, dont on pourrait fixer la quotité, en faveur de l'officier de santé, sur-tout lorsqu'il est parent du malade.

CHAPITRE II.

DE LA PORTION DES BIENS DONT IL EST PERMIS DE DISPOSER, ET DE LA RÉDUCTION EN CAS D'EXCÈS.

SECT. I.re *De la Portion disponible.*

Art. 17. Cet article introduit une innovation qui, sans aucun motif, peut contrarier les sentimens les plus légitimes, et même les devoirs les plus sacrés.

La modicité de la portion disponible en usufruit, privera souvent un ami, ou un parent, de la douceur de donner une marque de son attachement, ou de sa reconnaissance, à un ami, ou à un parent non successible, auquel il peut avoir de grandes obligations.

Ces considérations font espérer qu'on permettra de disposer en usufruit d'une quotité plus forte qu'en toute propriété.

Art. 19. « Par préciput et hors part. »

Ces expressions pourraient faire croire qu'elles doivent être employées cumulativement.

SECT. II. *De la Réduction des Donations, de la Manière dont elle s'opère, et de ses Effets.*

Art. 22. Retrancher le mot *même* à la ligne du dernier membre de cet article.

Art. 23. Il serait à propos de déclarer si le rapport fictif dont il est parlé dans cet article, doit s'étendre aux donations faites avant la publication des nouvelles lois relatives aux successions, et même aux donations faites en ligne collatérale, qui, suivant les anciennes lois, n'étaient pas sujettes à rapport.

Art. 26. S'il n'y a que des donations à cause de mort excédant la quotité disponible, il paraît naturel de croire qu'on suivra dans la reduction la règle portée par cet article, c'est-à-dire, que le quart prélevé pour le légataire à titre universel, le surplus se contribue au marc le franc entre tous les légataires particuliers : il convient cependant de l'expliquer.

Art. 27. Il serait juste de ne soumettre le légataire à la restitution des fruits, que du jour de la demande en réduction.

Art. 29. L'observation sur l'article 27 s'applique, à plus forte raison, à la disposition de l'article 29.

A la fin de l'article 29, substituer les mots, *le donataire lui-même*, à ceux-ci, *le donateur lui-même.*

CHAPITRE III.

DES DISPOSITIONS RÉPROUVÉES PAR LA LOI.

Art. 32. Il serait à desirer que l'époux prémourant fût autorisé à conférer à son conjoint survivant, la faculté d'élire un, ou plusieurs de leurs enfans, ou celui que le survivant jugerait le plus digne, pour recueillir la portion disponible qu'il desirerait leur laisser.

Cette disposition ne présente ni les caractères, ni les inconvéniens des fidéi-commis : elle produirait des effets salutaires, en offrant une récompense à la bonne conduite des enfans, et en les excitant tous à s'en rendre dignes.

Art. 33. Cet article devrait être modifié; les établissemens publics et gens de main-morte, devraient au moins être obligés d'aliéner les immeubles dans un court délai, afin de prévenir le retour des abus résultant de l'inaliénabilité des biens-fonds.

A l'égard des dons de sommes modiques, ou d'effets mobiliers, la nécessité d'obtenir l'autorisation du Gouvernement paraît moins nécessaire.

Art. 34, 35 et 36. La libéralité devrait être seulement réductible dans le cas de ces articles, à concurrence de la portion disponible.

CHAPITRE IV.

DES DONATIONS ENTRE-VIFS.

SECT. I.re *De l'Irrévocabilité des Donations.*

Art. 44. Chacun ayant la liberté d'imposer à ses libéralités les restrictions et les conditions licites qu'il juge à propos, il paraît que le donateur devrait être autorisé à stipuler le droit de retour, même dans le cas où le donataire, non descendant du donateur, laisserait des descendans.

Le droit de retour devrait encore avoir lieu, *sans stipulation*, en

LIVRE III. faveur du donateur ascendant, à l'égard des dons ou libéralités par lui faites, même hors du contrat de mariage, en faveur de ses descendans morts sans postérité; sauf les droits acquis à des tiers à titre onéreux.

SECT. II. *De la Forme des Donations entre-vifs.*

Art. 47. Il conviendrait d'ajouter à la fin du premier alinéa, que « l'acceptation de la donation doit être expresse. »

Art. 48. Lorsque l'acceptation est postérieure à la donation, il paraît que la procuration doit être seulement annexée à l'acte contenant l'acceptation, mais que néanmoins l'acceptation et la procuration doivent être notifiées au donateur.

Art. 49. La femme non commune ne devrait avoir besoin ni du consentement de son mari, ni de l'autorisation du juge, pour accepter la donation faite en sa faveur.

Art. 50. Cette disposition devrait être restreinte au mineur non émancipé.

Art. 52. Régler la forme de l'acceptation du sourd et muet, et celle de la nomination du curateur qui doit lui être donné à cet effet.

Art. 55. Fixer le délai dans lequel l'insinuation devra être faite, ainsi que ses effets, tant à l'égard des tiers-acquéreurs et des créanciers, qu'à l'égard des héritiers du donateur.

Art. 56. On ne voit pas d'inconvénient à accorder au mineur la faculté de faire insinuer la donation faite en sa faveur.

Sur le 3.e membre de cet article. La faculté accordée à la femme mariée de faire insinuer la donation, sans l'autorisation de son mari, lorsque celui-ci ne remplit pas cette obligation, prouve que l'autorisation du mari n'est qu'une vaine formalité à l'égard de la femme non commune.

Art. 57. L'article 55 veut que l'insinuation soit faite sur les registres tenus *dans les bureaux d'insinuation :* l'article 57 exige qu'elle soit faite sur les registres *hypothécaires.*

Cette double dénomination peut jeter de l'incertitude dans les esprits.

Art. 58. Sur les termes, « *Une donation qui n'est pas revêtue des formalités ci-dessus est nulle.* »

Les expressions *ci-dessus* sont trop générales et trop vagues, et pourraient faire croire que le défaut d'insinuation opérerait la nullité de la donation, même pendant la vie du donateur; en quoi il serait en opposition avec le denier membre de l'article 55, avec les principes et avec les lois existantes. LIVRE III.

SECT. III. *Des cas auxquels la Donation entre-vifs pourra être révoquée.*

Art. 59. Les motifs qui avaient fait admettre la révocation des donations par survenance d'enfans, étaient pleins de sagesse et conformes au vœu de la nature. L'affection des parens pour leurs enfans étant la même dans tous les temps et dans tous les pays, la loi devrait annuller dans ce cas la donation même pour la portion disponible.

Art. 60. Le refus d'alimens légalement constaté;

La diffamation publique;

La dénonciation pour délit grave jugée calomnieuse, ou à la suite de laquelle le donateur aurait été acquitté, devraient aussi opérer la révocation pour cause d'ingratitude.

L'article 135 de ce titre admet comme une cause de révocation de la donation testamentaire, l'injure faite à la *mémoire* du donateur: l'ingratitude est encore plus formelle et plus répréhensible dans les cas ci-dessus, puisque le donateur est vivant.

Art. 68. Même observation que sur l'article 59.

CHAPITRE V.

DES TESTAMENS, OU DONATIONS PAR ACTES DE DERNIÈRE VOLONTÉ.

SECT. I.re *De la Forme des Testamens.*

Art. 71. L'on ne voit pas d'inconvénient à autoriser les personnes sachant lire et écrire, mais que leur faiblesse ou quelque accident empêche d'écrire leur testament, à disposer sous signature privée, en la forme prescrite par cet article, pourvu que le testament soit signé du testateur.

Art. 73. L'assistance du témoin parent ou allié au degré prohibé d'un des donataires, ne devrait invalider que la disposition faite en faveur de celui dont le témoin est parent ou allié.

Il serait à propos de déclarer si le notaire recevant, ou du moins celui qui l'assiste, est assimilé à cet égard aux témoins.

Art. 84. Ajouter que le donateur signera ses dispositions, s'il sait ou peut signer; et, en cas qu'il déclare qu'il ne sait ou ne peut le faire, qu'il en sera fait mention;

LIVRE III. Que ces actes seront signés par ceux qui les recevront, ainsi que par les témoins;

Que néanmoins, dans le cas où le donateur signera, il ne sera pas nécessaire d'appeler des témoins qui sachent signer; mais, qu'audit cas, lorsque les témoins ou l'un d'eux déclareront qu'ils ne savent ou ne peuvent signer, il suffira d'en faire mention.

SECTION II.

Art. 108. Déclarer que les donataires, à titre universel, seront tenus des dettes et charges *au prorata de l'émolument* qu'ils retirent de la succession, et sans distinction entre les biens meubles et les immeubles.

SECT. III. *De la Révocation des Donations à cause de mort, et de leur Caducité.*

Art. 123 et 124. Expliquer si la condition de six jours de survie sera nécessaire pour la validité de la révocation.

Art. 127. Cette disposition devrait être limitée au cas où l'effet légué a été hypothéqué spécialement.

Dans le cas [illegible] l'hypothèque générale, le légataire, attaqué en déclaration d'hypothèque, devrait avoir son recours contre les héritiers.

Art. 135. Lorsque le légataire est l'auteur ou le complice de la mort du donateur, le délai fixé pour l'exercice de l'action en révocation, ne devrait courir que du jour de la condamnation; mais ceux des héritiers qui auraient négligé de dénoncer et de poursuivre l'auteur et les complices de ce crime, ne devraient pas être admis à former la demande en révocation.

Il serait utile de déclarer à qui (dans ce cas) appartiendront les objets dont sera privé le légataire qui aura été condamné sur la dénonce et les poursuites de tout autre que les héritiers ou quelques-uns d'entre eux.

CHAPITRE VII.

DES DONATIONS FAITES PAR CONTRAT DE MARIAGE AUX ÉPOUX, ET AUX ENFANS À NAÎTRE DU MARIAGE.

Art. 148. Pour prévenir des contestations sur ce qu'on doit entendre par *sommes modiques*, déterminer une quotité quelconque, mais fixe, au-dessus de laquelle le donateur ne pourra disposer à titre gratuit, au préjudice de l'institution, ou de la donation *des biens qu'il laissera à son décès.*

Art. 149. *Sur le premier membre.* Lorsque l'état mentionné dans cet article ne comprend pas certaines dettes passives, les créanciers chirographaires, dont les créances auraient été omises, pourront-ils (en cas d'insuffisance des biens à venir) recourir contre le donataire à titre universel, qui s'en est tenu aux *biens présens!* LIVRE III.

CHAPITRE VIII.

DES DONATIONS ENTRE ÉPOUX, SOIT PAR CONTRAT DE MARIAGE, SOIT PENDANT LE MARIAGE.

Art. 161. Même observation que sur l'article 41 du titre *des Successions*, à l'égard du partage des dons que l'époux remarié a recueillis de la libéralité de son premier époux.

Nota. Il serait essentiel d'expliquer, 1.° si le donataire qui a accepté une donation entre-vifs, sera reçu à la répudier en tout temps, dans le cas où elle lui serait onéreuse;

2.° Si le donataire *des biens présens et à venir*, aura la même faculté après l'option.

TITRE X.

Du Contrat de Mariage.

CHAPITRE I.er

Art. 6. 1.° Le silence de cet article à l'égard du mineur de 21 ans, pourrait faire croire que ce mineur n'aura pas la liberté de changer ses conventions matrimoniales, même avec le consentement des parens qui ont assisté au contrat.

2.° Les termes *ceux-ci* paraissent impropres et ne se rapporter qu'aux parens composant le conseil de famille, et non pas aux ascendans; il y a cependant plus de raison d'exiger le consentement des ascendans que celui des collatéraux.

Leur substituer l'expression, *lorsqu'ils ont assisté au contrat et l'ont signé.*

Art. 7 et 8. Expliquer si les conventions par lesquelles les époux apportent des changemens à celles contenues dans le contrat de mariage, dont il est parlé dans l'article 8, comprennent les contre-lettres dont il est parlé dans l'article 7, ou si l'on entend établir quelque différence entre ces conventions et les contre-lettres.

Art 8. Les termes *à l'égard des tiers* sont équivoques, et peuvent

LIVRE III. faire douter si la convention est nulle lorsqu'elle est faite *en faveur d'un tiers*, ou *contre le tiers*, ou enfin soit qu'elle soit favorable ou nuisible au tiers.

On ne devrait pas accorder la facilité de déroger aux conventions matrimoniales, sans le concours de tous ceux qui y sont intervenus.

Les précautions indiquées par cet article ne sont pas suffisantes, puisqu'il serait facile d'insérer la nouvelle convention à la suite du contrat, à l'insu des personnes intéressées.

D'après les articles 5, 6, 7 et 8, on peut déroger aux conventions matrimoniales jusqu'à la célébration.

Si elle est retardée, il deviendra souvent impossible d'insérer la nouvelle convention à la suite du contrat.

CHAPITRE II.

De la Communauté légale.

SECT. II. *De ce qui compose la Communauté activement et passivement.*

Art. 14. La communauté ne devrait se composer que des meubles dont il est parlé dans le n.° 1.er, et des fruits, revenus et intérêts échus ou perçus pendant le mariage, mentionnés dans le n.° 2 de cet article, à concurrence de ce qui est nécessaire pour l'entretien de la famille.

Art. 15. L'expression *appartenu* semblerait exiger que la propriété de l'immeuble eût été consolidée sur la tête de l'époux avant le mariage, tandis qu'il doit suffire qu'il *l'ait possédé* avant le mariage.

Art. 17. Le mot *consenti* est impropre ; on pourrait en induire la nécessité d'une stipulation expresse de la communauté.

Art. 18. Étendre cette disposition aux libéralités soit entre-vifs, soit à cause de mort.

Art. 21. Il serait juste que l'immeuble acquis par licitation, restât à celui des deux conjoints qui en était originairement propriétaire par indivis, sauf la récompense.

Art. 23. Déterminer d'une manière nette et précise, ce qu'on entend par *dettes mobiliaires ;* la dette devrait acquérir une date certaine, par la mort du créancier qui aurait souscrit un acte synallagmatique avec la femme.

Art. 25. L'article devrait déclarer qu'il y a lieu à la récompense, dans le cas du paiement des dettes d'une succession purement immobiliaire,

immobiliaire, et, à plus forte raison que dans le cas de l'article 27, où la succession n'est immobiliaire qu'en partie. LIVRE III.

Art. 27. « Autres que ceux dépendans de la succession. »

On pourrait induire de ces termes, que les créanciers ne pourraient point agir sur les biens immeubles dépendans de la succession; au lieu qu'ils ont le droit de poursuivre leur paiement, tant sur la propriété que sur les jouissances de ces biens.

SECTION III.

Art 31. « Sans tradition *réelle avec réserve d'usufruit.* »

La rédaction serait plus claire si elle était ainsi conçue : « Sans » tradition réelle ; la réserve d'usufruit ne pouvant, dans ce cas, tenir » lieu de tradition. »

Art. 33 et 34. Le principe adopté dans l'article 34, devrait s'appliquer à l'article 33.

Art. 38. On préviendrait beaucoup de fraudes en déclarant que les baux ne dureront que pendant trois ans, après la dissolution du mariage.

Art. 44. Lire : « le remploi du prix de l'immeuble appartenant au » mari. »

SECT. IV. *De la Dissolution de la Communauté.*

DISTINCTION 1.re

Art. 52. Il y a trop de rigueur dans la disposition qui prive le conjoint survivant (tuteur de ses petits enfans mineurs) de la moitié de la part qui lui revient dans le partage de la communauté, lorsqu'il néglige de faire inventaire.

Il ne devrait pas être traité avec plus de rigueur que le père ou la mère qui tombe dans la même négligence.

Art. 59. Lorsque la séparation de biens est fondée sur des causes légitimes, on ne devrait pas obliger la femme à poursuivre sans interruption le paiement de ses reprises.

Art. 68. Il est contradictoire que le mari, qui est garant *du défaut d'emploi*, ne soit pas garant de *l'utilité de l'emploi.*

SECTION V.

Art. 74. Il y a de l'injustice à priver la femme de la faculté de se faire restituer contre la qualité de commune par elle prise *avant d'avoir* fait inventaire, lorsqu'elle est encore dans le délai, puisque ce n'est que par l'inventaire qu'elle peut connaître s'il lui est avantageux ou nuisible de renoncer à la communauté.

CHAPITRE III.

SECTION I.re

Art. 114. 1.° Il est extraordinaire que, dans le cas d'exclusion de communauté, le mari ait le droit de percevoir les capitaux.

2.° Aux mots *après la dissolution de la communauté*, substituer ceux-ci, *dissolution du mariage ;* attendu qu'on s'occupe des effets des conventions exclusives de la communauté.

Il est juste aussi que, par la séparation de biens ordonnée en justice, le mari perde l'administration des biens propres de la femme.

TITRE II.

De la Vente.

CHAPITRE I.er

Art. 9. Cet art. est en opposition avec les principes posés dans l'art. 8.

La circonstance qu'il a été donné des arrhes, ne peut autoriser l'une des parties à résilier le contrat sans le consentement de l'autre, lorsque la promesse de vendre est parfaite et vaut vente, par le consentement réciproque des deux parties sur la chose et le prix, ainsi qu'il est porté par l'article 8.

Une pareille disposition troublerait le commerce.

Ce n'est que dans le cas où la promesse de vendre n'est pas parfaite, qu'il peut être permis à l'une des parties d'empêcher qu'elle ne s'accomplisse, en perdant les arrhes ou en les doublant.

Art. 11. Si le tiers, auquel les contractans s'en seraient rapportés, fixait le prix ou fort au-dessus ou fort au-dessous de la valeur de la chose, la partie lésée devrait être autorisée à demander une estimation par experts.

Le Projet ne prévoit pas le cas où la vente aura été convenue suivant l'estimation qui sera faite par experts.

CHAPITRE III.

DES CHOSES QUI PEUVENT ÊTRE VENDUES.

Art. 17. Excepter le cas où le vendeur se sera porté fort de faire ratifier la vente par les propriétaires.

CHAPITRE IV. LIVRE III.

DES OBLIGATIONS DU VENDEUR.

SECT. I.re *De la Délivrance.*

Art. 25. Même observation que sur l'article 38 du titre II du livre III.

La tradition des immeubles ne devrait point s'opérer par l'acte même public, *au préjudice des tiers*, lorsque le vendeur n'a pas cessé de jouir des biens; par exemple, s'il a réservé l'usufruit, ou joui à titre de fermier, ou de colon partiaire.

Art. 26. *Sur le troisième alinéa.* La tradition des effets mobiliers, *par le seul consentement, lorsque le transport ne peut s'en faire au moment de la vente*, ne devrait pas être opposée, avec avantage, au tiers qui aurait acheté *avant la tradition effective, ou la délivrance des clefs.*

Expliquer si la tradition des meubles aura lieu par le seul consentement, lorsqu'il en a été passé un acte, quoique le transport puisse s'en faire au moment de la vente.

Art. 27. La simple souffrance ne peut valoir tradition à l'égard des créances, au préjudice d'un tiers.

Art. 35. Le vendeur ne pouvant transmettre à l'acquéreur plus de droits sur la chose vendue qu'il n'en a lui-même, le tiers, qui est copropriétaire d'une portion des fruits à quelque titre que ce soit, doit être autorisé à les percevoir nonobstant la vente.

Art. 41. Ajouter, « avec les intérêts du supplément du prix, si » l'acquéreur a gardé l'immeuble, mais seulement du jour de la » demande. »

Art. 51. Ajouter, « les frais et loyaux coûts du contrat &c. »

SECT. II. *De la Garantie.*

DIST. 1.re *De la Garantie en cas d'Éviction.*

Art. 55. Le vendeur, même de bonne-foi, devrait être tenu de rembourser ou faire rembourser non-seulement les améliorations, mais encore toutes les réparations.

DIST. 2. *De la Garantie des défauts de la Chose vendue.*

Art. 62. Sur les termes, *est tenu de garantir les qualités nuisibles de la chose vendue.* Cette expression présenterait un contre sens. On a

LIVRE III. voulu dire, sans doute : *Le vendeur est tenu de la garantie, à raison des défauts cachés de la chose vendue.*

Sur les mots, *suivant les usages des lieux.* Il n'y a pas de raison pour laisser subsister en cette matière des usages différens; il convient que le Code pose des règles uniformes, et qu'il entre dans tous les détails nécessaires.

Art. 69. Déterminer des délais uniformes pour tous les lieux, et les graduer suivant la nature des vices qui donnent lieu à l'action rédhibitoire.

CHAPITRE V.

Des Obligations de l'Acheteur.

Art. 74. Excepter le cas où il a été stipulé dans le contrat de vente que, nonobstant le trouble, l'acheteur paiera.

Art. 77. En matière de vente de marchandises, denrées et effets mobiliers, la résolution de la vente devrait avoir lieu de plein droit et sans sommation après l'expiration du terme convenu pour le retirement; parce que le plus souvent, en cette matière, la fixation du terme est une condition substantielle de la vente, notamment à cause de la variation rapide du prix des marchandises et des denrées.

CHAPITRE VI.

De la Nullité et de la Résolution de la Vente.

Sect. I.re *De la Faculté de Rachat.*

Art. 93. *Sur le 2.e alinéa :* « Mais s'il y a eu partage de l'hérédité, » *ou* que la chose..... » Substituer la conjonctive *et* à la disjonctive *ou*, qui serait en contradiction avec les principes posés dans le premier membre de cet article.

Art. 94. Les créanciers ayant en général la faculté d'exercer tous les droits et actions de leur débiteur pour la sûreté de ce qui leur est dû, il serait injuste de leur interdire le droit d'exercer la faculté de réméré que leur débiteur s'est réservée.

Nota. Il serait nécessaire de s'occuper du pacte, de préférence, soit pour l'admettre, soit pour le supprimer.

Si on juge à propos de l'admettre, il convient d'expliquer s'il doit être considéré comme *réel* ou comme *personnel*, et de fixer le délai dans lequel il devra être exercé.

Dans tous les cas il faudrait en borner l'exercice à la première mutation.

Art. . Il serait à propos de déclarer si l'action en rescision pour cause de lésion, pourra avoir lieu à l'égard des ventes faites sous la réserve d'une *pension viagère*, soit pour la totalité du prix, soit pour partie;

Et de prévoir les cas où des effets mobiliers ont été vendus conjointement avec des immeubles, à un seul et même prix, sans division, ou bien à un seul prix divisé entre les meubles et les immeubles; ou enfin à des prix différens.

On jugeait constamment au ci-devant parlement de Toulouse, que dans les deux premiers cas il n'y avait qu'une seule et même vente, et que le vendeur était obligé d'établir la lésion sur le tout.

CHAPITRE VII.

De la Licitation.

Art. 107. Il résulterait de cet article que l'immeuble devrait être licité, même dans le cas où l'un des cohéritiers voudrait en prendre sa portion; ce qui serait injuste.

CHAPITRE VIII.

Du Transport des Créances et autres droits incorporels.

Art. 111. *Sur le premier membre.* Ajouter, « à moins qu'il ne soit » prouvé que le cessionnaire a connu la cession. »

Nota. On préviendrait beaucoup de contestations, si l'on réglait les effets de la clause par laquelle le cédant s'engage *à fournir* et *faire valoir;* de celle *aux périls et risques* du débiteur, et autres semblables, qui sont fréquemment insérées dans les transports des créances.

TITRE XII.

De l'Échange.

Art. 3. Pour que l'un des échangeurs puisse se refuser à livrer la chose qu'il a promise, il ne suffit pas qu'il *apprenne* que l'autre contractant n'est pas propriétaire de cette chose, comme le porte cet article, il faut encore qu'il *le prouve.*

Art. 7. *Sur les termes*, « et que la soulte excède de plus de moitié » la valeur de l'immeuble cédé en échange. »

Ces expressions sembleraient exiger que la soulte fût plus forte que

LIVRE III. la valeur *totale* de l'immeuble cédé en échange, et encore de la moitié en sus; par exemple, si l'immeuble vaut 1,000 francs, que la soulte se portât à plus de 1,500 francs, tandis qu'il doit suffire que, dans l'hypothèse, la soulte soit de plus de 500 francs.

Au lieu des termes, *excède de plus de moitié* la valeur de l'immeuble cédé en échange, il faudrait, *excède la moitié de la valeur de l'immeuble cédé en échange.*

TITRE XIII.

Du Louage.

CHAPITRE PREMIER.

DU LOUAGE DES CHOSES.

SECT. I.re *De la Forme et de la Durée des Baux.*

Art. 8. La disposition de cet article est trop générale.

Il conviendrait d'excepter le louage des choses mobiliaires, telles que les chevaux, les lits, &c.

Lorsque le prix n'excède pas 150 francs, la preuve en devrait être admise.

Art. 12. Il est nécessaire d'ajouter à cette disposition prohibitive, qu'en cas de contravention, le propriétaire pourra empêcher le sous-fermier de s'immiscer dans l'exploitation; ou l'en expulser, ou demander le résiliement du bail avec dommages et intérêts, à son choix.

Art. 15 et 19. Il est inutile de s'en référer à l'usage des lieux, lorsqu'on peut établir une règle générale.

Art. 21. Il sera difficile de s'en tenir à la disposition de cet article, à l'égard du bail du domaine en corps, lorsque partie des terres de ce domaine est divisée en trois lots, par exemple, et l'autre partie en deux seulement.

S'il s'agissait d'un domaine duquel dépendraient des bois taillis, le bail ne devrait pas se prolonger jusqu'à l'échéance de la première coupe. Il faudrait expliquer que la dernière disposition s'applique au seul cas où le bail frappe sur un bois indépendant de tout autre objet.

Art. 24. Il y a même raison à l'égard du bail par écrit et à l'année, sans fixation d'autre terme.

Art. 25. Quel délai donnera-t-on au proprétaire après l'expiration du bail, pour agir contre le fermier, à l'effet d'empêcher la tacite réconduction ; presque par-tout, le fermier est obligé de sortir le même jour où le bail expire. LIVRE III.

Art. 26. Même observation que sur l'article 15. Au lieu de l'*article 21*, lire *article 19*.

Fixer le délai après lequel le propriétaire pourra obliger le locataire à vider la maison.

Pour le surplus, même observation que sur l'article 25.

SECT. II. *Des Obligations du Bailleur.*

Art. 35. Le bailleur ne devrait pas supporter une diminution du prix du bail, lorsque le trouble ou les voies de fait sont la suite et l'effet de l'animosité dirigée contre le preneur.

SECT. III. *Des Obligations du Preneur.*

Art. 38. Le preneur devrait être condamné, non-seulement aux dommages résultant de l'abus de la chose louée, mais encore à ceux qui pourraient résulter de la diminution du prix du nouveau bail.

Art. 43. Même observation sur les usages des lieux que sur les articles 15, 19 et 26.

Substituer les termes *ces réparations*, aux mots *les réparations.*

Art. 50. La disposition qui rend les locataires *solidairement* responsables de l'incendie (sauf les preuves indiquées), n'est pas juste, et doit être modifiée.

Toutes les autres dispositions des articles 45 et suivans de cette section, sont applicables aux colons partiaires ou métayers.

Les maîtres, valets ou serviteurs à gages, devraient aussi répondre des dégradations, et de l'incendie occasionnés par eux ou par leur famille.

SECT. IV. *De la Résolution du Louage.*

Art. 57. Même observation sur l'usage des lieux que sur les articles 15, 19, 26 et 43.

Art. 58. Le locataire ou le fermier qui s'est obligé de vider en cas de vente, ne doit pas obtenir des dommages ; car ces dommages lui tiendraient lieu de prorogation du bail, ce qui serait contraire à la convention.

Art. 59 et 61. Même observation que sur l'article 57.

Art. 64. La fraude n'est pas à craindre dans le cas de cet article, et rien n'empêche qu'on ne suive le principe posé dans l'article 56.

LIVRE III.

SECT. V. *Des Règles particulières à la Ferme des biens ruraux.*

Art. 68, 69, 70 et 71. Les règles établies dans cette section relativement à l'indemnité due aux fermiers pour les cas fortuits, entraîneront de grandes difficultés dans la liquidation.

La jurisprudence du ci-devant parlement de Toulouse, quoique contraire aux dispositions du droit romain, avait moins d'inconvéniens; elle n'admettait aucune compensation d'une année à l'autre, et accordait, dans l'année courante, un dédommagement relatif à la quotité des fruits péris par suite de cas fortuit.

Si l'on croit devoir maintenir les règles établies par les articles 68, 69, 70 et 71, il faudrait déterminer une quotité quelconque du prix du bail, pour indemniser le fermier de ses avances et de ses travaux.

Il importe encore de statuer sur les semences et les frais de culture, que la loi romaine déclarait perdus pour le compte du fermier.

On devrait aussi réserver au propriétaire la faculté de reprendre le bail pour l'année du cas fortuit.

Art. 74. On pourrait comprendre dans la classe des cas fortuits extraordinaires, les grêles et les gelées tellement insolites, qu'elles privent les fermiers des récoltes de plusieurs années; par exemple, celles qui font périr les vignes, les oliviers, &c.

REMARQUES sur cette Section V.

Le Projet ne s'est pas occupé des règles relatives aux baux emphytéotiques et à la locatairie perpétuelle.

Ces contrats sont cependant très-avantageux à l'état en général, et sur-tout à la classe laborieuse et indigente.

En multipliant le nombre des propriétaires, ils doivent nécessairement favoriser les progrès de la culture et la population; attacher et rendre utiles à la patrie, des hommes, dont plusieurs auraient pu lui devenir nuisibles.

CHAPITRE II.

DU BAIL À CHEPTEL.

SECTION I.re

Art. 87. On ne voit point d'injustice dans la convention par laquelle

laquelle le bailleur se réserverait de prélever, à la fin du bail, quelque chose de plus que le cheptel qu'il a fourni. LIVRE III.

Art. 91. Cette disposition serait applicable au propriétaire de la métairie à l'égard du cheptel par lui baillé au colon partiaire, puisque toutes les règles du cheptel simple sont rendues communes, par l'article 108, au cheptel donné au colon partiaire, et qu'on ne trouve point d'exception, à cet égard, dans la distinction 2 de cette section.

Il serait injuste que le propriétaire ne pût revendiquer le cheptel placé dans sa métairie, parce qu'il n'aurait pas fait opposition à la vente, qui en aurait été faite, à son insu, d'autorité de justice ; il semble que le créancier du colon devrait du moins notifier la saisie au propriétaire de la métairie.

Dans tous les cas, celui-ci devrait être autorisé à revendiquer ses bestiaux, en rendant le prix.

SECT. II. *Du Cheptel à moitié.*

Art. 99. On ne voit rien d'illicite dans la convention par laquelle le bailleur *à cheptel à moitié* réserverait une portion du lait, du fumier, ou quelques journées de travail des bestiaux par lui baillés à ce titre. L'exception en faveur du bailleur propriétaire, s'applique aussi au cas où la métairie est cultivée par des maîtres-valets ou cultivateurs à gages, comme il arrive souvent dans les départemens méridionaux.

SECT. III. *Du Cheptel donné par le Propriétaire à son Fermier ou Colon partiaire.*

DISTINCT. 1.re *Du Cheptel donné au Fermier.*

Art. 108. Même observation que sur l'article 91.

CHAPITRE III.

DU LOUAGE D'OUVRAGE ET D'INDUSTRIE.

SECT. I.re *Du Louage des Domestiques et Ouvriers.*

Art. 114. Pour éviter les contestations sur l'évaluation de ce que le domestique *pourrait vraisemblablement* gagner ailleurs, fixer *la quotité* du salaire qui devra lui être payé à titre d'indemnité, en ayant égard à la saison où il est renvoyé.

Art. 115. Même observation à l'égard du maître, que sur l'article 114.

LIVRE III. Art. 116. Cette disposition doit être modifiée à l'égard des artistes, qui, quoique à la journée, doivent travailler suivant les règles de l'art qu'ils exercent.

SECT. II. *Des Voituriers par terre et par eau.*

Art. 118 et 120. Les voituriers devraient répondre pareillement de ce qui a été remis à eux ou à leurs préposés, sur la route et pendant le voyage, quoique les effets n'aient pas été inscrits sur les registres.

SECT. III. *Des Devis et Marchés.*

Art. 127. Cette disposition serait injuste à l'égard du maître, et nuisible à l'ouvrier : il arrive souvent que le premier est obligé de faire des avances à l'ouvrier, sans que l'ouvrage soit reçu, ni même commencé. D'ailleurs la réception est un fait dont la preuve est admissible et facile.

Art. 129. Cet article a aussi besoin d'être modifié, notamment lorsque les augmentations ont eu lieu en présence du propriétaire.

TITRE XIV.

Du Contrat de Société.

CHAPITRE I.er

DISPOSITIONS GÉNÉRALES.

Art. 4. Lire, *se faire restituer.*

Art. 5. Excepter les sociétés anonymes et autres semblables, et le cas où il y a commencement de preuve par écrit.

CHAPITRE II.

DES DIVERSES ESPÈCES DE SOCIÉTÉ.

Art. 14. La définition portée dans cet article n'est pas exacte. Il arrive souvent que le commerce se fait sous *la raison d'un seul*, et même sous une ancienne raison.

Il y a des sociétés en noms collectifs, dont le commerce ne se fait pas *au nom de tous* les associés; il n'est pas même de l'essence de la société que la chose se pratique ainsi; il suffit que le commerce se fasse *au profit de tous.*

CHAPITRE III.

DES ENGAGEMENS DES ASSOCIÉS ENTRE EUX, ET VIS-À-VIS DES TIERS.

SECT. I.re *Des Engagemens des Associés entre eux.*

Art. 35. S'il y a urgente nécessité, l'un des administrateurs doit pouvoir agir sans l'autre, lorsque celui-ci se trouve malade, ou empêché par toute autre cause légitime.

SECT. II. *Des Engagemens des Associés vis-à-vis des tiers.*

Art. 49. Sur les termes, « à moins que, par *le genre de l'obligation*, » il ne paraisse qu'elle ne concernait pas les affaires de la société. »

Cette disposition est trop vague, et pourrait entraver le commerce. Le tiers porteur de l'obligation n'est pas obligé de s'informer si elle intéresse, ou non, les affaires de la société. Les associés doivent s'imputer d'avoir donné leur confiance à des personnes qui ne la méritaient pas.

Restreindre cette disposition au seul cas où il résulte de *l'acte d'obligation lui-même*, qu'elle ne concerne pas les affaires de la société : comme, par exemple, si l'associé à un commerce *particulier* exprimait dans l'obligation, que les sommes empruntées doivent servir à payer les droits successifs de ses frères, et autres cas semblables, et signait *et compagnie.*

CHAPITRE IV.

DES DIFFÉRENTES MANIÈRES DONT FINIT LA SOCIÉTÉ.

Art. 56. La prorogation de la société devrait résulter de la continuation du commerce sans contradiction et avec le concours des mêmes associés.

Art. 57. Cet article paraît inutile.

Art. 68. Expliquer si l'action en rescision aura lieu à raison du partage qui n'aurait pour objet que *des marchandises*, *des dettes actives*, *ou des effets mobiliers ;*

Ou seulement à raison du partage des *immeubles ;* ou enfin à l'égard de celui qui comprendrait en même temps des immeubles et des marchandises ou des effets mobiliers.

TITRE XV.

Du Prêt.

CHAPITRE I.er

DU PRÊT À USAGE, OU COMMODAT.

SECTION II.

Art. 10. Il y a trop de rigueur dans le premier membre de cet article, portant que l'emprunteur est tenu de la perte de la chose prêtée, arrivée par un cas fortuit, dont l'emprunteur aurait pu *la garantir, en y employant* la sienne propre.

Art. 13. Excepter le cas où l'emprunteur a fait des réparations nécessaires, autres que celles dont il est tenu.

CHAPITRE II.

DU PRÊT DE CONSOMMATION.

SECT. II. *Des Obligations du Prêteur.*

Art 24. Il n'est pas juste que le prêteur soit tenu *en général,* et dans tous les cas, des défauts de la chose prêtée ; l'emprunteur devra seulement rendre des choses de la même qualité.

Au lieu des termes, *le prêteur est tenu des défauts,* il faudrait substituer ceux-ci, *supporte les défauts.*

TITRE XVI.

Du Dépôt et du Séquestre.

CHAPITRE II.

DU DÉPÔT PROPREMENT DIT.

SECT. I.re *De la Nature et de l'Essence du Dépôt.*

Art. 12. Excepter le cas où il y a un commencement de preuve par écrit.

SECT. II. *Des Obligations du Dépositaire.*

Art. 21. La rédaction de cet article serait plus claire si, au lieu de dire, « il ne doit aucun intérêt de l'argent qu'il n'a *pas pu* employer » à son usage, » elle était ainsi conçue :

Il ne doit aucun intérêt de l'argent, à moins qu'il ne l'ait employé à son usage.

Art. 25. Substituer les expressions *si le dépôt a été fait par un tuteur*, à celles-ci, *si le dépôt a été fait à un tuteur.*

SECT. IV. *Du Dépôt nécessaire.*

Art. 35. Le juge ne doit pas être moins circonspect dans l'admission de l'affirmation du voyageur.

TITRE XVII.

Du Mandat.

CHAPITRE I.er

Art. 10. Expliquer qu'il s'agit du mandataire général.

Art. 13. « A les dédommager des frais de la procuration. »

Cette expression ne fait pas connaître toutes les obligations du mandant : on y suppléerait par celle-ci, *à les dédommager des frais exposés pour l'exécution du mandat.*

CHAPITRE III.

DES OBLIGATIONS DU MANDATAIRE.

Il serait à propos de prévoir le cas où deux ou plusieurs mandataires ont été constitués par la même procuration, sans qu'il soit dit s'ils agiraient conjointement ou séparément ;

Savoir si l'un pourra agir sans l'autre dans les affaires importantes ; et si, dans le cas où ils ont pouvoir d'agir conjointement, et que l'un vient à mourir, le survivant pourra continuer lui seul.

CHAPITRE V.

COMMENT LE MANDAT PREND FIN.

Art. 35. Ajouter, « par la faillite du mandataire, et par sa condamnation à des peines infamantes, &c. &c. »

Art. 37. Excepter le cas où ceux *avec lesquels* le mandant avait donné pouvoir de traiter, auront connu la révocation.

Il serait à desirer qu'on pût trouver un moyen d'arrêter l'effet de la mauvaise foi d'un mandataire qui voudrait abuser d'une procuration générale, après que la révocation lui aurait été notifiée.

LIVRE III.

TITRE XIX.

Des Contrats aléatoires.

Art. 1.er Cette définition est inexacte. On ne peut pas concevoir que la partie qui s'engage à donner ou à faire quelque chose, ne reçoive, en équivalent de ce qu'elle donne, que *le risque dont elle s'est chargée*, puisqu'elle ne s'engage que pour *se décharger des risques.*

Sur le même article I.er Quoique les contrats d'assurance et de prêt à grosse aventure appartiennent au commerce maritime, il est bon d'insérer dans le Code civil les règles qui les concernent.

CHAPITRE I.er

DU JEU ET DU PARI.

Art. 2. La somme de 24 francs est trop forte pour beaucoup de classes de citoyens, qui devraient s'occuper plus utilement.

Nota. Quoique l'observation suivante paraisse étrangère au travail confié à la commission, on a pensé qu'elle pourrait produire des effets salutaires.

Le Gouvernement ignore que les maisons de jeu se multiplient dans ces contrées, au détriment des mœurs, et au grand scandale des bons citoyens.

On ne peut calculer les ravages que ces funestes établissemens ont déjà faits, le grand nombre de familles dont ils ont dévoré la fortune, les vols et les crimes de toute espèce auxquels ils donnent lieu journellement.

Il suffit de faire connaître ce désordre aux magistrats suprêmes, dont le gouvernement sage et paternel a déjà proscrit tant d'abus, et promet à la France tous genres de prospérité, pour être persuadé qu'ils s'empresseront de faire fermer tous ces repaires de l'immoralité et de l'escroquerie.

CHAPITRE II.

DU CONTRAT DE RENTE VIAGÈRE.

DISTINCTION 1.re

Art. 4. On devrait ajouter à cet article que ceux qui n'ont pas la capacité d'*aliéner* ne peuvent point créer des rentes viagères.

DISTINCTION 2.

Art. 6. Les termes *en ce dernier cas*, pourraient faire croire que la création d'une rente viagère, conformément à l'article 5, est affranchie de toutes les formalités ordinaires, lorsqu'elle est établie par contrat.

Ils sont d'ailleurs inutiles, puisqu'il y a des formes établies pour les donations entre-vifs et les testateurs.

Art. 9. Il convient d'expliquer si cette donation sera irrévocable, quoique le tiers ne l'ait pas *acceptée*, et s'il faudra la regarder comme une simple destination.

Art. 10 et 11. Sur qui retomberont les frais du contrat, dans les cas prévus par cet article ?

Art. 13. Expliquer si la rente sera exempte de retenue, dans le cas où les parties ne s'en sont pas expliquées.

Art. 16. Substituer le *taux légal*, au *taux ordinaire*.

Sur les termes, « *ou n'excède le taux que de très-peu de chose.* » Déterminer la quotité de cet excédant.

Art. 17. Si les arrérages perçus par le défunt excèdent le taux *légal*, les héritiers de celui-ci seront-ils obligés de restituer le montant de ce qui a été reçu *au-dessus du taux légal* ?

DISTINCT. 3. *Des Effets du Contrat entre les parties contractantes.*

Art. 21. Il paraît qu'il s'agit dans cet article des arrérages d'une rente viagère *établie sur la tête d'un tiers*, dans le cas prévu par l'article 7 ; mais il faut l'expliquer.

Art. 24. Ajouter à la fin de l'article, « la rente ne s'éteint pas non » plus par la mort civile du tiers sur la tête duquel elle aurait été » constituée. »

Art 25. Le sens de cet article exige qu'on substitue l'expression *rente viagère*, aux mots *rente constituée*.

TITRE XX.

De la Prescription.

CHAPITRE PREMIER

Art. 7. Cette disposition fortifie nos observations à l'égard des droits que doivent avoir les créanciers, d'exercer les actions de leurs débiteurs.

CHAPITRE III.

CAUSES QUI EMPÊCHENT LA PRESCRIPTION.

Art. 20. Sur les termes, *soit par une cause venant d'un tiers.* Cette disposition est trop vague ; il en résulterait que l'engagiste, le dépositaire &c., en se faisant consentir par un tiers la vente de la chose engagée ou déposée, pourraient intervertir leur possession contre le vrai propriétaire.

LIVRE III.

Nota. Il serait utile d'insérer dans le Code les règles des corrélatifs, et de déclarer que, lorsque l'une des parties demande l'exécution d'un titre, elle doit se soumettre à l'exécuter de son côté, et qu'elle ne peut pas opposer la prescription. Par exemple, si je paye une redevance pour un droit d'usage, celui qui me l'a concédé ne peut opposer la prescription tant que je paye la redevance.

CHAPITRE IV.

CAUSES QUI INTERROMPENT OU SUSPENDENT LE COURS DE LA PRESCRIPTION.

SECT. I.re *Des Causes qui interrompent la Prescription.*

Art. 25. Il devrait y avoir interruption naturelle en faveur du propriétaire, lorsqu'il a fait des actes possessoires avant l'accomplissement de la prescription, quelque peu de temps qu'ils aient duré, sauf le cas de violence ou de voie de fait.

Art. 27. Il convient d'exiger que la citation au bureau de paix soit donnée au délai fixé par la loi, afin qu'on ne puisse pas abuser de la disposition de cet article.

SECT. II. *Des Causes qui suspendent le cours de la Prescription.*

Art. 35. La rédaction de cet article serait plus claire, s'il était ainsi conçu : « La prescription court contre la femme mariée, même à » l'égard des biens dont le mari a l'administration, encore qu'elle ne soit » point séparée par contrat de mariage, ou en justice. »

Art. 37. Déterminer les règles relatives aux absens pour le service de la République.

Art. 38. Les articles 32 et 38 établissent une distinction entre la caution et le garant de la solvabilité du débiteur d'une rente perpétuelle.

Entend-on parler, dans l'article 38, du cédant qui garantit au cessionnaire la solvabilité du débiteur cédé, ou d'un tiers qui garantit la solvabilité du débiteur de la rente ?

Il paraît que l'article 38 doit s'appliquer seulement au créancier qui cède la rente, avec promesse de garantir ; et c'est ce qu'il faudra expliquer.

Art. 40. Cette disposition est trop dure ; il est juste que l'héritier ait le temps de prendre connaissance des affaires de la succession.

La prescription ne devrait donc pas s'accomplir contre l'héritier pendant le délai de trois mois accordé pour faire inventaire, et de quarante jours pour délibérer, puisqu'il ne peut agir sans connaître les titres.

CHAPITRE

CHAPITRE V.

DU TEMPS REQUIS POUR PRESCRIRE.

SECT. III. *De la Prescription par dix et vingt ans.*

Art. 46. Il ne devrait y avoir aucune distinction, relativement à la durée de la prescription dont il est parlé dans cet article, entre les personnes qui habitent le territoire continental européen de la République, mais seulement à l'égard de ceux qui habitent les colonies. En effet il est extraordinaire que le temps requis pour prescrire soit double à l'égard des personnes qui ne sont pas domiciliées dans le même ressort, quoique leurs habitations ne soient éloignées que d'un myriamètre, par exemple, et qu'il ne soit que de la moitié à l'égard de ceux qui sont éloignés l'un de l'autre de vingt myriamètres, sous prétexte qu'ils résideraient dans le ressort du même tribunal d'appel.

Il vaudrait mieux fixer la durée de la prescription à vingt ans, sans distinction entre les personnes domiciliées dans le territoire continental de la République.

Art. 47. Cet article paraît inutile et sans objet.

SUR LA DISPOSITION GÉNÉRALE qui termine le projet de Code civil.

Les lois civiles ne cesseraient pas d'être incohérentes, l'objet du Projet ne serait pas rempli, si l'on n'abroge pareillement et explicitement les lois émanées des diverses assemblées législatives, dans les matières qui sont l'objet du Code civil.

Sur les derniers termes, « conformément à ce qui est expliqué dans » le livre préliminaire. »

Cette disposition ferait naître une foule de difficultés.

RÉSOMPTION.

RIEN n'est plus difficile que de faire de bonnes lois. Un Code civil uniforme pour toute la France, est une de ces conceptions hardies qui ne peuvent se réaliser que sous un Gouvernement assez puissant pour vaincre tous les préjugés et surmonter tous les obstacles, lorsqu'il s'agit de faire le bien.

Le *Projet* tel qu'il est présenté honore ses auteurs. Il était impossible de mieux faire en aussi peu de temps : la plupart des définitions qu'il

LIVRE III. contient sont exactes; les matières y sont distribuées avec méthode: on y a réuni en un petit espace, un grand nombre de principes féconds en conséquences.

Les beautés qu'on y admire, s'aperçoivent au premier coup-d'œil. Il faut du temps et de la réflexion pour en démêler les défauts; et ce n'est pas la tâche la moins pénible à remplir que celle d'être obligé de critiquer ce qu'on voudrait trouver parfait.

Les défauts que ce Projet renferme sont néanmoins trop essentiels pour pouvoir être passés sous silence.

En général l'on n'y donne pas assez d'étendue à la puissance paternelle, que les peuples les plus sages ont toujours regardée comme la sauve-garde des mœurs, et la source la plus pure des vertus sociales; on veut rendre les enfans indépendans à l'âge où ils ont le plus de besoin d'être contenus. Il est rare qu'à *vingt-un ans* la raison ait acquis la maturité nécessaire pour pouvoir résister à la violence des passions qui sont alors dans toute leur force.

Au lieu de proscrire le divorce, dont l'expérience n'a que trop fait connaître les inconvéniens et les dangers (sur-tout par rapport aux enfans), on a cherché seulement à le rendre moins fréquent; et bien loin d'avoir atteint ce but, l'on n'a pas senti que rien ne pouvait contribuer plus efficacement à multiplier les divorces, que de vouloir introduire la *communauté légale* dans des lieux où elle a toujours été inconnue, et de mettre les femmes dans une dépendance à laquelle il leur sera difficile de s'accoutumer, relativement à l'administration des biens qu'elles n'ont pas entendu se constituer en dot.

En limitant la faculté de disposer en ligne collatérale, l'on a contrarié sans aucun motif solide, le vœu le plus naturel à l'homme laborieux et sensible, qui, après avoir été lui-même l'artisan de sa fortune, ne desire rien tant que de pouvoir la transmettre librement aux personnes qu'il chérit.

Par cette gêne, on n'a fait qu'ouvrir la porte à une infinité de fraudes, qu'on ne manquera pas de mettre en usage pour éluder une loi si dure.

On n'a pas fait attention que si les testamens et les autres dispositions à cause de mort, ont leur fondement dans le droit civil, les donations entre-vifs sont par elles-mêmes l'exercice le plus légitime du droit sacré de propriété. On a circonscrit dans les mêmes bornes deux genres de dispositions qui se ressemblent si peu dans leur essence et dans leurs effets.

Le nouveau système relatif aux hypothèques et aux saisies réelles, est encore plus vicieux, et tirerait aux plus dangereuses conséquences; le plan en est mauvais dans son ensemble, et dans tous ses détails.

Les définitions et règles concernant les servitudes (sources si fréquentes de procès) ne sont pas suffisamment développées.

Il y a sur toutes les autres matières, un grand nombre d'articles qui exigent des modifications, et des changemens que nous avons indiqués.

Il ne restera ensuite qu'à pourvoir par une loi transitoire à une infinité de cas qui entraveraient inévitablement la marche des tribunaux, s'ils n'étaient pas prévus.

Il semble enfin que les auteurs du Projet, en reconnaissant combien il est nécessaire de modifier les lois qui ont proscrit en masse (sans aucune utilité pour l'agriculture) les rentes et redevances foncières, stipulées avec mélange de féodalité, aient craint néanmoins d'aborder cette question, quoique ce soit dans le Code civil que doivent être tracés les principes d'après lesquels on peut aisément faire disparaître toutes les traces d'une odieuse féodalité, en conservant des droits qu'on ne peut supprimer sans injustice.

Tel est le résultat de nos observations; elles nous ont été dictées par le desir de répondre à la confiance du Gouvernement, et de contribuer de tout notre pouvoir à la perfection d'un si grand ouvrage: la France l'attend avec la plus vive impatience comme le plus beau monument qui puisse être élevé à la gloire du jeune héros auquel elle doit son repos et son bonheur.

Les commissaires du tribunal d'appel séant à Toulouse, pour les observations sur le projet de Code civil, MONSSINAT, SOLOMIAC, ARESSY.

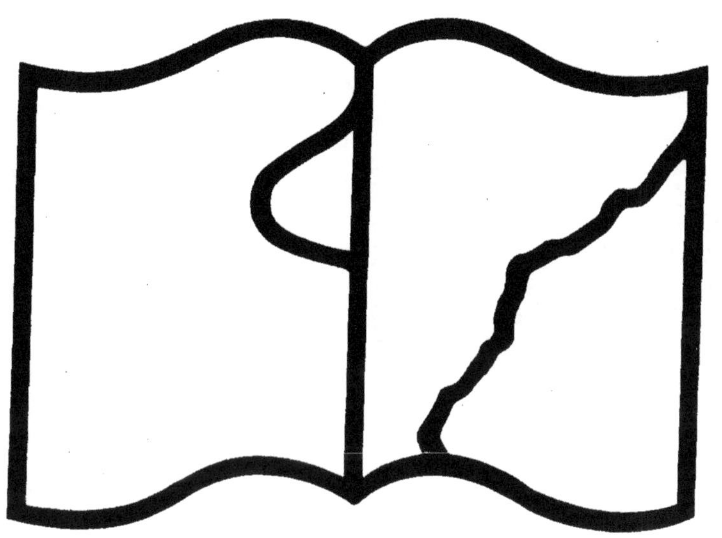

Texte détérioré — reliure défectueuse

NF Z 43-120-11

Contraste insuffisant

NF Z 43-120-14

www.ingramcontent.com/pod-product-compliance
Ingram Content Group UK Ltd.
Pitfield, Milton Keynes, MK11 3LW, UK
UKHW020113200726
13856UKWH00002B/515